Ihre digitalen Extras zum Download:

Die folgenden digitalen Extras stehen für Sie zum Download bereit:

– Checklisten
– Übersicht Kompetenzen
– Reflexionsfragen

Den Link sowie Ihren Zugangscode finden Sie am Buchende.

Frank Sieber Bethke/Anja Klein

New Career

Personalentwicklungskonzepte im Kontext von VUCA und Agilität

1. Auflage

Haufe Group
Freiburg · München · Stuttgart

Bibliografische Information der Deutschen Nationalbibliothek

Die Deutsche Nationalbibliothek verzeichnet diese Publikation in der Deutschen Nationalbibliografie; detaillierte bibliografische Daten sind im Internet über http://dnb.dnb.de/ abrufbar.

Print:	ISBN 978-3-648-14729-0	Bestell-Nr. 14139-0001
Epub:	ISBN 978-3-648-14730-6	Bestell-Nr. 14139-0100
Epdf:	ISBN 978-3-648-14731-3	Bestell-Nr. 14139-0150

Frank Sieber Bethke/Anja Klein
New Career
1. Auflage, Juni 2021

© 2021 Haufe-Lexware GmbH & Co. KG, Freiburg
www.haufe.de
info@haufe.de

Bildnachweis (Cover): © Varijanta, gettyimages

Produktmanagement: Dr. Bernhard Landkammer
Lektorat: Ursula Thum, Text + Design Jutta Cram, Augsburg

Inhaltsverzeichnis

Einleitung

Wie sehen heute und künftig Karrieren aus? Dieses Buch wendet sich an Leser[1], die dieser Frage nachgehen wollen. Wir stellen in diesem Buch den Zusammenhang her zwischen Historie, Wirtschaft, Psychologie und Gesellschaft. Alle diese Bereiche wirken zusammen, wenn wir uns mit dem Begriff »Karriere« beschäftigen. Deshalb stellen wir den Handlungsanleitungen ab Kapitel 4 einen historischen Abriss zum Thema Karriere sowie eine volkswirtschaftliche Betrachtung zu den sich wandelnden Rahmenbedingungen voran. Diese Kapitel helfen Ihnen, Unternehmenskarrieren vor dem Hintergrund allgemeiner Entwicklungen einzuordnen und eine eigene Sichtweise zu entwickeln, wie aktuelle Trends zu bewerten sind.

Im Anschluss an diese theoretischen Betrachtungen fassen wir unsere praktischen Erfahrungen der letzten Jahre zusammen. Intensiv haben wir die Gestaltung von Entwicklungsmöglichkeiten und (alternativen) Karrieren in Unternehmen begleitet. Dabei begegnen uns häufig sehr ähnliche Fragestellungen:

* Was bedeutet Karriere und was erwarten sich Mitarbeitende?
* Welche Karriereformen gibt es?
* Wie können Alternativen zur klassischen Führungskarriere aussehen?
* Sind Fachkarrieren Karrieren zweiter Klasse?
* Welche Rolle spielt das Human Resources Management – insbesondere die Personalentwicklungsabteilung – bei der Gestaltung von Karrieremöglichkeiten im Unternehmen?

Unser Ziel ist es, diese Fragen für Sie auf der Basis unserer Erfahrungswerte zu beantworten und konkrete Handlungsanleitungen zu geben, wenn Sie Ihre Personalentwicklung zukunftsorientierter aufstellen wollen.

Eventuell haben Sie sich schon mit den Inhalten zu Digitalisierung, Lernen 4.0 und New Work beschäftigt. In diesem Fall erhalten Sie mit diesem Buch eine gute Zusammenfassung und eine Anleitung, wie Karriere und Entwicklung künftig in Unterneh-

---

1 Der einfacheren Lesbarkeit halber werden im Buch häufig nur die männlichen oder die neutralen Formen verwendet, diese stehen für alle Geschlechter (männlich, weiblich und divers).

men gestaltet werden kann. Wenn Sie bei der Beantwortung der o. g. Fragen gerade am Anfang stehen, kann dieses Buch ein wertvoller Einstieg sein.

In jedem Fall wünschen wir Ihnen viel Freude beim Lesen und laden Sie ein, mit den Handlungsempfehlungen in Ihrem Unternehmen zu experimentieren, sie an Ihre Unternehmenskultur anzupassen und sich an Ihren ersten Erfolgen zu freuen.

Sie können dieses Fachbuch am Stück lesen oder direkt in das für Sie relevante Kapitel springen. Wir haben uns deshalb erlaubt, an einigen Stellen Wiederholungen einzubauen, damit Ihnen nichts entgeht.

1 Was ist eigentlich »Karriere«?

Was ist eigentlich eine »Karriere«? Das ist eine Frage, deren Antwort im Wandel der Zeit zum Teil eine tiefgreifende Veränderung erfahren hat. In diesem Kapitel bestimmen wir den Karrierebegriff, nehmen einen wirtschaftshistorischen Abriss über die Kennzeichen von Karriere im Zeitverlauf vor und beleuchten wesentliche aktuelle Entwicklungen.

1.1 Begriffsklärungen: Karriere, Laufbahn, Entwicklungspfad

Die Wurzel von »Karriere« findet man im französischen »carrière«, was so viel bedeutet wie »Rennbahn« oder »Reitplatz«. Auch »en pleine carrière« gibt einen Hinweis, worum es geht, denn es bedeutet »im gestreckten Galopp«. Außerdem gibt es im Lateinischen den Begriff »carraria«, die Fahrbahn. Die Konnotationen liegen auf der Hand: Vorwärtsdrang, Schnelligkeit, Reihenfolge etc.

Während der Begriff in der deutschen Sprache immer mit dem Gedanken des beruflichen Vorankommens und Aufsteigens verbunden ist, ist beispielsweise im Englischen die Verwendung des Begriffs »career« viel breiter angelegt. Jeder hat eine »career«, weil der Begriff eher im Sinne von »beruflicher Werdegang« genutzt wird. In diesem Kontext finden sich in der Literatur und in der Praxis noch eine Reihe weiterer Begriffe, wie z. B. »Laufbahn« oder »Entwicklungspfad«. Wie unterscheiden sich aber die Begriffe »Karriere«, »Laufbahn« und »Entwicklungspfad« voneinander?

Die **Karriere** beschreibt den beruflichen Werdegang einer Person. In der umgangssprachlichen Verwendung des Begriffs versteht man unter »Karriere« zumeist den beruflichen Aufstieg einer Person. Sie werden im Laufe dieses Buches immer wieder auf den Begriff »Karriere« stoßen, den wir dann noch einmal aufgreifen und passend zum Kapitel vertiefen.

Unter dem Begriff »**Laufbahn**« wird eine hierarchische Abfolge von Stellen verstanden, die sich durch zunehmende Anforderungen und eine Zunahme an Verantwortung beschreiben lässt. In der Regel geht sie mit einer entsprechend höherwertigen Stellenausstattung einher.

Die Begriffe »**Entwicklungsweg**« und »**Entwicklungspfad**« bezeichnen alle realen und denkbaren Verbindungen, die gangbar sind – Auf- und Abwärtsbewegungen sowie Seitenschritte –, um von einer Tätigkeit zur nächsten zu gelangen (z. B. vom Disponenten zum Einkäufer) bzw. in einer Tätigkeit einen höheren Reifegrad zu erreichen (Junior – Classic – Senior). In der theoretischen Forschung, insbesondere in der modernen Professionalisierungssoziologie, wird dies oftmals als »Karriere« bezeichnet (so, wie der englische Begriff »career« eigentlich alles umfasst). Die praktische Belastbarkeit des Begriffs »Karriere« hat aufgrund des Alltagsverständnisses Akzeptanzprobleme, sodass wir für die Unterscheidung der drei Begriffe »Karriere«, »Laufbahn« und »Entwicklungsweg/-pfad« plädieren.

1.2 Karriereformen

Klassischerweise finden Karrieren mit dem Durchlaufen verschiedener Hierarchiestufen in einer Führungs-, Projekt- oder Fachlaufbahn statt. Im klassischen Karriereverständnis nimmt man »Karrierestufen einer Karriereleiter« und meint damit immer das Nach-oben-Kommen in einer Aufstiegskarriere. Definitorisch unterscheiden wir:

- **Führungskarriere**
  Die Führungskarriere ist der bekannteste und am längsten etablierte Karrierepfad in den meisten Unternehmen. Dabei beginnt die Nachwuchsführungskraft in der Rolle des Teamleiters mit kleiner Führungsspanne erste Erfahrungen zu sammeln und kann bei entsprechender Eignung und Neigung zum jeweils nächsthöheren Führungslevel aufsteigen.
- **Fachkarriere**
  Eine Fachkarriere bezeichnet den fachlichen Werdegang einer Person in einer Fachdomäne, wobei mit dem Begriff »Karriere« eine zunehmende Entwicklung von einer Fachkraft (einer Person mit systematischer Berufsausbildung oder akademischem Abschluss) zum hochqualifizierten Experten (Expertise umfasst neben Wissen auch Erfahrung) skizziert wird.
- **Projektleiterkarriere**
  Die Projektleiterkarriere bildet zusammen mit der Führungs- und der Fachkarriere den Dreiklang klassischer Karriereformen. Der Schwerpunkt für die einzelnen Stufen in der Projektleiterkarriere fokussiert sich auf die Bearbeitung kleiner, mittlerer und großer Projekte. Die Projektleiterkarriere kann es in Unternehmen geben, deren Kerngeschäft in Projektform organisiert ist (z. B. in der Bau-, Auto-

mobil- oder Beratungsbranche). Die Projektleitertätigkeit kann auch eine Rolle, z. B. zusätzlich zur Linienaufgabe, sein.

- **Mass Career Customization**
  Das Modell der Mass Career Customization ist ein Modell der individualisierten Karriereentwicklung. Dieses Modell trägt verschiedenen Trends, wie z. B. sich ändernden Familienstrukturen oder veränderten Erwartungen von Generationen, Rechnung. Im Wesentlichen geht es darum, Karriereschritte auf die aktuelle Lebenssituation auszurichten und Aspekte wie zeitliche Verfügbarkeit und räumliche Flexibilität in der individuellen Karriereplanung zu berücksichtigen.
- **Proteische Karriere**
  Die proteische Karriere ist ein Kontrapunkt zu Modellen, in denen Karriere primär durch die Organisation gesteuert und als Belohnung für den Einzelnen verstanden wird (= Einkommen ist auch »Schmerzensgeld«). In der proteischen Karriere steuert das Individuum vor dem Hintergrund der eigenen Werte die Karriere selbst (= Einkommen wird für den Einsatz persönlicher Stärken »geschenkt«).
- **Kletterwandkarriere**
  Das Modell der Kletterwandkarriere bedient sich der Analogie zur Kletterwand, in der der Kletterer selbst entscheidet, welchen Weg er mit welchem Schwierigkeitsgrad geht. Eine Kletterwandkarriere ist im Kern nichts anderes als eine Zusammenschau aller Entwicklungsmöglichkeiten, die das Unternehmen bietet, und der sich auftuenden Gelegenheiten auf der Grundlage der aktuellen Position. Dabei sind die Gelegenheiten bis zu einem gewissen Grad vorgegeben und in ihrer Schwierigkeit gekennzeichnet (z. B. innerhalb der bestehenden Führungshierarchie).
- **Netzwerkkarriere**
  Grundlage bei der Netzwerkkarriere ist die Betrachtung einer Netzwerkorganisation als neue Form der Aufbauorganisation (als Primär- und/oder Sekundärorganisation). In der Netzwerkorganisation agieren Mitglieder relativ autonom und sind durch gemeinsame Ziele miteinander verbunden. Folglich orientiert sich die Netzwerkkarriere nicht an starren Positionen, sondern an Rollen, in denen der Rolleninhaber seine Könnerschaft (durch Übung erworbene Fachlichkeit plus Sozialkompetenz) für die Wertschöpfung der Organisation bestmöglich einbringen kann.
- **Boundaryless Career**
  Die Boundaryless Career berücksichtigt den Individualisierungsaspekt der proteischen Karriere und fügt noch einen weiteren Aspekt hinzu. Sie trägt abneh-

menden durchschnittlichen Betriebszugehörigkeiten Rechnung und formuliert einen Ansatz, in dem Karrieren nicht mehr nur in den Grenzen einer Organisation gemacht werden, sondern auch mit dem Wechsel in andere Organisationen oder Organisationseinheiten stattfinden können.

*   **Patchworkkarriere**
    Auch in der Patchworkkarriere ist der Name Programm. Die Patchworkkarriere besteht aus einzelnen »Flicken« (engl. patches), wie z. B. verschiedenartigen Projekten, verschiedenen Verantwortungsübernahmen, diversen weiterführenden Aufgaben, die zu einem großen Ganzen zusammengewebt einen Karriere- bzw. Entwicklungsprozess darstellen, der eine persönliche »Story« formt.

1.3   Karriere und Berufe im Wandel der Zeit

In diesem Abschnitt erhalten Sie einen Einblick, wie sich Berufe herausgebildet haben und woher der Laufbahngedanke ursprünglich kommt. Zusammenfassend sei vorangestellt, dass Menschen seit Jahrhunderten in Hierarchien organisiert sind und anscheinend ein Bedürfnis nach Orientierung haben, das sich in der Ausbildung hierarchischer Strukturen ausprägt. Der Drang nach Ordnung und einer eindeutigen Beantwortung der Frage »Wer ist verantwortlich?« ist so groß, dass wir gesellschaftliche Hierarchien zwar immer wieder abgeschafft haben, aber nur, um sie wenig später durch neue zu ersetzen. Wenn das so ist, dann sind die Begriffe »Hierarchie« und »Karriere« unweigerlich miteinander verbunden. Zudem gibt es in Unternehmen und in der Gesellschaft immer wieder Menschen, die einen Führungsanspruch entwickeln und eine Gruppe von Menschen, die lieber folgen als führen und damit Leadership konstituieren.

Woher aber kommt die hierarchische Struktur in Organisationen? Fuchs und Fuchs führen in ihrem Buch »Schluss mit Hierarchie« (2008, S. 70 ff.) die geschichtliche Entwicklung aus. Ausgehend vom Menschen als Jäger und Sammler, der im Einklang mit der Natur lebte, lernten die Menschen nach und nach, Tiere zu zähmen, einzuzäunen und Ackerbau zu betreiben. Andere fanden, dass es noch bequemer war, die bereits fetten Tiere zu stehlen. Nachdem die Einzelnen zu schwach waren, sich gegen diese Räuber zu wehren, wurden zentrale Plätze eingerichtet, Türme gebaut und Wachen aufgestellt, die Alarm schlugen, wenn Gefahr drohte. Diese Wächter und Krieger mussten ernährt werden. Deswegen gaben die Bauern, die sich mit Ackerbau und Viehzucht beschäftigten, meist ein Zehntel ihrer Erträge an die Obrigkeit ab (die meist oben im Turm wohnte).

Später wurde dieses Prinzip über Adel und Kirche weiterentwickelt, der Lehens-Zehnt wurde über die göttliche Ordnung von oben und unten zementiert und die Entwicklung einer Karriere war nicht mehr weit. Gut, damals war der Schritt von der Leibeigenschaft zu einer eigenen Meierei etwas anders konnotiert als die heutige Karriere, die Attraktivität hingegen war mit Sicherheit ähnlich.

1918 fand diese »göttliche Ordnung« ihr Ende, das entstehende Vakuum wurde jedoch sogleich ersetzt – durch die Bürokratie. Die Anzahl der Ebenen wuchs auch hier und wer sich an die Vorschriften hielt und keinen Fehler machte, konnte auf Aufstieg hoffen. Der Preis: Starrheit, Verantwortungsdiffusion und Unbeweglichkeit, von der menschlichen Komponente ganz zu schweigen.

Diese in staatlichen und privatwirtschaftlichen Organisationen eingerichtete Struktur hat sich verhältnismäßig lange gehalten. Auch Bestrebungen zur »Humanisierung der Arbeit« und Management-by-Modelle haben daran wenig substanziell geändert. In den 1990er-Jahren kam aus Japan eine große Lean-Management-Welle, die Hierarchieebenen ausdünnte, in der Hoffnung, so wieder mehr Eigenverantwortung zu fördern und die »Overheads« zu reduzieren. So gut die theoretische Idee, so wenig essenziell war der Erfolg, denn in den Köpfen und Herzen, in der Haltung der meisten Manager hatte sich nicht viel verändert. Aber schauen wir uns die Entwicklung von Hierarchien und Berufen im geschichtlichen Verlauf noch einmal genauer an.

Lehrjahre und sozialer Aufstieg im Mittelalter
Eine durch die Zunft geregelte Lehrlingsausbildung gab es wahrscheinlich schon seit dem Ende des Spätmittelalters im 15. Jahrhundert. Damals war es üblich, dass der Lehrling bis zum Ende seiner harten Lehrjahre im Haus seines Meisters lebte und der Vater des Lehrlings für die Ausbildung bezahlte. Voraussetzung, um von einem Meister aufgenommen zu werden, war die »ehrliche Geburt« über mehrere Generationen hinweg. »Ehrlich« bedeutete damals nicht das Gegenteil von »lügnerisch« oder »trügerisch«, sondern »ehrhaft« (Schrön 2008, S. 3). Nachkommen von Eltern, die einem Beruf nachgingen, der zum »unehrlichen Gewerbe« zählte (z. B. Töpfer, Schäfer, Totengräber, Spielleute, Bader etc.), konnten genauso wenig einen Lehrberuf ergreifen wie Leibeigene. Die genannten Handwerke waren für die Gesellschaft unerlässlich, wurden

aber von den Angehörigen anderer Zünfte ausgegrenzt und als »unehrlich« bezeich-net. Die Klassifizierung, welche Berufe zu den unehrlichen Berufen zählten, war nach Raum und Zeit unterschiedlich (https://de.wikipedia.org/wiki/Unehrlicher_Beruf).

So erschließt sich, warum die Nachkommen häufig den gleichen Beruf wie ihre El-tern ergriffen (sie hatten keinen Zugang zum »ehrlichen« Beruf), mussten in ihrem sozialen Verband heiraten und konnten nicht in eine Zunft aufsteigen. Hatte man als Nachkomme einer bürgerlichen Familie eine Lehrstelle bekommen, so hatte man mehrere Lehrjahre vor sich, die mit der Gesellenprüfung endeten. Während der Zeit als Lehrling verfügte der Meister über den Alltag des Lehrlings, die Arbeitszeiten und das Ende der Lehrzeit.

In manchen Zünften folgten im Anschluss an die Lehrjahre die Wanderjahre. Wäh-rend der Wanderjahre konnten die Gesellen in den Werkstätten anderer Meister Erfahrungen sammeln und ihren Lebensunterhalt verdienen. Chancen, sozial aufzu-steigen, boten sich dennoch häufig nur durch Heirat, da den meisten das Geld für eine Selbstständigkeit als Meister fehlte. Zudem waren die Voraussetzungen, um Meister werden zu können, umfangreich.

Militär und Berufsbeamtentum – der Ursprung des Laufbahngedankens
Mit dem Aufstieg der Städte und der Etablierung des Geldes in der frühen Neuzeit bis in das 18. Jahrhundert hinein veränderte sich auch der Einfluss der Ständeordnung. Der Adel hielt weiterhin am Tauschhandel fest und profitierte gleichzeitig von den Steuern, die die Bürger in »seiner« Stadt zahlen mussten. Währenddessen emanzi-piert sich das Bürgertum mittels der Möglichkeiten, Handel mit Waren zu betreiben und zu Geld zu kommen.

Die nun entstehende bürgerliche Mittelschicht zwischen den Bauern und dem Adel wird zunehmend einflussreicher, besitzt attraktive Villen, trägt repräsentative Klei-dung und nimmt sich den Habitus, der bisher nur dem Adel zugestanden wurde. Be-sitz wird das Kennzeichen sozialen Aufstiegs. Die Spezialisierung der verschiedenen Handwerke fördert die Ausbildung spezifischer fachlicher Kenntnisse und ist der Beginn der beruflichen Ausbildung und der Entstehung der Berufe. Bildung hat zu-nehmend einen immer größeren Stellenwert im sozialen Aufstieg.

Parallel zur Zunahme des weltweiten Warenverkehrs und dem damit verbunde-nen Wachstum der Städte entsteht die städtische Verwaltung. Durch die Vielzahl an Stadtstaaten, die alle verwaltet werden mussten, wachsen und mehren sich die Verwaltungsapparate. Damit ergibt sich für die bürgerliche Mittelschicht ein neues Betätigungsfeld in Berufen der Jurisprudenz und der Finanzverwaltung der Städte.

Die (adligen) Diener des Königs (z. B. in der Verwaltung von Ludwig XIV. oder Friedrich Wilhelm I.) und später des Staates etablieren sich im Berufsbeamtentum. Die enge Verknüpfung zwischen Staats- und Militärangelegenheiten findet sich wieder in den stark hierarchisch geprägten Strukturen des Beamtentums genauso wie der Umstand, dass sich ein Teil des Beamtentums aus Mitgliedern des Militärs – nämlich Offizieren – rekrutierte (lat. officiarius »Beamter«, vgl. Duden). So war es wichtiger, adliger Abstammung zu sein, als militärische Kenntnisse vorzuweisen, um ein Offizierspatent zu erwerben. Im 18. Jahrhundert wurde durch die Errichtung von Militäranstalten versucht, die Qualifikation von Offizieren zu verbessern (https:// de.wikipedia.org/wiki/Offizier#cite_note-duden-1). Mit der neuen Prozessordnung wurde außerdem ein hierarchisch gegliederter Behördenapparat geschaffen mit fest definierten Laufbahnen und Zuständigkeiten (vgl. www.preussenchronik.de). Später wurde unter Friedrich III. das Reglement zur Besetzung von Stellen in der Kavallerie, Infanterie und Artillerie erlassen.

Karriere in der Industriegesellschaft

Mit den in den vorherigen Kapiteln beschriebenen Formen von sozialem Aufstieg und Laufbahnplanung ist erkennbar, woher unsere teilweise bis heute vorhandenen Bilder von beruflichem Aufstieg in Unternehmen kommen.

Mit dem Beginn der Industriegesellschaft begann eine Phase globalen wirtschaftlichen und gesellschaftlichen Wandels. Die Landwirtschaft wurde immer weiter zurückgedrängt, während die Eisen-, Stahl- und Textilindustrie Motor der wirtschaftlichen Entwicklung wurde. In der Phase des Hochkapitalismus nahm die Bedeutung des Kapitals weiterhin zu, wobei der Stellenwert traditioneller Familienbetriebe (geführt von den Besitzern) abnahm, da die Anzahl an Aktiengesellschaften (geführt von Managern) stieg (vgl. Kruse 2012). Dabei spaltete der industrielle Kapitalismus das besitzende Bürgertum von der Arbeiterklasse und erneut wurde die Zugehörigkeit zu einer Klasse »vererbt« (vgl. Kruse 2012).

Doch die Klassen waren in sich ebenfalls hierarchisch geprägt. So bildeten sich z. B. auch in der Arbeiterklasse Hierarchien aus – zwischen den gut ausgebildeten Facharbeitern und den ungelernten Kräften. Die Vertreter des Bürgertums waren immer häufiger akademisch gebildet, traten in den gehobenen Staatsdienst ein oder fanden sich in den Großunternehmen wieder (vgl. Kruse 2012). Die Arbeit der Menschen verlagerte sich insgesamt von den Feldern in die Fabriken.

Mit der Erfindung des Fließbandes und der stärker werdenden Arbeitsteilung wurde die Grundlage der modernen Massenproduktion gelegt. Die starke Arbeitsteilung machte Arbeitsgänge so kleinteilig, dass sie nicht mehr nur von Facharbeitern, sondern zunehmend stärker von ungelernten Kräften übernommen werden konnten (vgl. Dettmer, 1999). In den Fabriken entsteht außerdem eine stärkere Unterscheidung zwischen tätiger und planerischer Arbeit.

So wird z. B. in der Wissenschaft der neue Begriff des »Wissensarbeiters« eingeführt. Mit dem Erscheinen von Peter Druckers Buch »The Landmarks of Tomorrow« hält er 1959 Einzug. Der Wissensarbeiter gehört zu dem Teil der Belegschaft, der sein Geld nicht mehr für den Einsatz körperlicher Kraft erhält, sondern für den Einsatz erworbenen Wissens. Drucker definiert den »Knowledge Worker« als »an employee whose major contribution depends on employing his knowledge rather than his muscle power and coordination, frequently contrasted with production workers who employ muscle power and coordination to operate machines« (Drucker 1991, S. 564).

Dem Trend der modernen Massenproduktion und dem Einsatz des Menschen als kleines Rädchen in einer großen Fabrik folgt in den 60er- und 70er-Jahren des 20. Jahrhunderts der Gedanke der Humanisierung der Arbeit. Die negativen Auswirkungen der tayloristischen Massenproduktion sollten mit Programmen für eine humanere Arbeit beantwortet werden. Physische, psychische und soziale Faktoren von Arbeit sollten verbessert werden. In der Arbeitspsychologie stellen verschiedene Psychologen Konzepte der »Vollständigkeit von Arbeit« vor (vgl. Volpert, Hacker, Hackman und Oldham). Die Konzepte gehen davon aus, dass Arbeitsvollständigkeit bzw. Arbeitsgeschlossenheit positive Auswirkungen auf Gesundheit, Leistung, Zufriedenheit und Motivation hat. Hackman und Oldham führen 1975 eine Studie mit über 600 Arbeitnehmern in 62 Berufen aus sieben unterschiedlichen Organisationen durch. Ihre Hauptannahme war, dass Motivation durch die Ausführung der Arbeitsaufgabe selbst entsteht. Ihr entwickeltes Job Characteristics Model beinhaltet, dass »task identity« zusammen mit vier weiteren Aspekten (Aufgabenvielfalt, Rückmeldung, Tätigkeits- bzw. Handlungsspielraum und Autonomie) die Mitarbeiterzufriedenheit erhöht.

Die in den letzten beiden Abschnitten beschriebenen Ansätze (Wissensarbeiter und die Vollständigkeit von Arbeit) reflektieren das Bedürfnis von Mitarbeitenden, mehr mitzugestalten und autonomer zu arbeiten. Heute findet sich dieses Grundbedürfnis sogar in eigenen Formen der Organisationsgestaltung wieder. In Netzwerkorganisationen wird praktisch hierarchiefrei gearbeitet. Dabei werden gerade die sogenannten Soft Skills zu überlebensnotwendigen Fähigkeiten, zu »hard skills« (vgl. Pfläging 2020, S. 114), denn die Akzeptanz schlechter Zusammenarbeit sinkt mit der Relevanz nötiger Vernetzung in einer Organisation. Bei aller Selbststeuerung von Aufgaben in Netzwerkorganisationen bleibt ein weiteres Bedürfnis gelegentlich unberücksichtigt: das Bedürfnis nach Orientierung (Schermuly 2020). Orientierung erhalten viele Mitarbeitende durch ihre Führungskraft – nur, was passiert damit, wenn es die nicht mehr geben soll? Das reine Weglassen von Führung ist kein hilfreicher Weg, um eine Organisation weiterzubringen. Es muss eher über »New Leadership« nachgedacht werden, das zu modernen Organisationsformen passt.

In diesem Kapitel haben Sie eine Einführung in das Thema Karriere bekommen. Wir haben den Begriff »Karriere« genauer betrachtet. Die vorgestellten und definierten Karriereformen helfen Ihnen im Verlauf des Buches bei der Orientierung. Auf einige davon kommen wir später wieder zurück. Der historische Abriss rundet den Einleitungsteil ab und reflektiert bereits eine unserer Botschaften: Arbeit, Beruf und Karriere sind immer ein Produkt der jeweiligen Zeit und verändern sich fortlaufend.

Um diesen Teil mit etwas mehr Leichtigkeit zu beenden, haben wir für Sie noch etwas zum Schmunzeln zusammengestellt. In der folgenden Übersicht finden Sie Berufe, die es nicht mehr gibt. Einige davon klingen nach längst vergangenen Epochen. In ihrer Zeit waren sie aber bedeutsam. Blickt man auf die Umgebungsfaktoren der jeweiligen Lebenswelt, erkennt man gute Gründe, welchen Zweck sie erfüllt haben. Genauso verhält es sich unserer Meinung nach auch mit dem sich wandelnden Karrierebild. Auch dieses ist ein Teil Kulturgeschichte.

Im Zusammenhang mit der Digitalisierung wird häufig darüber gesprochen, wie sich unsere physische Arbeitswelt verändert und welchen Einfluss sich wandelnde Werte auf die Art der Zusammenarbeit haben. Genauso häufig wird darüber reflektiert, welche neuen Berufe es zukünftig geben wird und welche weniger relevant sein werden. Das per se ist noch nichts Neues. Im Laufe der letzten Jahrhunderte entstanden immer wieder neue Berufe und manche verschwanden wieder.

In Deutschland führt das Bundesinstitut für Berufsbildung (BIBB) das Verzeichnis der anerkannten Ausbildungsberufe. Darin ist die Anzahl der Berufe seit der Gründung der Bundesrepublik um zwei Drittel gesunken (vgl. Wedemeyer 2020). Derzeit gibt es knapp über 300 anerkannte Berufe, die im Verzeichnis eingetragen sind.

Bei Vieser/Schautz (2020) und bei Palla (2018) findet sich eine hervorragende Zusammenstellung von Berufen, die es schon lange nicht mehr gibt und die auch im Verzeichnis der anerkannten Ausbildungsberufe nicht unbedingt eine Chance gehabt hätten. Der kleine Auszug zeigt jedoch sehr anschaulich, wie Berufe auch immer einen Teil Kulturgeschichte widerspiegeln.

Berufe, die es nicht mehr gibt

Der Aufwecker
Zur Zeit der industriellen Revolution gingen die Aufwecker morgens von Haus zu Haus und weckten schlafende Arbeiter entweder mittels eines Stocks, mit dem sie gegen die Haustür schlugen, oder sie benutzten ein Pusterohr mit Erbsen, die sie gegen die Fensterscheibe schossen. Diesen Beruf gibt es nicht mehr, seit mechanische Wecker erschwinglich wurden.

Der Bremser
Nachdem die ersten Eisenbahnen keine durchgehenden Bremsseile besaßen, saß der Bremser am Ende des Waggons im Bremshäuschen und stellte die Bremse für den jeweiligen Wagen mit der Bremskurbel fest. Diesen Beruf gibt es nicht mehr, seit Eisenbahnen mit durchgehenden Druckluftbremsen gebaut werden.

Der Büromaschinenmechaniker
Noch gar nicht so lange verschwunden ist der Beruf des Büromaschinenmechanikers. Seine Hauptaufgabe war die Installation, die Wartung und die Reparatur von Schreibmaschinen. Diesen Beruf gibt es nicht mehr, weil Computer und Drucker die Schreibmaschine ersetzt haben.

Der Kaffeeriecher
Während des staatlichen Kaffeemonopols unter Friedrich II., in dem Kaffee einer Luxussteuer unterlag, untersuchten die Kaffeeriecher mögliche Schmugglerware und verdienten sich ihren Lebensunterhalt mit den Prämien. Kaffeebohnen weiterzuverarbeiten war ausschließlich staatlichen Röstereien erlaubt. Diesen Beruf gibt es nicht mehr, weil das staatliche Kaffeemonopol mit dem Tod Friedrich II. abgeschafft wurde.

Der Reepschläger
Als »Reepe« bezeichnet man besonders lange Seile für die Seefahrt. Nachdem die Reepschläger, die diese Seile herstellten, sehr viel Platz benötigten, arbeiteten sie auf den

sogenannten Reeperbahnen. Diesen Beruf gibt es nicht mehr, da Seile heute ausschließlich maschinell hergestellt werden.

Der Rohrpostbeamte

In großen Städten gab es im 19. Jahrhundert unterirdisch ein verzweigtes Rohrpostnetz, in dem mittels Luftdruckzufuhr die Rohrpost schnellstens beim jeweiligen Postamt in der Stadt ankam. Den weiteren Transport der Sendungen übernahmen Postboten. Den Beruf des Rohrpostbeamten gibt es nicht mehr, seit Telefon und Fax die Rohrpost ersetzt haben.

Der Wagner

Hinter dem Beruf des Wagners verbergen sich die Karosseriebauer für Kutschen. Diesen Beruf gibt es nicht mehr, weil mit der Erfindung der Eisenbahn und dem Automobil keine Notwendigkeit mehr für den Kutschenbau bestand.

Wir schließen die Kapitel in diesem Buch immer mit ein paar Reflexionsfragen ab, die Sie dabei unterstützen sollen, New Career für Ihr Unternehmen zu entwickeln oder weiterzuentwickeln. Diese Fragen finden Sie jeweils auch bei den »Digitalen Extras«.

Für Ihre Praxis

- Welche Karriereform herrscht in meinem Unternehmen vor?

_____

_____

_____

_____

_____

_____

- Welche Stärken hat unser bisheriges Karriere- und Entwicklungsangebot? Was davon gilt es unbedingt in Zukunft fortzuführen?

_____

_____

_____

_____

_____

_____

- Was verdient überdacht zu werden?

_____

_____

_____

_____

_____

_____

- Welche Berufe gibt es in unserem Unternehmen, die es vielleicht in ein paar Jahren nicht mehr geben wird?

_____

_____

_____

_____

_____

_____

2 Warum braucht es neue Konzepte für Karriere und Entwicklung?

Jede Zeit bringt ihre Herausforderungen mit sich – und ihre Begriffe. Begriffe wie: VUCA, Agilität, Management 4.0 und New Work. Begriffe, um die sich alles zu drehen scheint. Deshalb beleuchten wir sie in diesem Kapitel etwas genauer, um so die aktuellen Rahmenbedingungen besser zu verstehen, die die New Career beeinflussen. Eingangs stellen sich einige Fragen:

- Was steckt hinter den Anforderungen der VUCA-Welt?
- Wieso ist das Thema Agilität so populär?
- Was hat es mit der allgegenwärtigen Forderung nach Digitalisierung auf sich und was ist eigentlich New Work?

Zudem stellt sich die Frage, ob dies – wieder einmal – nur Trendbegriffe sind oder ob es sich um tiefgreifende und weltweite Entwicklungen handelt, die einen Auftakt bilden und das künftige Wirtschaften und Arbeiten markant prägen werden. Derzeit spricht viel dafür, dass es sich nicht um einen schnellen Trend handelt, sondern eine nachhaltige Entwicklung angestoßen wurde. Somit spannen diese Begriffe einen Handlungsrahmen auf, in dem wir uns über kurz oder lang bewegen. Auch und insbesondere mit Blick auf die Frage: Welche Konsequenzen haben diese Entwicklungen für Karriere und Entwicklung?

2.1 Die langen Zyklen der Volkswirtschaft und der Weg zur Industrie 4.0

Historisch betrachtet kann man zur Erklärung der aktuellen Entwicklung das Modell der langen Zyklen der Weltkonjunktur des russischen Nationalökonomen Nikolai Kondratieff (z. B. Willi, 2014) heranziehen. Im Kern besagt es, dass marktwirtschaftlich organisierte Volkswirtschaften nicht nur durch das Auftreten kurz- und mittelfristiger Konjunkturschwankungen gekennzeichnet sind, sondern auch lange Phasen von Aufschwung und Rezession regelmäßig wiederkehren. Auslöser für solche Langzeitzyklen sind sogenannte Basisinnovationen, welche die gesamte Gesellschaft und deren Arbeitsstrukturen beeinflussen. Diese »Theorie der langen Wellen« werden auch als »Kondratieff-Zyklen« bezeichnet. Der erste Kondratieff-Zyklus (1800–1850) wurde ausgelöst durch Basisinnovationen wie den mechanischen Webstuhl, die Kohle- und Eisentechnologie und vor allem die Dampfmaschine. Während die zweite

»lange Welle« (1850–1900) insbesondere durch die Eisenbahn, Telegrafie und Fotografie geprägt wurde, kamen im dritten Zyklus (1900–1950) Innovationen der Chemie, die Elektrifizierung und das Automobil zum Tragen. Die Elektronik, Kernkraft, Kunststoffe und die Raumfahrt begründeten von 1950 an den vierten Kondratieff-Zyklus. Seit Ende des 20. Jahrhunderts wirken Mikroelektronik, Gentechnologie und Telekommunikation als Basisinnovationen. Der »Rohstoff« Information ist heute der maßgebliche Treiber wirtschaftlichen Wachstums.

Die vier Phasen der industriellen Revolution orientieren sich im Kern an den langen Wellen der Volkswirtschaft nach Kontradieff (vgl. Lippe-Heinrich 2019, S. 39). So ist die erste Phase gegen Ende des 18. Jahrhunderts zu verorten: Die industrielle Revolution beginnt mit der Einführung mechanischer Produktionsanlagen, die mithilfe von Wasser- und Dampfkraft betrieben werden – Industrie 1.0. Die zweite industrielle Revolution am Anfang des 20. Jahrhunderts erfolgte durch die Einführung arbeitsteiliger Massenproduktion mithilfe von elektrischer Energie. Das, was wir als »Industrie 3.0« bezeichnen, startet zu Beginn der 70er-Jahre des 20. Jahrhunderts. Durch den Einsatz von Elektronik und Informationstechnologie, z. B. in Form von speicherprogrammierbarer Steuerung, erfolgt eine weitere Automatisierung. Die gegenwärtigen Möglichkeiten von Cybertechnologie, künstlicher Intelligenz und Vernetzung werden als »vierte industrielle Revolution« bezeichnet.

Arbeit in der Industrie 4.0 ist anders geprägt in ihren Vorläufern. Die Fähigkeit, Informationen zu sammeln, zu ordnen, zu bewerten und adäquat zu verteilen, spielt dabei eine ähnlich bedeutsame Rolle wie die technischen Fähigkeiten, Prozesse zu standardisieren, zu automatisieren und selbstlernende Systeme zu überwachen. Vieles, was beispielsweise einen Fabrikarbeiter in den frühen Jahren der Industrialisierung ausgemacht hat, ist heute nicht mehr von erfolgskritischer Bedeutung.

2.2   Die VUCA-Welt und die Agilität

Die technologische Entwicklung ist nicht der alleinige Treiber der Veränderungen. Die Möglichkeiten, die Märkte und Verbraucher nutzen (und fordern), schnell und preisgünstig Waren und Dienstleistungen zu beziehen, prägen unseren Alltag. Dieses veränderte Konsumverhalten verändert unsere Märkte. Allerorts liest man über die VUCA-Welt und wie sie unsere Wirtschaft prägt. Doch was bedeutet dieses »VUCA« eigentlich genau?

Kurz gesagt: Es sind die Anfangsbuchstaben der Parameter, die nach einem allgemeinen Verständnis die gegenwärtigen Rahmenbedingungen des (weltweiten) Wirtschaftens prägen. Dabei steht im Deutschen

- V für volatil,
- U für unsicher,
- K für komplex und
- A für ambivalent.

Die daraus erwachsende Forderung: Unternehmen müssen agil sein. Unter »Agilität« wird die Fähigkeit eines Unternehmens verstanden, sich kontinuierlich auf höchst schnelllebige und wechselnde in- und externe Anforderungen und Veränderungen (Volatilität) einzustellen, die zudem höchst unsicher, unbeständig und schlecht prognostizierbar sind. Bedingt durch die Komplexität sind diese Herausforderungen mit den klassischen Arbeitsweisen kaum zielführend zum Erfolg zu bringen. Hinzu kommt die Anforderung, ambivalente Erwartungen zu erfüllen und dabei selbst nicht »zerrissen« zu werden.

Nach Stephan Fischer (Häusling/Fischer, 2019), Direktor am Institut für Personalforschung, Hochschule Pforzheim, ist ein Unternehmen agil, wenn es die Fähigkeit entwickelt, Veränderungen möglichst rechtzeitig zu antizipieren, selbst innovativ und veränderungsbereit zu sein, ständig als Organisation zu lernen und dieses Wissen allen relevanten Personen zur Verfügung zu stellen. Eigentlich nichts wirklich Neues. Aber man hat einen schicken Begriff dafür, dass man sich im Interesse des Überlebens auf seine Kunden und Märkte einstellen muss. Und in diesem Zusammenhang ist Agilität dann das Ergebnis, welches herauskommt, wenn sich ein Unternehmen darum bemüht, den Anforderungen der VUCA-Welt zu entsprechen.

2.3   Management 4.0

Die Märkte verändern sich. Die Unternehmen suchen Antworten und finden diese in technischen und organisatorischen Lösungsansätzen. Für den nachhaltigen Erfolg reicht das nicht immer – erfolgreiches Wirtschaften ist eben nicht nur eine Frage der Arbeitsorganisation oder Technik, sondern immer auch eine Frage von Management, Personalführung und Selbstverantwortung. Auch hier werden neue Ansätze diskutiert.

- **Management 1.0** bezeichnet das sogenannte Scientific Management. Es wurde in direkter Folge der Erkenntnisse von Taylor und Ford entwickelt, welche die wissenschaftliche Betriebsführung im Blick haben. Im Wesentlichen geht es hierbei um eine Führung i. S. v. »command and control«. Typisch sind u. a. Hierarchien – nicht nur hinsichtlich des Status und der Entgeltstruktur, sondern auch hinsichtlich der Entscheidungsbefugnis.

- **Management 2.0** ergänzt das Management 1.0 um Ansätze wie Total Quality Management, Six Sigma, Balanced Scorecard und um Führungsmodelle wie Management by Objectives, Management by Exception etc. Im Kern, so sagen Kritiker, handelt es sich immer noch um das alte, überholte Modell, ergänzt um ein paar partizipative Elemente.
- **Management 3.0:** Neben klassischen Disziplinen wie z. B. Biologie, Mathematik, Soziologie und schließlich auch den Wirtschaftswissenschaften setzt sich zunehmend der Ansatz der Systemtheorie als denk- und handlungsleitendes Modell durch. Im Wirtschaftsleben geht es nicht um Organisationseinheiten und Budgets, sondern darum, ein komplexes (vs. kompliziertes) Vorhaben zum Erfolg zu führen sowie Netzwerke von Mitarbeitenden, Interessensgruppen und Kunden auszusteuern. Gemeinhin wird dies als »Leadership« bezeichnet.
- **Management 4.0:** Dieser Ansatz geht von einer zunehmenden Digitalisierung aus. Dies führt zu einem Management, das den veränderten Rahmenbedingungen Rechnung trägt, so zum Beispiel entwickeln immer mehr Unternehmen digitale Geschäftsmodelle, das operative Geschäft erfährt Unterstützung durch künstliche Intelligenz, agile Organisationsformate gewinnen an Bedeutung. In diesem Kontext steht Management 4.0 für die Aufgabe der Führungskraft, mittels Kommunikation und unter Berücksichtigung der emotionalen Prozesse des Individuums für Neues zu sensibilisieren, zu befähigen und zu gewinnen und schließlich Menschen durch Veränderungsprozesse zu begleiten.

Gerade der Ansatz Management 4.0 ist nicht ausschließlich durch die Weiterentwicklung des Managementverständnisses im Kontext der wirtschaftlichen Entwicklungen zu sehen, sondern korrespondiert mit den Erwartungen der Generation, die nun sukzessive in das Arbeitsleben eintritt.

2.4 New Work

Bevor wir den New-Work-Ansatz vorstellen, möchten wir zunächst ein paar Gedanken über den Stellenwert von Arbeit verlieren. Arbeit steht heute in der Gesellschaft häufig im Mittelpunkt, um den die anderen Bereiche des Lebens herum organisiert werden.

Die Bertelsmann Stiftung hat in ihrer Studie 2015 gezeigt, dass Arbeit auf Rang zwei der wichtigsten Lebensbereiche der Deutschen steht (Rang 1 nehmen Familie und Partnerschaft ein). Wen wunderts: Mieten, Lebensmittel, Strom, Wasser – diese Dinge müssen zunächst einmal bezahlt werden und glücklich kann sich schätzen, wer gleichzeitig noch die Möglichkeit hat, Selbstverwirklichung und Sinnsuche zu realisieren.

Für Väth (2016) zeigt sich der hohe Stellenwert von Arbeit schon in Sprichwörtern wie »Wer rastet, der rostet« oder »Was du heute kannst besorgen, das verschiebe nicht auf morgen«. Und schon im Alten Testament heißt es: »Im Schweiße deines Angesichts sollst du dein Brot essen.« Die disziplinierte Haltung zur Arbeit bleibt über Jahrhunderte erhalten und findet sich auch im »ora et labora« des Mittelalters bis hin zu Marx und Lenin (»Wer nicht arbeitet, der soll auch nicht essen«).

Weil auf Arbeit ein so starker Fokus liegt, ist die Begeisterung über einen Ansatz für neue Arbeit gut nachvollziehbar. Dabei zeigt sich, dass die Verwendung des Begriffs »New Work« zwischen 2015 und 2019 in Fachpublikationen und im Netz stetig gestiegen ist (Taimer/Weckmüller 2020, S. 17). Vergleicht man in Google Trends das Interesse an New Work mit dem Interesse an Human Resources, zeigt sich, dass »New Work« zwischen Dezember 2019 und Dezember 2020 häufig höhere Werte erzielte als der viel breitere Begriff »Human Resources«.

Eine einheitliche Begriffsverwendung von »New Work« ist nur schwer zu erkennen. Taimer/Weckmüller (2020) haben auf der Basis einer qualitativen Inhaltsanalyse drei Subdiskurse identifiziert, die mit dem Konzept New Work in engem Zusammenhang stehen:

- der businessorientierte Managementdiskurs (als Antwort auf die Herausforderungen der Digitalisierung)
- der mitarbeiterorientierte Humanisierungsdiskurs (hier wird New Work verstanden als Förderung der Freiräume der Mitarbeitenden durch den Arbeitgeber)
- der originäre Sinndiskurs (demnach ist es zwingend notwendig, eine neue Wirtschafts- und Gesellschaftsform zu erschaffen)

Was wollte die erste New-Work-Generation?
New Work und alles, was damit assoziiert werden kann, ist derzeit populär. Ursprünglich wurde der Begriff von dem aus Österreich stammenden Philosophen Frithjof Bergmann in seinem Buch »Neue Arbeit – neue Kultur« (2020) geprägt. Bergmanns Konzept von New Work entstand historisch gesehen vor dem Hintergrund tiefgrei-

fender Veränderungen durch die Rationalisierung und den damit verbundenen Massenentlassungen in der Automobilindustrie in den 1980er-Jahren in den USA.

Das Ergebnis seiner Auseinandersetzung mit Mensch und Arbeit ist ein Vorschlag für die Reformation tayloristischer Lohnarbeit (Schermuly 2020). Bergmanns Vorschlag, damals als Mitarbeiter bei General Motors in Michigan, an das Management bestand darin, dass Mitarbeitende die Hälfte ihrer Arbeitszeit am Fließband verbringen und in der anderen Hälfte der Arbeitszeit herausfinden, was sie wirklich, wirklich wollen (Bergmann im Interview vom 27.8.2018). Bergmanns Idee sah ein radikales Umdenken von Arbeit vor, nicht nur homöopathisches Basteln an einzelnen Elementen.

Bergmanns ursprüngliche Forderung bestand aus drei Säulen (Schermuly 2020):

a) Schaffen von Alternativen zum kapitalistischen Lohnarbeitssystem, weil dieses pathogen sei und eine Spaltung zwischen arm und reich schafft. Bezahlung für Arbeit soll ein Nebenaspekt werden. Deshalb soll Erwerbsarbeit nur noch 1/3 der Arbeitszeit ausmachen und eine Grundversorgung sichern für all die Dinge, die nicht durch Selbstversorgung (siehe b) realisiert werden können.

b) Vorantreiben einer technologischen »Hightech-Eigenproduktion«, mit der nicht nur ein kleiner Teil der Gesellschaft versorgt ist, sondern alle. Dabei geht es nicht um die Selbstversorgung durch ein eigenes Gemüsebeet. Es geht um die eigene Herstellung z. B. von Elektrizität. Er möchte damit ein hohes Versorgungsniveau bei geringem Einkommen sichern.

c) Suche nach der bezahlten Berufung (»paid calling«). Der Mensch soll einen Teil seiner Arbeitszeit mit Arbeit verbringen, die er wirklich, wirklich will. Arbeit also, die seinen individuellen Talenten entspricht und mit der sich der Einzelne identifizieren kann.

Sieht man sich diese drei Forderungen an, erkennt man die Idee eines von Grund auf neuen Systems der Arbeit mit dem Wunsch nach einer radikal neuen Gesellschaftsordnung. Dabei ging es Bergmann nicht darum, Arbeit per se abzuschaffen. »Das Ziel der neuen Arbeit besteht nicht darin, die Menschen von der Arbeit zu befreien, sondern die Arbeit so zu transformieren, damit sie freie, selbstbestimmte, menschliche Wesen hervorbringt« (Bergmann 2020, S. 12). Überhaupt ist es ein wichtiger

Bestandteil von Bergmanns New-Work-Gedanken, dass diese von Werten getragen werden. Vor allem von Freiheit, Selbstorganisation und Verantwortung

Beim Lesen der Texte von oder über Frithjof Bergmann wird bewusst: Hinter der Utopie von New Work steckt vor allem der unbedingte Wille, Menschen zu einem besseren Leben zu verhelfen. Was man dabei nicht außer Acht lassen darf, sind die ursprünglichen Rahmenbedingungen, in die New Work hineingeboren wurde. New Work war der Versuch, Menschen vor Arbeitsplatzverlust und Armut zu retten – es war kein Ansatz, Eliten bei der Sinnsuche zu unterstützen.

Was will die zweite New-Work-Generation?
Heute ist der Begriff wieder modern, weil wir uns vor dem Hintergrund der bis hierher beschriebenen Megatrends wieder in einer neuen Phase der Disruption befinden. Digitalisierung verändert Formen der Zusammenarbeit und bringt (aktuell noch latent) eine Sorge von Arbeitsplatzverlust mit sich. Gleichwohl sind die heutigen Rahmenbedingungen nicht mit den 1980er-Jahren vergleichbar, wie Taimer/Weckmüller (2020, S. 18) sehr anschaulich in Form von vier Befunden darstellen:

Die heutige Situation ist nicht mit den Ausmaßen der Arbeitslosigkeit der 1980er-/ 1990er-Jahre geprägt, sondern ganz konkret von Fachkräftemangel (Befund 1). Abzuwarten bleibt, ob dieser Befund nicht bald durch die Folgen der Corona-Krise abgelöst wird. Bereits große Unternehmen, ganze Branchen wackeln. In der seit einigen Jahren gerittenen »Purpose«-Welle bewerten die Beschäftigten den Sinngehalt ihrer Arbeit laut »DGB-Index Gute Arbeit« (2019, S. 63) immer noch hoch – 81 von 100 Indexpunkten (Befund 2). Bergmann stellt die Frage nach dem Job, den man wirklich, wirklich will. In der Realität ist Sinnerfahrung subjektiv und individuell. So können einzelne Aspekte einer (ansonsten weniger sinnvollen) Tätigkeit bereits als sinnvoll empfunden werden – zum Beispiel der Kontakt zu anderen oder das Gefühl von persönlichem Wachstum (Befund 3). In Bergmanns Ausführungen spielt Kapitalismuskritik eine wesentliche Rolle. Heute gibt es zwar zarte Versuche von Konsumverzicht und reduzierter Wochenarbeitszeit, diese bilden jedoch keine gesellschaftliche Mehrheit (Befund 4).

Trotzdem gab es das Bedürfnis, den Begriff und Teile der Gedanken der New-Work-Bewegung aus den 1980er-Jahren wiederzubeleben. Heute beinhaltet er eine neue Auffassung von Arbeit/Haltung zur Arbeit, in der sich die Anforderungen an Raum und Zeit sowie der Inhalt der Arbeit, die Art der Erledigung und die Zusammenarbeitsmodelle verändern. Zu häufig ist jedoch in Unternehmen bei einer neuen Arbeitszeitregelung und der Durchführung von World-Cafés schon Schluss mit New Work, weil die Ansätze immer noch in den Kategorien »private Zeit« vs. »Arbeitszeit« stecken bleiben.

In der Literatur findet man als Gegenstück dazu folgerichtig nicht den Begriff der Work-Life-Balance (denn auch dieser Begriff bezieht sich auf Arbeit einerseits und Lebenszeit andererseits), sondern den des Work-Life-Blending, da die Grenzen zwischen den Lebensbereichen ohnehin verschwimmen. Damit das nicht als Last empfunden wird, gehen die New-Work-Anhänger davon aus, dass es Freiräume für den Einzelnen braucht, in denen er sich grundlegende Fragen der eigenen Existenz stellen und beantworten kann, um so ein ausgewogenes und erfülltes Leben zu führen (Väth 2016, S. 137 f.):

- Wer bin ich?
- Was will ich tun?
- Wie will ich leben?
- Wo will ich beruflich hin?
- Was kann ich wirklich gut?
- Wo stifte ich den größten Nutzen?
- Welchen Preis bin ich bereit für eine berufliche Verbesserung zu zahlen?

Aus unserer Sicht wird bei den Ausführungen zu New Work spürbar, dass die Erwartungen an den Einzelnen (zu) hoch gehängt werden. Schaut man in die tägliche Praxis, kämpfen viele Menschen schon mit viel einfacheren Fragen aus dem Alltag als mit der Frage nach der persönlichen Berufung. Dazu zählen Fragen wie: »Wie kann ich in den hochpreisigen Ballungszentren noch meine Miete zahlen?«, »Wie kann ich trotz Minijob etwas für meine Altersvorsorge tun?«, »Auf welche Schule soll mein Kind gehen, damit es gut ausgebildet wird?«. Was New Work trotzdem wertvoll macht, ist die humanistische Grundhaltung, die auf das persönliche Wachstum des Menschen ausgerichtet ist.

Schaut man sich zusammenfassend den heutigen Fokus der New-Work-Bewegung an, fokussiert sie vor allem auf den dritten Aspekt in Bergmanns Utopie – die Berufung. Das ist anders als in den ursprünglichen Gedanken zu New Work. Dort ging es vor allem um den Kapitalismus im Großen und um den Menschen im Kleinen (Väth 2016).

Die heutige New-Work-Bewegung muss sich eventuell erst noch finden. Auch die HR-Organisation muss für sich definieren, ob und wie sie auf dieser Welle mitreiten möchte.

Für Ihre Praxis

- Welche Aspekte von New Work würden unserer Organisation zu mehr Attraktivität nach innen und außen verhelfen?

_____

_____

_____

_____

_____

_____

_____

_____

_____

_____

_____

_____

_____

_____

- Welche Ideen von New Work leben wir heute schon?

_____

_____

_____

_____

_____

_____

_____

_____

_____

_____

_____

_____

_____

2.5   Der disruptive Megatrend: Lernen 4.0

Häufig liest man von Lernen 4.0 als dem disruptiven Megatrend. Es stellen sich zwei zentrale Fragen:
- Was bedeutet »disruptiv«?
- Was kennzeichnet denn nun eigentlich Lernen 4.0?

Sinngemäß könnte man sagen, »disruptiv« bedeutet, dass durch neuartige Entwicklungen bestehende Systeme und Paradigmen obsolet werden. Und das bezieht sich hier eben auf Lernen.

Und: Was ist Lernen 4.0 (in Abgrenzung zu den vorherigen Lernansätzen)? Die folgende Übersicht gibt kompakten Aufschluss.

	Lernen 1.0	Lernen 2.0	Lernen 3.0	Lernen 4.0
Was ist es?	klassisches »Pauken«	interaktiver Wissenserwerb in organisierten Lehrveranstaltungen	interaktiver Wissenserwerb in organisierten Lehrveranstaltungen mit digitalen Ergänzungen	konstruktivistisches Lernen
Kennzeichen	zumeist frontal, hierarchisch	kognitiver Schwerpunkt, geprägt durch Austausch, vorgegebenes Lern-Event	wie Lernen 2.0 mit zusätzlichen Methoden	eigenständige Suche und selbstständiges Erschließen von Fragestellungen, Informationen, Quellen und Inhalten

	Lernen 1.0	Lernen 2.0	Lernen 3.0	Lernen 4.0
Prinzip	sogenanntes Bulimie-Wissen (»reinfressen und auskotzen« ohne Nährwert)	Wissensvermittlung unter Berücksichtigung methodisch-didaktischer Besonderheiten des Lernens von Erwachsenen	Weiterführung des Lernens 2.0 mit mehr digitalen Mitteln	Lehren nicht mehr im Vordergrund, sondern eigeninitiiertes und eigeninitiatives Lernen
Beispiele	z. B. Vor-Lesungen, E-Learning der 1990er-Jahre	Schulungen mit Teilnehmerinteraktion	Blended Learning	selbstorganisierte Beschäftigung eines Netzwerks von thematisch Interessierten mit Fragen und Lösungen zu interessanten Themen

Lernansätze von 1.0 bis 4.0 im Überblick; in Anlehnung an Seipel (vgl. Reimann 2017, in Lippe-Heinrich 2019, S. 85)

Lernen 4.0 ist mit Sicherheit keine Erfindung besonders visionärer Personalentwickler. Im Gegenteil: Oftmals ist es wohl eher so, dass die Organisationseinheit »Personalentwicklung« vorrangig Schulungsangebote vorgehalten hat, die zu schwerfällig, zu langsam und nicht passgenau genug für die Bedarfe der Fachabteilungen waren. Der Bedarf wurde von den Fachbereichen eigenverantwortlich oder in deren Communitys mit den Möglichkeiten der vernetzten Kommunikation gelöst.

Für Ihre Praxis

- Welche Möglichkeiten für Lernen und Entwicklung bieten die aktuellen und künftigen Stellen, Rollen, Aufgaben etc.?

- Welche Möglichkeiten einer Entwicklung von Skills und Kompetenzen bieten wir im Rahmen einer organisierten Wissensvermittlung an (z. B. Schulungen, Trainings, Seminare, E-Learning)?

- Nach welchen Kriterien sollten externe Angebote der organisierten Wissensvermittlung aus dem Blickwinkel eines treffgenauen Lernens und perspektivischer Entwicklung bewertet werden?

2.6   Der psychologische Vertrag

In den allermeisten Unternehmen funktioniert die Zusammenarbeit zwischen Arbeitgebervertretern und Arbeitnehmern recht ordentlich. Doch ab und zu ist in der 1 : 1-Beziehung etwas Sand im Getriebe – manchmal wegen sachlicher Streitigkeiten, manchmal, weil die Beziehung zwischen dem Vorgesetzten und dem Mitarbeiter nicht stimmt. Nicht selten wird für die Klärung dann ein HR-Manager hinzugezogen.

Für die Antwort auf die Frage »Was ist mit dem Mitarbeiter vereinbart?« greifen HR-Manager zuerst auf den Arbeitsvertrag zurück. In dieser Willenserklärung zweier Vertragspartner, findet man üblicherweise Informationen über die Vertragsparteien, die Art des Vertrags (befristet/unbefristet), die auszuübende Tätigkeit, Vergütungsbestandteile, Urlaub, Kündigung, Ausschlussfristen etc.

Geht es um Vereinbarungen für ganze Gruppen von Mitarbeitenden, existieren in Betrieben häufig Betriebsvereinbarungen und Tarifverträge. All diese Regelwerke enthalten Abmachungen dazu, wie sich der Arbeitnehmer zu verhalten hat und was er vom Arbeitgeber dafür bekommt.

Was in den genannten Schriftstücken nicht steht, sind gemeinsame Übereinkünfte und Erwartungen zu persönlicher Entwicklung, Karriere, Loyalität und Commitment. Gleichwohl kann es auch in diesen Bereichen zu gegenseitigen Enttäuschungen kommen, begleitet von dem Gedanken »Das war eigentlich anders ausgemacht«. Diese wechselseitigen Versprechungen, Hoffnungen, Bedürfnisse und Erwartungen, die über die fixierten Inhalte eines formalen juristischen Vertrags hinausgehen, werden in der Wissenschaft seit 1960 als »psychologischer Vertrag« bezeichnet (Grote/Staffelbach 2010). Der Begriff wurde bei Argyris (1960) zunächst ohne eine genauere Definition verwendet und später bei Rousseau (1989) weiterverfolgt.

Dabei kann es sich beim psychologischen Vertrag um explizit formulierte Erwartungen handeln, oder sie werden aus bestimmten Ereignissen und Beobachtungen abgeleitet (Raeder/Grote 2012, S. 17). Der psychologische Vertrag ist durch die Subjektivität der Erwartungen nur schwer zu fassen und fällt so unterschiedlich aus, wie Menschen unterschiedlich sind.

Hinzu kommt, dass wir nicht immer Klarheit über die eigenen Wünsche und Erwartungen haben und es uns deshalb schwerfällt, sie zu verbalisieren. Wie die eigenen

Hoffnungen aussehen, fällt unter Umständen erst dann auf, wenn sie nicht erfüllt werden. Wahrscheinlich kennt jeder das Gefühl, wenn man ein Geschenk bekommt, das aber ganz subjektiv nicht gefällt, obwohl der Schenkende davon überzeugt war, ins Schwarze zu treffen. Vielleicht haben Sie auch selbst schon einmal ein Geschenk gemacht, das nicht die freudige Reaktion ausgelöst hat, die Sie sich erhofft oder erwartet hatten.

Beides kann passieren, wenn der Austausch über die Inhalte des psychologischen Vertrags (noch) nicht stattgefunden hat oder wenn unklar bleibt, wer genau auf der Seite des Arbeitgebers eigentlich der Vertragspartner ist. Die direkte Führungskraft? Ein Vertreter der Geschäftsführung? Ein Mitarbeiter der Personalabteilung? Kollegen? Oder kennzeichnet es den psychologischen Vertrag, dass der Vertragspartner je nach Situation wechselt?

Der psychologische Vertrag bleibt unspezifisch und meist auf allgemeine Erwartungen und Vergleiche mit anderen ausgerichtet – erst durch das Darüber-Sprechen kann hier Klarheit geschaffen werden. Und es erfordert Ehrlichkeit, nicht die sprichwörtliche Mohrrübe hinzuhalten, wenn man die dann formulierten Erwartungen nicht wirklich bedienen will oder kann.

Die genannte Unschärfe ist wesentliches Merkmal des Deals zwischen Arbeitnehmer und Arbeitgeber. Selten wird dieser Deal über den Zeitverlauf eines Arbeitsverhältnisses hinweg systematisch hinterfragt oder erneuert. Die Austauschbeziehung zwischen Arbeitnehmer und Arbeitgeber wird sowohl durch den schriftlichen als auch den psychologischen Vertrag bestimmt. Wenn der psychologische Vertrag aber einen so großen Anteil am Gelingen der Arbeitsbeziehung hat, lohnt es sich, als Führungskraft Zeit in die gemeinsame Reflexion über dessen Inhalte zu investieren.

	Juristischer Vertrag	Psychologischer Vertrag
Form	schriftlich	mündlich oder individuelle Wahrnehmung der Vertragspartner
Vertragspartner	juristische Person und Privatperson	unbestimmt, da aufseiten des Arbeitgebers verschiedene Organisationsvertreter Vertragspartner sein können (z. B. direkte Führungskraft, HR-Manager Unternehmensleitung etc.)

	Juristischer Vertrag	Psychologischer Vertrag
Vertragsinhalt	• je nach Art des Vertrags, Kündigungsfristen, Vergütung, Urlaub, Ausschlussfristen etc. • transaktional (Arbeitskraft gegen Entgelt)	• Annahmen und Erwartungen aufgrund von impliziten oder expliziten Aussagen (z. B. über Loyalität, Sicherheit, Fairness, Leistungsbereitschaft, individuelle Entwicklungschancen etc.) im Sinne eines moralischen Tauschgeschäfts • transaktional (z. B. Erwartung an leistungsorientiertes Entgelt) • relational (Arbeitsplatzsicherheit, Karriere etc.)
Normative Wirkung	ja, rechtlich bindend	nein
Reaktionen bei Vertragsbruch	Kündigung und Austritt aus dem Unternehmen	• Kündigung und Austritt aus dem Unternehmen • innere Kündigung und ggf. Verbleib im Unternehmen
Erkennbarkeit	unmittelbar	muss von beiden Seiten erfragt werden
Standard	häufig innerhalb einer Organisation	von Mitarbeitendem zu Mitarbeitendem verschieden

Juristischer vs. psychologischer Vertrag (angelehnt an Richter, 2003)

Wie sieht der neue psychologische Vertrag aus?

Die Veränderungen der Rahmenbedingungen für Arbeit wurden in Kapitel 2.2 zusammengefasst. Vor diesem Hintergrund ist auch die Veränderung des psychologischen Vertrags zu sehen. Die Arbeitgebererwartungen an die Mitarbeitenden haben sich vor allem seit den 1990er-Jahren verändert.

Rationalisierungsmaßnahmen, höherer Kostendruck und die global wachsende Konkurrenz führen zu Restrukturierungswellen, in denen ein Arbeitsplatzversprechen deplatziert wirkt (vgl. Klimecki/Litz 2002, S. 22). Unternehmen erwarten ein höheres Maß an Eigenverantwortung hinsichtlich der Beschäftigung selbst und hinsichtlich der Vermarktung der eigenen Kompetenzen (Raeder/Grote 2005). Es wird vor allem mehr Flexibilität (in Bezug auf Arbeitsaufgabe, Arbeitszeit und Arbeitsort) erwartet.

Gemeint war damit häufig die Flexibilität der Arbeitnehmer, sich auf die veränderte Haltung der Unternehmen einzulassen und größere Unsicherheit in der Arbeitsbeziehung (weniger Loyalität seitens des Unternehmens) zu akzeptieren und trotzdem engagiert und leistungsbereit zu sein. Unternehmen, die so agiert haben – nicht aus purer wirtschaftlicher Not heraus, sondern aus einem Übermaß an Gewinnorientierung – haben ihren Teil des Deals aus dem psychologischen Vertrag verändert. Müssen Handschlagsmentalität und lebenslange Beschäftigungssicherung Rationalisierungsinteressen weichen, könnte sich auch die Perspektive der Mitarbeitenden auf ihren Teil der Abmachung ändern. In der Forschung über den Einfluss von Arbeitsflexibilisierung auf den psychologischen Vertrag (Raeder/Grote 2004) wurde herausgefunden, dass sich der Vertrag drastischer verändert, je stärker ein Unternehmen auf Flexibilität setzt.

Kurzum: Der alte Deal von Loyalität gegen Arbeitsplatzsicherheit geht immer weniger auf. Zwar wünschen sich Mitarbeitende nach wie vor Arbeitsplatzsicherheit, kalkulieren jedoch Unsicherheit eher mit ein. Über viele Jahre wurde der Begriff der Employability (Arbeitsmarktfähigkeit) auch in dem Sinne an die Mitarbeitenden herangetragen, dass sie Eigenverantwortung übernehmen müssen, um ihre Arbeitsmarktfähigkeit zu erhalten. Diese Aufgabe haben Mitarbeitende angenommen. Sie übernehmen Verantwortung für ihre Entwicklungsmöglichkeiten – gern im aktuellen Unternehmen, ebenso in einem anderen. Das ist der neue psychologische Vertrag.

Traditioneller Vertrag	Neuer Vertrag
Arbeitsplatzsicherheit/lebenslange Beschäftigung	Akzeptanz von Unsicherheit/Eigenverantwortung für Beschäftigung
interner Aufstieg	interne Entwicklungsmöglichkeiten
Spezialisierung	Ziel-/Leistungsorientierung
gegenseitige Loyalität/Identifikation	Eigenverantwortung für Arbeitsmarktfähigkeit/Orientierung an eigenen Fähigkeiten

Veränderte Inhalte in psychologischen Verträgen mit zunehmender Arbeitsflexibilisierung (Raeder/Grote, 2001)

Wie könnte man psychologische Verträge gestalten?

Für die HR-Abteilungen besteht die Relevanz der Kenntnis des psychologischen Vertrags unserer Meinung nach vor allem darin, die relationale Seite des Vertrags auszugestalten und im Unternehmen dafür zu sensibilisieren, wie wichtig es ist, die offene

Kommunikation über die Erwartungen des Arbeitnehmers und des Arbeitgebers zu fördern.

Gut gestaltete relationale psychologische Verträge fördern die Verbundenheit mit der Organisation, wobei Führungskräften in der Ausgestaltung eine wesentliche Rolle zugeschrieben wird. Die Grundlage bildet das Vertrauensverhältnis und die empfundene Fairness zwischen den Mitarbeitenden und dem Verhalten der Führungskraft bzw. des gesamten Topmanagements.

Die Entstehung des psychologischen Vertrags beginnt bereits im Einstellungsprozess und dauert bis zum Offboarding. Als wesentlich über den gesamten Employee Lifecycle kennzeichnet die Literatur den Austausch über die jeweiligen Erwartungen an das Arbeitsverhältnis.

Realisieren Unternehmen Entwicklungsmöglichkeiten für Mitarbeitende und finden mögliche Karriereschritte als Ergebnis einer Übereinstimmung von Mitarbeiter- und Vorgesetztenerwartungen statt, wird der psychologische Vertrag erfüllt (Sturges/ Conway/Guest/Liefhooge 2005). Das Ergebnis ist Treue zum Unternehmen, Loyalität und Engagement. Neben der Betrachtung der Mitarbeiter-Vorgesetzten-Beziehung ist es im Sinne des psychologischen Vertrags, auch bilaterale Beziehungen zwischen Kollegen und deren gegenseitige Erwartungen zu besprechen. Das kann in Form verschiedener moderierter Methoden, wie z. B. dem heißen Stuhl, oder als Element eines gegenseitigen 360-Grad-Feedbacks ermöglicht werden.

Je treffsicherer und zuverlässiger ein Arbeitgeber auf die Bedürfnisse der Arbeitnehmenden reagiert und je schneller er direkt erlebbare Entwicklungs- und Karrieremöglichkeiten bietet, umso stärker fühlen sich Mitarbeitende an eine Organisation gebunden. Bei den Entwicklungs- und Karrieremöglichkeiten geht es um gezielte Aufgabenerweiterungen und Themenstellungen, die als individuelle Entwicklungsmöglichkeit empfunden werden, was gleichzeitig voraussetzt, dass sich der Arbeitgeber nicht nur Gedanken macht, was der Organisation gerade nützen könnte, sondern vor allem, was aus Sicht der Mitarbeitenden attraktiv ist.

Kann es bei einem psychologischen Vertrag überhaupt einen Vertragsbruch geben?
Wenn der psychologische Vertrag aus der Wahrnehmung gegenseitiger Versprechungen besteht, so kann deren Nichterfüllung zum Vertragsbruch führen. Egal, in welcher Phase des Employee Lifecycle. Klassische Verstöße gegen den psychologischen

Vertrag haben wir für Sie im Folgenden zusammengestellt. Wie oben beschrieben, kann es sich um explizite Zusagen handeln, manchmal aber auch um empfundene Verbindlichkeiten.

Bereiche, in denen **arbeitgeberseitig** Vertragsverstöße vorkommen können:
- **Arbeitsplatzsicherheit** – tendenziell nimmt bei Arbeitnehmern über die Zeitdauer des Beschäftigungsverhältnisses die Erwartung zu, der Arbeitsplatz sei sicher.
- **erhöhtes Einkommen** – eine zugesagte Höhergruppierung, eine Zulage, der Dienstwagen oder eine sonstige Form der versprochenen Entgeltentwicklung wird nicht (in der erwarteten Höhe) umgesetzt oder findet nicht in dem erwarteten Zeitfenster statt.
- **persönliche Entwicklung** – ein zugesagter Karriereschritt wird nicht realisiert oder nicht im erwarteten Zeitfenster.
- **persönliche Unterstützung** – der Vorgesetzte nimmt sich nicht die versprochene Zeit bzw. schenkt den Anliegen keine Aufmerksamkeit. Das können Führungs-/Fachthemen oder persönliche Anliegen sein.
- **verbesserte Rahmenbedingungen** – trotz zugesagter Hilfestellung wird keine Verbesserung realisiert, z. B. bei der persönlichen Auslastung, bei zugesagten Ressourcen, bei der Priorisierung etc.
- **Vertrauen** – Vertrauensbeweise bleiben aus. Zum Beispiel kein Remote Working, obwohl die Aufgabe dafür geeignet ist und anderen es ermöglicht wird etc.

Bereiche, in denen **arbeitnehmerseitig** Vertragsverstöße vorkommen können:
- **dauerhafte Loyalität** – der Arbeitnehmer verstößt gegen Unternehmenswerte und unterstützt die Ziele der Organisation nicht, z. B. indem er nach innen/außen schlecht über das Unternehmen spricht oder bei Entscheidungen nicht das Wohl der Organisation berücksichtigt.
- **Einsatzbereitschaft** – der Arbeitnehmer ist nicht gewillt, sich aus eigenem Antrieb mit Unternehmensthemen und neuen Ideen zu beschäftigen oder diese zu teilen.
- **zugesagte Leistungserbringung** – obwohl der Arbeitnehmer eine bestimmte Leistungserbringung zugesagt hat (z. B. eine größere Aufgabe zu übernehmen und zu erledigen), bleibt das Ergebnis aus.

Wichtig ist, die Gegenseitigkeit des psychologischen Vertrags herauszustellen: Beide Vertragspartner haben die Verpflichtung, ihre Zusagen einzuhalten. Wird eine (empfundene) Zusage nicht eingehalten, ist manchmal prompt, manchmal erst im Laufe der Zeit eine Verhaltensänderung erkenn- und spürbar. Sichtbar kann dies werden in einer verminderten Zufriedenheit mit der Tätigkeit, Traurigkeit, in schnellem Verärgertsein bis hin zu veränderten sozialen Beziehungen.

Noch ein interessanter Nebenaspekt: Während Führungskräfte dazu neigen, die Nichterfüllung äußeren Umständen zuzuschreiben, unterstellen Mitarbeitende eher Absicht (Räder/Grote 2012, S. 21). Beides erscheint uns deprimierend: Führungskräfte, die sich hinter »Rahmenbedingungen« verstecken und Mitarbeitende, die gezielte Zurückweisung vermuten.

Für Ihre Praxis

- Welche persönlichen Erlebnisse hatte ich im Zusammenhang mit dem psychologischen Vertrag?

- Welche externen Trends und Entwicklungen sollte ich bei der Gestaltung von Karriereoptionen in unserem Unternehmen noch stärker berücksichtigen?

- Welche sind die wichtigsten Herausforderungen, vor denen unser Unternehmen steht?

Mit Kapitel 2 dieses Buches haben wir Ordnung in das allgemeine Begriffswirrwarr gebracht. Sie kennen nun die Bedeutung der Kondratieff-Zyklen und können die Megatrends als Rahmenbedingungen erkennen, innerhalb derer Karriere und Entwicklung stattfinden. Eine weitere Prämisse bei der Betrachtung von Karriere und vor allem von New Career ist die Bedeutung der Verbindung zwischen Mitarbeitenden und Unternehmen im Sinne des psychologischen Vertrags. Der Umbruch in dieser Beziehung verändert grundlegend die Erwartungshaltungen beider Seiten. Ergänzend hierzu haben Sie unsere Betrachtungen zu den beiden Generationen der New-Work-Bewegung gelesen. Die neuere Generation, also die zweite New-Work-Generation, hat dabei eine Haltung zu Arbeit entwickelt, in der es um Bedeutsamkeit und Selbstbestimmtheit geht. Auch diese Faktoren haben Auswirkungen auf Karriere und Entwicklung.

3 New Career – was erwarten verschiedene Generationen?

In diesem Kapitel geben wir einen kurzen Einblick in die Erwartungshaltung verschiedener Generationen hinsichtlich des Stellenwerts von Arbeit. So wird auch die Bandbreite deutlich und vorstellbar, die bei der Entwicklung einer New Career zu berücksichtigen ist.

Kaum eine Publikation, die sich mit Trends, Strategie, Lernen und Entwicklung beschäftigt, kommt ohne eine Betrachtung der Generationen aus (wenngleich man davon ausgeht, dass sich nur etwa 30 Prozent einer Generation tatsächlich in diese Cluster einordnen lassen). Aus eher heuristischer Sicht können dennoch einige pragmatische Erkenntnisse abgeleitet werden. Die folgende Übersicht zeigt die wesentlichen Kennzeichen der Generationen:

Die verschiedenen Generationen bringen unterschiedliche Erwartungen u. a. an Arbeit mit und prägen – auch unter dem Aspekt der demografischen Entwicklung in den reifen Volkswirtschaften – entsprechend die Notwendigkeit, dass sich Unternehmen mit den Konzepten von Organisation, Führung, Kommunikation und vor allem mit Lernen intensiv auseinandersetzen. Denn die nachrückende Generation bringt neue Werthaltungen und neue Kompetenzen mit, die integriert und gelebt werden wollen, was auch bei denjenigen einen Entwicklungsbedarf indiziert, die bislang anders gearbeitet, gelebt und gelernt haben.

Lerngeneration	Traditionalisten	Baby-Boomer	Generation X	Generation Y	Generation Z
Jahrgänge	1939–1955	1955–1969	1965–1980	1980–2000	1995–2010
	• zunehmend liberaler aufgewachsen • starke Rationalität und Technikgläubigkeit (Star Trek und Mr. Spock) • Hippie-Bewegung • legen Wert auf Seniorität und »an der Reihe sein« • perfektionistisch • politische (Un-)Korrektheit		• in einer Zeit steigender Scheidungsraten aufgewachsen • Zwei-Verdiener-Familien • »Schlüsselkinder« – die es gewohnt sind, dass ihnen in Planung und Gestaltung des Tages keiner reinpfuscht • erlebten Eltern, die den »Gürtel enger schnallen« mussten • erlebten viele politische und soziale Skandale • misstrauten Technikgläubigkeit (Space Shuttle) • hinterfragen vieles, sind skeptisch	• großgezogen von Helikoptereltern • ihnen wurde gesagt, sie könnten alles werden oder erreichen, was sie nur wollen • stetige (meist) positive Rückmeldungen • geprägt durch 9/11 • digitale und vernetzte Welt, 24/7-Technologie • suchen nach Anerkennung und detailliertem (fachlichem) Feedback • lokale und weltweite Community-Orientierung	
Werte	Wohlstand Ordnung Familie	Gesundheit Idealismus Kreativität	Unabhängigkeit Individualismus Sinnsuche	Vernetzung Teamwork Optimismus	freie Entfaltung
Merkmale	Anweisung und Kontrolle Selbstaufopferung	teamorientiert Karrierestreben sichere Arbeit	pragmatisch selbstständig Streben nach hoher Lebensqualität	Leben im Hier und Jetzt mit neuen Technologien aufgewachsen »24 Stunden online«	keine Trennung zwischen virtuell und analog permanenter Austausch online
Im Arbeitsleben	hierarchisches Denken und Handeln Respekt vor Autorität soziale Verantwortung	strukturierter Arbeitsstil Austausch im Teamnetzwerk	ergebnisorientiert technisch versiert teilen Macht und Verantwortung	Spaß in der Arbeit lern- und arbeitswillig flexibel und anpassungsbereit selbstständiges Arbeiten	agile Arbeitsweise Trennung zwischen Arbeitsleben und Privatem Ausprobieren
Kommunikations-medien	Brief	Telefon	PC Mobiltelefon	Laptop Smartphone und Tablet	Smartphone und Tablet
Motivation	Aufbau eines bescheidenen Wohlstands Sicherheit	persönliche Entwicklung Wertschätzung für ihre Erfahrungen	hohe Freiheitsgrade Entwicklungsmöglichkeiten Work-Life-Balance	Selbstverwirklichung Vernetztsein kollaboratives Arbeiten und Lernen	Selbstverwirklichung in der Freizeit und in sozialen Kontakten

Kennzeichen der Generationen

Für Ihre Praxis

DIGITALE EXTRAS

- Welche Erwartungshaltung an Arbeit und Karriere habe ich bei unterschiedlichen Mitarbeitergruppen schon erlebt?

- Wie gehen wir mit den verschiedenen Erwartungshaltungen derzeit in unserem Unternehmen um?

- Wie gut gehen wir in unseren Leadership-Programmen auf Generationenvielfalt ein?

4 Die Klassiker: Führungs-, Fach- und Projektleiterlaufbahn

Für gute Fachleute gab es lange Zeit kaum wirklich attraktive Karrierechancen außerhalb der klassischen Führungshierarchie. Wenn man sichtbar Karriere machen will, Anerkennung in den Organisationen und in der Gesellschaft haben möchte, dann als Führungskraft.

Dabei weiß fast jeder über einen Fall zu berichten, in dem genau dieses Prinzip dazu geführt hat, dass man eine gute Fachkraft verloren hat und eine schlechte Führungskraft dazugekommen ist. Kaum einer wurde damit glücklich – weder die Organisation noch die neu ernannte Führungskraft und oftmals schon gar nicht die Mitarbeitenden der neuen Führungskraft. Und dennoch ist auch heute noch für viele die Vorstellung vom beruflichen Aufstieg mit dem Bild einer klassischen Führungslaufbahn verbunden.

Die Arbeitswelt hat sich allerdings massiv gewandelt. Heute wird – mehr denn je – von Mitarbeitenden ein hohes Maß an Flexibilität im Hinblick auf das Tätigkeitsgebiet, die organisatorische Eingliederung und den Einsatzort verlangt. Eine Führungskraft ist in vielen Fällen schon lange nicht mehr der ehemals »beste Sachbearbeiter« oder der Experte seiner Organisationseinheit. Zudem werden zunehmend häufiger Aufgaben in Form von Projekten bearbeitet.

Dadurch sind Positionen entstanden, die von hoch qualifizierten Mitarbeitenden wahrgenommen werden, die häufig viel Verantwortung übernehmen, aber keine disziplinarische Führungsverantwortung haben – und auch nicht entsprechend gewürdigt werden, weder in Form von Geld und Anreizen noch in der Außenwirkung. Ganz abgesehen von der Problematik, der Familie oder Freunden über den eigenen Karrierefortschritt zu berichten, wenn man beispielsweise »immer noch« wissenschaftlicher Mitarbeiter, Sachbearbeiter oder Referent ist. Ein klares Wort: Diese oftmals erfolgskritischen Fachfunktionen sind unter Karriereperspektive meist nicht besonders attraktiv.

Immer mehr Unternehmen erkennen, dass sie Alternativen brauchen, um wettbewerbsentscheidende Mitarbeitende zu gewinnen und zu halten, und greifen in diesem Zusammenhang deswegen die Möglichkeit der alternativen Laufbahnkonzepte auf, um für Schlüsselpersonen ein Signal der Wertschätzung und Anerkennung zu setzen – stets in der Hoffnung, damit ihre Know-how-Träger zu motivieren und weiterhin an das Unternehmen zu binden. Doch in Theorie und Praxis ist dieses altbekannte Thema immer noch schlecht ausgeleuchtet.

In diesem Kapitel skizzieren wie Ihnen die drei klassischen Karrierealternativen: Führungskarriere, Fachlaufbahn und Projektleiterkarriere.

4.1   Die Führungskarriere

Aus dem Alltag in Unternehmen nicht wegzudenken ist die Führungskarriere. Sie ist der Klassiker unter den Karrierewegen und gilt in einigen Unternehmen heute noch als Nonplusultra, wenn es um beruflichen Aufstieg ging. Der hohe Stellenwert der Führungskarriere beruht auf dem Grundgedanken, dass eine zielgerichtete Steuerung von Unternehmen möglich ist. Unter »Führungskarriere« versteht man den beruflichen Aufstieg von einer Führungsebene zur nächsten – vom Teamleiter zum Abteilungsleiter zum Bereichsleiter etc.

Wie viele Führungsebenen und welche Führungsspanne ist sinnvoll?
Eine Frage, die sich Unternehmen in ihrer Aufbauorganisation häufiger stellen, ist die nach der richtigen Anzahl Führungsebenen. Um sich einer Antwort zu nähern, lohnt sich ein Blick in die Organisationstheorie.

Bei den Gestaltungsempfehlungen der neoklassischen Organisationstheorie steht die Erledigung von Aufgaben in einem Unternehmen im Mittelpunkt. Wenn man sich das vor Augen führt, zielt der Organisationsaufbau eines Unternehmens einfach nur darauf ab, eine Struktur zu etablieren, in der eine sinnvolle Aufgabenverteilung und deren Bearbeitung erfolgen kann (vgl. Siedenbiedel 2020).

Die Führungskarriere entsteht mit ihren Karrierestufen auf dem Papier quasi automatisch immer dann, wenn ein Unternehmen einen Organisationsgrad erreicht, in dem eine vertikale Differenzierung in verschiedene Einheiten sinnvoll ist. Gleichzeitig entstehen so eine Führungsebene und damit Leitungsfunktionen für einzelne Mitarbeitende.

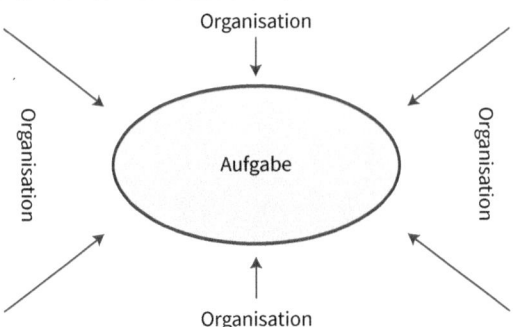

Die Aufgabe als Paradigma der betriebswirtschaftlichen Organisationslehre (Siedenbiedel, 2020, S. 67)

Wenn es um die richtige Anzahl Führungsebenen bzw. die korrekte Führungsspanne geht, streiten sich die Geister schon immer und in den letzten Jahren noch mehr. Als »Führungsspanne« bezeichnet man die Anzahl der direkt geführten Mitarbeitenden durch eine Führungskraft. Führt eine Führungskraft direkt zehn Mitarbeitende, ist die Führungs- bzw. Leitungsspanne also zehn.

Wie beschrieben dienen die Leitungsebenen des Unternehmens der Koordination von Planung und Entscheidung. Die Antwort auf die Frage »Wie viele Führungsebenen brauchen wir?« kann nur lauten: »Es kommt darauf an, wie viele Sie für die effiziente Koordination Ihres Unternehmens brauchen.«

Wenn man sich die betriebswirtschaftliche Literatur ansieht, sehen viele Autoren eine sinnvolle Führungsspanne von zwischen acht und zehn direkt berichtenden Funktionen. Einige halten elf bis vierzehn immer noch für gut organisierbar. »Sinnvoll« bedeutet in diesem Zusammenhang, dass es der Führungskraft möglich ist, einen reellen Schwerpunkt auf Mitarbeiterführung zu legen. Konkret: Mitarbeitergespräche führen, Mitarbeitende bei der Entwicklung zu begleiten, Zeit zu finden, gute Rahmenbedingungen zu schaffen und das Team in seiner Entwicklung zu fördern.

Haufe zitiert eine Studie der Hans-Böckler-Stiftung aus dem Jahr 2017: Danach ist die Führungsspanne in Deutschland mit 26 Mitarbeitenden deutlich höher als z. B. in den USA (7,1 Mitarbeitende), in Großbritannien (10,3 Mitarbeitende) oder in der Schweiz (13,6 Mitarbeitende) (Haufe Online-Redaktion 2017).

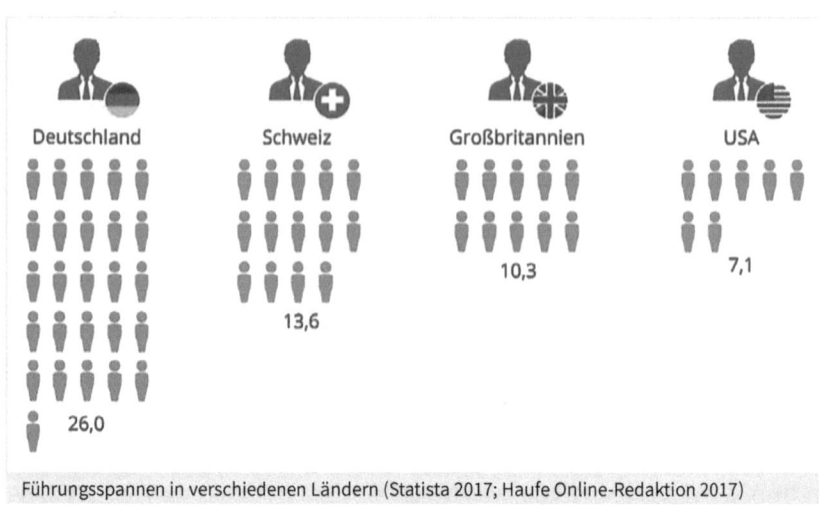

Führungsspannen in verschiedenen Ländern (Statista 2017; Haufe Online-Redaktion 2017)

Schermuly (2020) stellt fest, dass in der klassischen Hierarchie die vertikale Kommunikation innerhalb der eigenen Linie zwangsläufig vorherrscht und horizontale Kommunikation behindert wird. Solange der Sinn von Führung auf Kontrolle ausgerichtet war (z. B. zu Zeiten der industriellen Revolution), waren diese hierarchischen Strukturen hilfreich. Die Rahmenbedingungen für Arbeit haben sich aber nun derart geändert, dass die bisherigen Strukturen unter Druck geraten. Ähnlich wie in Kapitel 1.3 im Zusammenhang mit den Berufen dargestellt, ist auch der Sinn von Hierarchie vor einem kulturgeschichtlichen Hintergrund zu sehen.

Gerade in Zeiten von Agilität, Netzwerkorganisationen, New Work und der Veränderung der Bedürfnisse der jüngeren Generationen wird viel über flache Hierarchien gesprochen. Einfach nur Führungsebenen zu entfernen und somit die Führungsspanne der nächsthöheren Hierarchie zu vergrößern kann nicht der Weisheit letzter Schluss sein (vgl. Schermuly 2020). Schermuly führt dazu aus:

Flache Hierarchien, die durch ein einfaches Entfernen des mittleren Managements entstanden sind, gehen mit einer **hohen Führungsspanne** einher. **Darunter leidet die Beziehungsqualität.** Die Führungskraft kann sich nicht mehr individuell um die Mitarbeiter kümmern. Denn Führungskräfte sind nicht alle kontrollwütige Zwangspatienten. Die Rolle als Führungskraft umfasst viel mehr als die Kontrollfunktion.

Selbstredend rückt der Fokus von einer intensiven Mitarbeiterführung weg, wenn die Führungsspanne zu groß ist. Dann handelt es sich eher um »Mitarbeiter-Management«, was nicht der Erwartungshaltung der jüngeren Generationen entspricht, die ein stärkeres Interesse an Kommunikation und Austausch hat. Auch das Bedürfnis von Mitarbeitenden nach Orientierung kann man nicht einfach »wegmanagen«. Das Bedürfnis bleibt bestehen, erst recht, wenn die Person, die Orientierung geben soll, aufgrund erweiterter Führungsspannen noch weiter wegrückt. Das alles sind keine Punkte, die für Hierarchielosigkeit sprechen, sondern eher dafür, die Rolle und das Verhalten von Führungskräften neu zu definieren.

Wie werden Kandidaten für die Führungskarriere erkannt?
Die Grundlage für die Ermittlung von Führungsnachwuchs oder für die fortgeschrittene Führungskarriere ist die Identifikation von Führungspotenzial durch den direkten Vorgesetzten bzw. durch diagnostische Verfahren in Form von Assessment-Centern (AC) oder Development-Centern (DC). Beide Verfahren gibt es als Gruppen-AC/-DC oder auch als Einzelverfahren.

In der Regel wird beim Design solcher Verfahren im Vorfeld festgelegt, welche Kompetenzen bzw. Potenzialindikatoren beobachtet und erfragt werden sollen. Hierfür greift man auf entsprechende Übungen zurück, die durch mehrere, geschulte Beobachter durchgeführt werden. Um sicherzugehen, dass es ausreichende Beobachtungsmomente gibt wird üblicherweise jede Kompetenz in mindestens zwei Übungen beobachtet.

Beispielsweise könnte dies so aussehen:

Übung Kompetenz	Präsenta- tion	Interview	Case Study	Gruppen- diskussion	Rollenspiel
Gesprächsführung	x				x
Entscheidungsfähigkeit		x	x	x	x
Begeisterungsfähigkeit	x	x		x	
Veränderungsbereitschaft		x			x

Übung Kompetenz	Präsenta- tion	Interview	Case Study	Gruppen- diskussion	Rollenspiel
Analysefähigkeit			x	x	
Unternehmerisches Denken und Handeln	x	x	x		

Beobachtermatrix für ein Assessment-/Development-Center

Zu jeder Übung gibt es einen Beobachterbogen, in den die Beobachter ihre Wahrnehmungen eintragen, die dann im Anschluss in einer Beobachterkonferenz bewertet werden. Das konkrete Ergebnis eines solchen diagnostischen Verfahrens ist ein Feedbackbericht, das mündliche Feedback und ein Entwicklungsplan mit konkreten Maßnahmen.

Neben der Validierung von Fähigkeiten und Potenzial kann es hilfreich sein, auch die Motive und Neigungen als ergänzende Information zu erheben. Ein Instrument, von dem wir überzeugt sind, ist der Karriereanker von Edgar Schein. Sie finden die Erläuterungen dazu im Kapitel 4.4 zur Projektleiterkarriere.

Wie kann man Führungskompetenzen entwickeln?
Sobald ein Kandidat als mögliche Nachwuchsführungskraft identifiziert ist, gibt es verschiedene Ansätze in Unternehmen, wie die konkrete Weiterentwicklung aussehen kann. Neben der ersten Führungsaufgabe gibt es häufig begleitende Maßnahmen in Form von individuellen Entwicklungsplänen und Entwicklungsprogrammen:
* **individuelle Entwicklungspläne**
  Der Entwicklungsplan greift die Lernfelder der (Nachwuchs-)Führungskraft aus einem vorangegangenen Assessment- oder Development-Center auf. Idealerweise umfasst er: die Ausgangssituation und das Ziel, konkrete Maßnahmen und Beteiligte. Häufig gehören zu den individuellen Maßnahmen die Wahl eines Mentors, möglicherweise ein Coaching, die Teilnahme an einem 360-Grad-Feedback oder die Nutzung von Persönlichkeitsinventaren zur Selbstreflexion, ebenso konkrete Maßnahmen zur Entwicklung einzelner Führungskompetenzen.
* **Entwicklungsprogramme**
  Entwicklungsprogramme sind Gruppenmaßnahmen für den Führungsnachwuchs. Üblicherweise beinhalten die Entwicklungsprogramme Module eines Führungskräftetrainings, dessen Zweck neben der Entwicklung von Kompetenzen vor allem das Reflektieren und die Herausbildung eines gemeinsamen Netzwerks ist.

Häufig findet man in den Entwicklungsplänen und -programmen die klassischen Themen wie unternehmerisches Denken und Handeln, Changemanagement, Kommunikations- und Entscheidungsfähigkeit. Wir haben in »Kompetenzen wirksam entwickeln« (Sieber Bethke/Klein 2020) die Kompetenz »Leadership« als sogenannte Clusterkompetenz bezeichnet, weil wir sie als Sammelbegriff verschiedener einzelner Kompetenzen sehen.[2]

Die Kompetenz »Leadership« umfasst die Fähigkeiten, Verantwortung für Menschen und unternehmerischen Erfolg zu übernehmen und dafür, einer Gruppe von Menschen eine Vision zu geben, mit der sie sich identifizieren können; ihre Entwicklung so zu unterstützen, dass sie ihren bestmöglichen Beitrag zum Erreichen der Vision leisten, und dabei selbst Werte vorzuleben, die dazu beitragen. Leadership ist nach unserer Auffassung eine Clusterkompetenz aus Empathie, Präsentationsfähigkeit, Selbstreflexion, Zuhören, Gesprächsführung, Personalentwicklung, Informationsweitergabe, Entscheidungsfähigkeit, Begeisterungsfähigkeit, Lernbereitschaft und Ambiguitätstoleranz.

Exemplarisch haben wir für dieses Buch die Kompetenzen »Lernbereitschaft« und »Ambiguitätstoleranz« ausgewählt. Im Folgenden finden Sie mögliche Maßnahmen zur Weiterentwicklung dieser Kompetenzen – passgenau für einen Entwicklungsplan. Diese Empfehlungen finden Sie auch in den »Digitalen Extras«.

Lernbereitschaft   DIGITALE EXTRAS

On the Job
- Recherchieren Sie heute, welche Lerntypen es gibt und wie diese Lerntypen Wissen aufnehmen.
- Legen Sie zu Beginn dieser Woche ein Thema fest, über das Sie schon lange etwas lernen wollten. Investieren Sie jeden Tag zehn Minuten Lernzeit – auf keinen Fall mehr. Stellen Sie sich einen Timer und konzentrieren Sie sich in der vorgegebenen Zeit auf das ausgewählte Thema. Notieren Sie sich, was Sie gelernt haben.
- Vereinbaren Sie mit Ihrem Vorgesetzten, dass Sie Kollegen anderer Fachbereiche jeweils für einen Tag begleiten können, um andere Disziplinen kennenzulernen.
- Testen Sie die nächsten drei Monate jeden Monat ein anderes Lernformat, z. B. LinkedIn Learning, Seminare, Kollegen begleiten bei ihrer Arbeit, ein Thema erarbei-

---

2   Die folgenden Abschnitte finden Sie auch in Sieber Bethke/Klein (2020) ab S. 69 (Ambiguitätstoleranz) und S. 155 (Lernfähigkeit).

ten durch Fachliteratur, Wissensapps, MOOC etc. Welches Format passt am besten zu Ihnen?

- Wählen Sie aus dem Mitarbeiterverzeichnis eine beliebige Person aus und verabreden Sie sich zu einem gemeinsamen Kaffee/Mittagessen. Tauschen Sie sich aus, woran Sie gerade arbeiten.

Off the job

- Testen Sie jeden Monat eine Verhaltensweise, die Ihnen sehr schwerfällt, z. B. im Restaurant von einem Fremden ihr Essen auswählen lassen, obwohl Sie ein eher »heikler« Esser sind; einen Tag Jogginghose tragen, obwohl Sie denken, dass das der Selbstaufgabe gleichkommt etc.
- Wählen Sie ein Thema aus Ihrem Umfeld aus, das Sie überhaupt nicht interessiert. Eignen Sie sich über einen bestimmten Zeitraum alles dazu an, was Sie finden können, und werden Sie zum Experten in diesem Thema.
- Trauen Sie sich, Persönlichkeiten des öffentlichen Lebens zu kontaktieren, wenn diese eine bestimmte Verhaltensweise zeigen, in der Sie besser werden wollen. Fragen Sie nach Tipps.
- Erschließen Sie sich diesen Monat ein Themengebiet, von dem Sie bisher nur wenig oder sogar nichts wissen, z. B. Aquaristik, Edelsteine, Zwölftonmusik etc.
- Besuchen Sie heute zwei Vorlesungen an der Universität: eine Vorlesung zu Ihrem Fachgebiet und die zweite Vorlesung zu einem völlig fremden Themengebiet.

DIGITALE EXTRAS

Ambiguitätstoleranz

On the job

- Reflektieren Sie, in welchen Situationen Sie sich besonders unwohl fühlen. Beschreiben Sie diese kurz einer Person Ihres Vertrauens oder schreiben Sie sie auf. Analysieren Sie, worin die Ähnlichkeiten dieser Situationen liegen. Worin genau bestehen die Mehrdeutigkeiten? Was könnten erste Ansatzpunkte sein, um eine Verbesserung herbeizuführen?
- Bearbeiten Sie diese Woche im beruflichen Alltag mindestens zwei Aufgaben unvollständig. Was ist passiert/nicht passiert? Was können Sie daraus für künftige Aufgaben lernen?
- Wenn in mehrdeutigen oder unsicheren Situationen Entscheidungen anstehen, legen Sie sich eine schrittweise Vorgehensweise zurecht, die Ihnen Kurskorrekturen erlaubt.
- Trainieren Sie spielerisch, mit Unvorhersehbarem gut umzugehen. Losen Sie einmal im Monat zusammen mit Ihren Kollegen eine halbe Stunde vor dem gemeinsamen Feierabend aus, was genau Sie heute in Ihrer Freizeit noch zusammen machen werden.

Jeder darf vorab Lose schreiben und seine Wunschaktivität in der Lostrommel hinterlegen. Keiner weiß, welche Themen zur Auswahl stehen.
- Treffen Sie sich einmal im Monat privat oder beruflich mit der Person, gegenüber der Sie die größte Gegensätzlichkeit empfinden. Was könnte Ihnen helfen, das Treffen gut zu meistern? Inwiefern kann das auch bei anderen Personen helfen?

Off the job
- Wenn Sie in einem anderen Kontext in einer unklaren Situation sind, schreiben Sie sich kurz auf, wie Ihre Gefühlslage ist. Prüfen Sie mit etwas zeitlichem Abstand, ob Sie die Situation gerade schwarz-weiß sehen, überdramatisieren oder ob Sie sich auf etwas zu sehr fokussieren.
- Führen Sie Gespräche mit Rettungssanitätern und Feuerwehrleuten. Wie gehen diese Berufsgruppen damit um, nicht zu wissen, was sie erwartet?
- Erstellen Sie eine Liste mit Mehrdeutigkeiten, die Sie im Laufe Ihres Lebens schon gut bewältigt haben. Zum Beispiel: das liebe Haustier, das Sie einerseits ins Herz geschlossen haben, das andererseits aber auch schon nach Ihnen geschnappt hat. Kinder, die Sie lieben, die Sie aber trotzdem an die Grenzen Ihrer Geduld bringen. Reflektieren Sie, in welchen anderen Situationen Sie Spannungen schon gut aushalten konnten. Was hat Ihnen in diesen Situationen geholfen? Identifizieren Sie Ihre »Ambiguitätsauflöser«.
- Lassen Sie sich bei Ihrem nächsten Restaurantbesuch Ihr Menü von einem Fremden am Nebentisch bestellen.

Wird Führung immer unattraktiver?

Eine Folge aus der starken Positionierung des Führungskarrierepfads in vielen Unternehmen war der Funken Glamour, der damit einherging. Führungskräfte wurden zu großen Firmenveranstaltungen eingeladen, Führungskräfte genossen Ansehen, zu Führungskräften wurde aufgeschaut, sie konnten die hohen Gehälter einstreichen, sich mit Vielfliegerkarten und mit begehrten Statussymbolen schmücken. Nachdem die Führungskarriere eben häufig der einzige Weg für beruflichen Aufstieg war, besteht nicht für jede Führungskraft das Motiv in Mitarbeiterführung, sondern z. B. darin, eine größere Entscheidungsfreiheit zu haben oder mehr Budget zu erhalten.

Seit geraumer Zeit wird darüber diskutiert, wie Hierarchien an Bedeutung verlieren, ob Retro-Bikes nicht eigentlich die echteren Statussymbole sind und Führung sich neu ausrichten muss. Die Ergebnisse einer Studie der Boston Consulting Group aus dem Jahr 2019 stimmen nachdenklich. Unter dem Titel »The end of management as we know it« befragte BCG 1.500 Führungskräfte und 3.500 Mitarbeitende aus fünf

Ländern (China, Deutschland, Frankreich, Großbritannien, Amerika) (vgl. Beauchene 2020). Wesentliche Ergebnisse der Studie waren:
- 81 Prozent der befragten westeuropäischen Manager finden ihre Arbeit heute schwerer als früher.
- 63 Prozent der westeuropäischen Manager möchten nicht in einer Management-funktion bleiben und 37 Prozent glauben, ihre Führungsebene wird in den nächsten fünf Jahren verschwinden.
- Manager fühlen sich überarbeiteter, gestresster und weniger unterstützt als in den letzten Jahren.
- Nur einer von zehn westeuropäischen Mitarbeitenden sagt, dass er es sich vorstellen kann, Führungskraft zu werden.

Welche Erklärungsansätze gibt es?
Als markanten Punkt beschreibt die BCG-Studie, dass die meisten Führungskräfte wüssten, was es braucht, um den Job zu verändern – aber nur wenige gehen das aktiv an. Im Zuge der wachsenden Relevanz von technischem Verständnis und grundlegenden Sozialkompetenzen sagen die Befragten, dass sie ihre technischen Fähigkeiten aktuell halten wollen, ebenso ihre Fähigkeiten hinsichtlich neuer Formen von Kommunikation, Kollaboration und Arbeitsweisen. Erstaunlich, dass trotzdem nur wenige interne oder externe Angebote nutzen, um dem nachzukommen.

Daneben kommt die Studie zu einer weiteren Hypothese: Im Umgang mit Globalisierung, technologischer Veränderung, Volatilität der Märkte etc. schaffen sich Unternehmen Regelung um Regelung oder organisieren sich um, in dem Glauben, die Welt dadurch beherrschbarer zu machen, Unsicherheit zu managen und Zielkonflikte ausräumen zu können. Was Manager aber praktisch brauchen, ist der Freiraum, diese Dinge zu»deichseln«.

Im Manageralltag wird jedoch nach BCG-Studie häufig etwas anderes von Managern verlangt:

> Instead, managers in our survey said that they devote most of their effort to providing updates, preparing reports and presentations, and coordinating across organization boundaries – and less than one-quarter with their teams or clients. They are fighting on the front line of complicatedness rather than

problem solving with their teams. In the meantime, many issues that are escalated up the chain of command cannot be handled by know-it-all senior executives – because they do not know it all. They cannot know it all. They are overloaded. What's more, they often did not grow up with new technologies and ways of working. (BCG 2019)

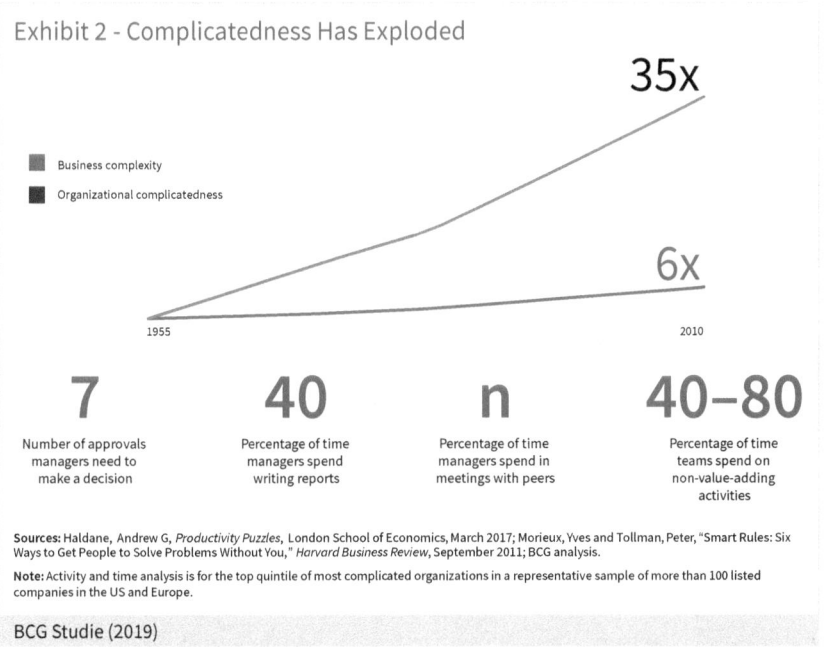

Exhibit 2 - Complicatedness Has Exploded

35x

■ Business complexity
■ Organizational complicatedness

6x

1955   2010

7	40	n	40–80
Number of approvals managers need to make a decision	Percentage of time managers spend writing reports	Percentage of time managers spend in meetings with peers	Percentage of time teams spend on non-value-adding activities

Sources: Haldane, Andrew G, *Productivity Puzzles*, London School of Economics, March 2017; Morieux, Yves and Tollman, Peter, "Smart Rules: Six Ways to Get People to Solve Problems Without You," *Harvard Business Review*, September 2011; BCG analysis.

Note: Activity and time analysis is for the top quintile of most complicated organizations in a representative sample of more than 100 listed companies in the US and Europe.

BCG Studie (2019)

Einen weiteren Erklärungsansatz kann man im gesellschaftlichen Megatrend der Individualisierung vermuten. Wenn jeder etwas ganz Besonderes ist und das den heranwachsenden Millennials so vermittelt wurde, steigt unter Umständen auch deren Erwartungshaltung an eine Sonderbehandlung. Anstrengung und Fleiß werden nur noch im Rahmen einer optimal gestalteten Work-Life-Balance als zumutbar empfunden (vgl. Business Punk, 2019) – und das verträgt sich nicht unbedingt mit der Verantwortung einer Führungskraft.

Das Ende der Karriere? – Wenn Führung einfach nicht das Richtige ist

Trotz der sich ändernden Perspektive auf die Attraktivität von Führungskarrieren, ist sie in vielen Unternehmen heute noch der Karriereweg schlechthin.

Dabei lohnt es sich, sich vor Augen zu halten, welche Konsequenzen die Fehlbesetzung für die jeweiligen Mitarbeitenden, vor allem aber für die strauchelnde Führungskraft hat. Häufig wird dann versucht, mit Führungs- und Persönlichkeitsseminaren irgendetwas zu retten. Dabei weiß jeder, dass, wenn weder Eignung noch Neigung vorhanden sind, solche Maßnahmen bestenfalls rausgeworfenes Geld sind. Im schlechtesten Fall fühlt sich die Führungskraft zusätzlich gedemütigt. Auch der Weg »zurück ins Glied« wird von ihnen als demotivierend und als Gesichtsverlust empfunden.

Immer wieder gab es in den letzten Jahrzehnten Ansatzpunkte für alternative Karrierewege in Form der Fach- und Projektlaufbahn. Diese Ansätze resultieren aus dem Verständnis, dass die Bedürfnisstruktur jedes Mitarbeitenden verschieden ist, so wie jede Persönlichkeit verschieden ist. Siedenbiedel (2020) sieht als Determinante der Bedürfnisstruktur das individuelle Persönlichkeitsprofil auf der Basis individueller Schichtzugehörigkeit, Ausbildung und gesammelter Arbeitserfahrungen.

Für Ihre Praxis

DIGITALE EXTRAS

- Wie viel wissen wir über die Attraktivität von Führung in unserem Unternehmen?

_____

_____

_____

_____

_____

_____

_____

_____

_____

- Haben wir die klassischen Karrieremöglichkeiten bei uns bereits beschrieben?

_____

_____

_____

_____

_____

_____

_____

_____

- Wie gehen wir mit Fehlbesetzungen um? Welche Alternativen können wir anbieten?

_____

_____

_____

_____

_____

_____

_____

_____

_____

4.2   Die Fachlaufbahn

Begriffsbestimmungen

Kaum jemand aus Management und HR bzw. HR Development (HR/D), der nicht sofort zum Thema Fachlaufbahn eine Meinung zu Sinn und Unsinn hat. Was sich aber
eben hinter diesem Begriff genau verbirgt, ist selten bei allen Gesprächspartnern
dasselbe. Auch aus diesem Grund bietet es sich an, eingangs noch einmal die zentralen Begriffe kompakt zu klären (vgl. u. a. Gabler Wirtschaftslexikon 2004 oder Gabler
Kompaktlexikon Personal 2011) und die wesentlichen Ansätze sowie die verschiedenen Modelle einer Fachlaufbahn zu skizzieren:

- Unter dem Begriff **Laufbahn** wird eine hierarchische Abfolge von Stellen verstanden, die sich durch zunehmende Anforderungen und Verantwortung beschreiben lässt und mit der i. d. R. eine entsprechende Stellenausstattung einhergeht.
- Eine **Fachlaufbahn** bezeichnet eine Laufbahn, wobei in der Stellenfolge der Anteil der fachlichen Verantwortlichkeit (z. B. Projekt- oder Expertenverantwor-
  tung) den Anteil der Managementverantwortung deutlich übersteigt.
- Moderne Bestimmungen des Begriffs **Karriere** beanspruchen jede Form der
  beruflichen Bewegungsrichtung für sich und umfassen sowohl den beruflichen Aufstieg, Seitenschritte und Veränderungen in der Funktion als auch Abwärtsbewegungen, auch wenn eine Verwendung des Begriffs »Karriere« für
  Abwärtsbewegungen in der Praxis eher als Zynismus verstanden wird. In der
  umgangssprachlichen Bedeutung des Begriffs versteht man unter »Karriere« zumeist den beruflichen Aufstieg einer Person.
- Der meist vorgezeichnete Weg der Professionalisierung – im Sinne eines Zuwach-
  ses an Kompetenzen – in der bestehenden Funktion sowie die Entwicklung in
  Form von beruflichen Seitenschritten bezeichnen wir als **Entwicklungspfade**
  oder **Entwicklungswege**. Diese Entwicklungspfade werden oftmals als Fachlaufbahn verstanden, entfalten aber naturgemäß eine vollständig andere Wirkung
  als eine Laufbahn mit klar gegliederten Karriereschritten. Um aber keinen Zweifel aufkommen zu lassen: Vielfach ist es von großer Bedeutung oder sogar die
  benötigte Lösung, guten Fachkräften fachliche Entwicklungsmöglichkeiten aufzuzeigen. Wenn dies jedoch als »Fachlaufbahn« oder »Fachkarriere« bezeichnet
  wird, werden vielfach Erwartungen geweckt (wie z. B. zunehmende Verantwortung), die aber aufgrund des Modellcharakters von Entwicklungspfaden i. d. R.
  nur sehr gering ausgeprägt sind.

Organisations- und personbezogene Ansätze für die Gestaltung von Fachlaufbahnen

Aus den vorgenannten Ausführungen heraus lassen sich zwei wesentliche Ansätze für Fachlaufbahnen destillieren. Zum einen der organisatorische Ansatz und zum anderen der personbezogene Ansatz (grundsätzlich vertiefend z. B. Vahs 2007).

* Ausgangspunkt beim **organisatorischen Ansatz** ist die Frage nach der organisatorisch erforderlichen Stelle, Funktion oder Rolle. Aus unternehmerischer Perspektive wird geprüft, ob und falls ja, welche Funktion mit welchem Zuschnitt an Aufgaben, Kompetenzen und Verantwortung zur Erfüllung erforderlich ist.
* Beim **personbezogenen Ansatz** ist der Ausgangspunkt die Person. Ein besonders kompetenter Mitarbeiter mit außerordentlich wichtigem Know-how wird ad personam zum organisationsinternen Experten für ein bestimmtes Themengebiet erklärt.

Und wie verhält es sich in der Praxis? Die Antwortgeber der von der DGFP befragten Mitgliedsunternehmen haben zu 76 Prozent angegeben (Mehrfachantworten waren möglich), dass fehlenden Karriereoptionen für diejenigen Mitarbeitenden, die für Führungspositionen nicht infrage kamen, der Ausgangspunkt für die Konzeption einer Fachlaufbahn war. 38 Prozent gaben an, dass sich die Notwendigkeit für eine Fachlaufbahn direkt aus der Unternehmensstrategie ergab und 11 Prozent entschieden sich für einen anderen Ausgangspunkt (DGFP-Praxispapier 1/2013).

Die Volumentypen

Ausgehend von den oben genannten Definitionen einer Laufbahn (vgl. Kapitel 1) bezeichnen die Volumentypen die wichtigsten Fachlaufbahnmodelle. Folgendes haben Sie bestimmt schon einmal gehört: Man sagt, dass sich in einer »normalen Organisation ca. zehn Prozent einer Belegschaft in einer Führungsrolle befinden – verteilt über die verschiedenen hierarchischen Ebenen. Der Bezugspunkt für die Bemessung der Volumentypen einer Fachlaufbahn ist die Anzahl der Führungskräfte einer Organisation.

Beispiel

Wenn 10 Prozent von 1.000 Mitarbeitern Führungskräfte sind, dann gibt es im Unternehmen ca. 100 Führungskräfte (FK).

Diese 100 FK entsprechen 100 Prozent der »werthaltigen« Stellen.

Die Angabe des Volumentyps bestimmt die Anzahl der werthaltigen Fachstellen im Verhältnis zu den werthaltigen Führungsstellen.

Im Wesentlichen finden sich vier unterschiedliche Typen:

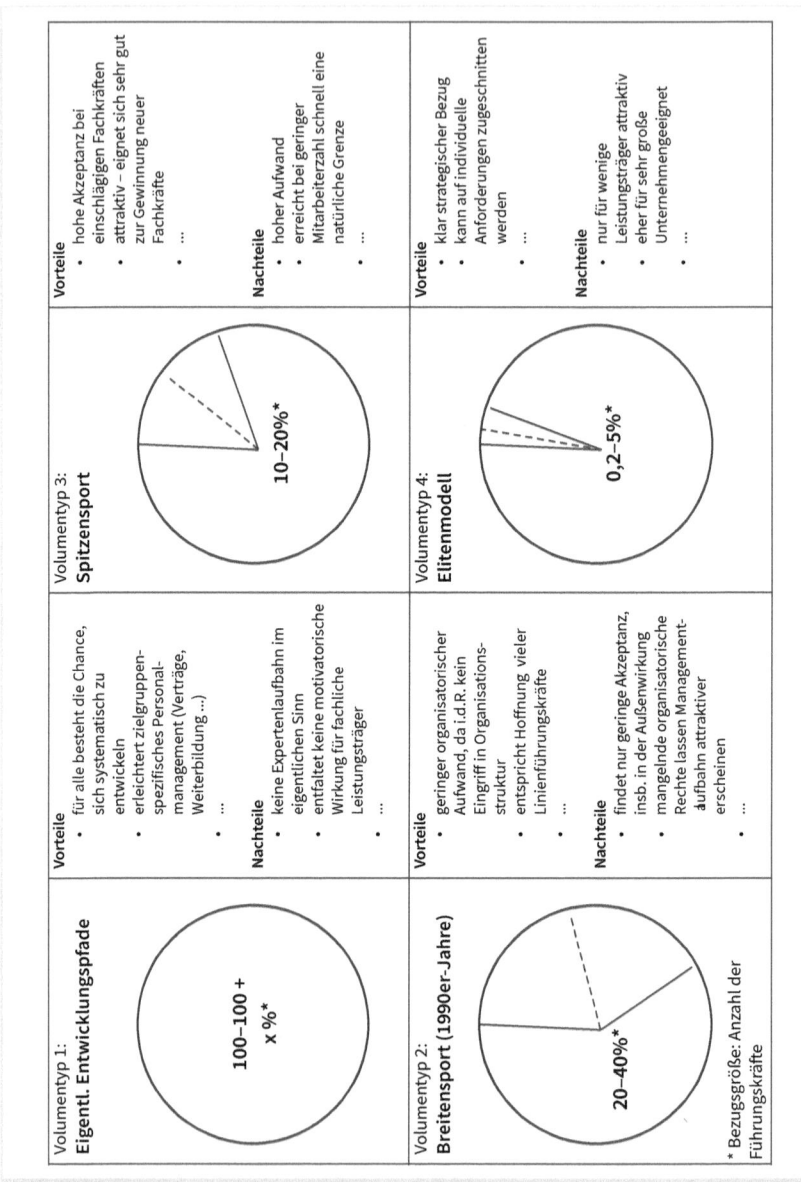

Volumentyp 1:
Eigentl. Entwicklungspfade

100–100 +
x %*

Vorteile
- für alle besteht die Chance, sich systematisch zu entwickeln
- erleichtert zielgruppenspezifisches Personalmanagement (Verträge, Weiterbildung …)
- …

Nachteile
- keine Expertenlaufbahn im eigentlichen Sinn
- entfaltet keine motivatorische Wirkung für fachliche Leistungsträger
- …

Volumentyp 2:
Breitensport (1990er-Jahre)

20–40%*

Vorteile
- geringer organisatorischer Aufwand, da i.d.R. kein Eingriff in Organisationsstruktur
- entspricht Hoffnung vieler Linienführungskräfte
- …

Nachteile
- findet nur geringe Akzeptanz, insb. in der Außenwirkung
- mangelnde organisatorische Rechte lassen Managementaufbahn attraktiver erscheinen
- …

Volumentyp 3:
Spitzensport

10–20%*

Vorteile
- hohe Akzeptanz bei einschlägigen Fachkräften
- attraktiv – eignet sich sehr gut zur Gewinnung neuer Fachkräfte
- …

Nachteile
- hoher Aufwand
- erreicht bei geringer Mitarbeiterzahl schnell eine natürliche Grenze
- …

Volumentyp 4:
Elitemodell

0,2–5%*

Vorteile
- klar strategischer Bezug
- kann auf individuelle Anforderungen zugeschnitten werden
- …

Nachteile
- nur für wenige Leistungsträger attraktiv
- eher für sehr große Unternehmen geeignet
- …

* Bezugsgröße: Anzahl der Führungskräfte

Die Volumentypen

Volumentyp 1: Entwicklung für alle – keine Fachlaufbahn im eigentlichen Sinn
Volumentyp 1 umfasst mindestens so viele Fachlaufbahnstellen wie Führungsstellen, teilweise sogar deutlich mehr. Hierbei handelt es sich um keine Fachlaufbahn im eigentlichen Sinn, sondern eher um eine Begriffsverwendung, die der systematischen fachlichen Professionalisierung von Fachleuten Rechnung trägt.

Der Attraktivitätsgrad einer solchen »Fachlaufbahn« ist unter dem Blickwinkel einer angestrebten Karriere aufgrund der mangelnden relativen Seltenheit und der niedrigeren Wertigkeit im Vergleich zur Führungslaufbahn begrenzt – insbesondere nicht für Leistungsträger, denn: »Was jeder haben kann, will keiner«, könnte das Motto lauten.

Als Entwicklungs- oder Professionalisierungsansatz hingegen ist dieses Modell von großer Bedeutung für die Praxis.

Volumentyp 2: Das Modell Breitensport
Mit dem Volumentyp 2 bezeichnet man die Fachlaufbahnmodelle, in denen die Fachstellen i. d. R. einen Umfang von 25 bis 40 Prozent der Führungsstellen ausmachen. Diese Modelle haben in der Regel keine Einbindung der Fachstellen in die Organisationsstruktur oder gesonderte Entscheidungsrechte der Fachstellen, die in die hierarchischen Entscheidungsstrukturen eingreifen, sondern zeichnen sich zumeist vor allem durch einen zusätzlichen Titel (häufig: Senior …) und eine Funktionszulage aus. Damit ist die Führungslaufbahn nach wie vor attraktiver in der Wahrnehmung nach innen und außen. Dennoch gibt es in der Praxis vereinzelt gut funktionierende Modelle des Typs »Breitensport«.

Volumentyp 3: Das Modell Spitzensport
Der Volumentyp 3 kann am ehesten mit dem Begriff des Spitzensports verglichen werden. Bei diesem Modell entsprechen maximal 20 Prozent Fachstellen dem Volumen der bestehenden Führungsstellen. Diese Fachstellen sind i. d. R. mit höherwertigen Aufgaben und weitreichenderen Befugnissen ausgestattet und werden zudem in Informations- und Kommunikationsrunden der Hierarchie eingebunden. Dies bietet ausreichend Attraktivität, um bei der Gewinnung von neuen Kräften eine hinreichende Perspektive aufzuzeigen. Soziale »Rangkämpfe« gegenüber den Führungskräften entstehen so gut wie nicht und die relative Seltenheit macht die Stelle auch intern zu etwas Besonderem. Allerdings ist bei einer geringen Mitarbeiterzahl hier schnell das Ende der motivatorischen Fahnenstange erreicht – fallweise ist zu prüfen, ob ein komplexes Gebilde, wie eine Fachlaufbahn es nun einmal ist, in einem günstigen Kosten-

Nutzen-Verhältnis steht oder ob alternative Maßnahmen hier nicht sogar mit einem geringeren Aufwand gleiche oder sogar günstigere Ergebnisse erzielen.

Volumentyp 4: Das Elitenmodell

Volumentyp 4 bezeichnet das Elitenmodell der Fachlaufbahnen. 0,2 bis 5 Prozent der Führungsstellen sind Expertenstellen. Erfolgskritisches Wissen, oftmals nicht nur für die Organisation, sondern für die gesamte Community des Fachgebiets weltweit kennzeichnen die Inhaber solch elitärer Expertenstellen. Entsprechend weitreichend sind die Freiheitsgrade an Aufgabenerfüllung und Entwicklung des Themengebiets für die Inhaber einer solchen Funktion. Naturgemäß ist dies ein Modell, das nur für sehr wenige überhaupt attraktiv ist, da es häufig den Bedürfnissen vieler Führungskräfte, »etwas für gute Leute zu tun«, nicht gerecht wird.

Warum überhaupt Fachlaufbahn?

Bei der konkreten Gestaltung eines Laufbahnkonzepts kann die zugrunde liegende Herausforderung von Unternehmen zu Unternehmen variieren. Mögliche Herausforderungen sind zum Beispiel der Bedarf,

- Leistungs- und Potenzialträgern attraktive Karriere- und Entwicklungschancen in einer flachen Führungshierarchie zu bieten (Attraction),
- Mitarbeiterzufriedenheit durch interessante Entwicklungsmöglichkeiten, die deren individuellen Bedürfnissen und Stärken entsprechen, anzubieten,
- den demografischen Entwicklungen einer älter werdenden Gesellschaft angemessene Personalentwicklungskonzepte entgegenzuhalten,
- Spezialistenkompetenz frühzeitig in die strategischen Prozesse der Unternehmensführung einzubinden,
- der zunehmenden Zahl der Bearbeitung neuartiger Themen in Projekten auch mir organisatorischen Strukturen Rechnung zu tragen,
- eine nachvollziehbare und akzeptierte Grundlage für ein »equal payment« zu schaffen sowie
- ein deutliches Signal der Wertschätzung an strategisch wichtige Mitarbeitende zu geben und so die Bindung von Schlüsselpersonen an das Unternehmen sicherzustellen (Retention).

Ob einer der oben genannten Aspekte oder auch ein anderer für Ihr Unternehmen relevant ist – es gilt, die Laufbahnen vom Ergebnis her zu denken. Die entscheidende Frage ist, was sich verbessert hat, wenn ein alternatives Laufbahnkonzept erfolgreich eingeführt wurde. Je nach Ausgangssituation kann das Ergebnis ebenfalls sehr unterschiedlich lauten, zum Beispiel, dass

- die Anzahl und/oder die Qualität der Initiativbewerbungen merklich ansteigt,
- weniger Fachkräfte eine Führungsposition anstreben müssen, um mehr Geld zu verdienen oder die sichtbare Anerkennung für ihren Beitrag zu erfahren,
- mehr Mitarbeitende Aufgaben wahrnehmen, die ihren Talenten und Neigungen entsprechen, und so das Risiko minimiert wird, Führungskräfte zu haben, die mit ihrer Aufgabe nicht glücklich sind, was möglicherweise auch auf die zugeordneten Mitarbeitenden demotivierend wirkt,
- die ohnehin begrenzten Karrierechancen nicht auf lange Zeit durch eine älter werdende Belegschaft dauerhaft blockiert werden, sondern sich für diese bewährten Kräfte alternative Chancen bieten (statt in ihren Funktionen zu verharren),
- die strategischen Vorhaben und Entwicklungen im Unternehmen nicht mehr teuer nachgebessert werden müssen, weil erforderliches Spezial-Know-how frühzeitig berücksichtigt wurde,
- Reibungsverluste und Schnittstellenproblematiken minimiert werden und Projekte zunehmend »in quality«, »in time« oder »in cost« abgeschlossen werden,
- die Fluktuation durch Eigenkündigung von Inhabern der Schlüsselfunktionen aufgrund mangelnder Entwicklungsmöglichkeiten um einen Prozentsatz X gesenkt werden.

In diesen (und anderen) Fällen kann ein alternatives Laufbahnmodell eine Lösung sein – muss aber nicht. Es empfiehlt sich sehr, vor der Konkretisierung der Arbeit an einem solchen alternativen Laufbahnkonzept den persönlichen Dialog mit den Betroffenen zu suchen und herauszufinden, welche Gründe maßgeblich dafür sind, dass das gewünschte Ziel noch nicht erreicht ist.

Je nach Ursache sollten unbedingt so viele Lösungsalternativen gesucht werden wie nur möglich – frei und ohne Beschränkung. Kreativitätstechniken wie Brainstorming oder die aus der Moderationstechnik bekannte »Kartenfrage« leisten hier gute und hilfreiche Dienste. Erst wenn die Ideensammlungsphase abgeschlossen ist, sollte man sich an die Bewertung eben dieser Ideen machen. Vielleicht stellen Sie fest, dass Sie Ihre Zielsetzung auch mit ganz anderen Maßnahmen erreichen können, zum Beispiel indem Sie das gesamte Lohnniveau anheben oder in die Führungsfähigkeiten Ihres Managements investieren.

Es hat sich sehr bewährt, für die Bewertung der Ideen vorab eine Bewertungsmatrix zu erstellen. Eine gleichmäßig gewichtete Bewertungsmatrix könnte zum Beispiel wie folgt aussehen:

Bewertungs-kriterium	Gewichtung	Lösung 1 Laufbahnkonzept	Lösung 2 Gehaltsanpassung	Lösung n ...
Kosten	33 1/3 %	25 Punkte	50 Punkte	...
Umsetzungsge-schwindigkeit	33 1/3 %	25 Punkte	40 Punkte	...
Erwartete Wirkung	33 1/3 %	100 Punkte	60 Punkte	...
...	...	...	...	...
Σ	100 %	150 Punkte	150 Punkte	...

Gleichmäßig gewichtete Bewertungsmatrix

Mit der Matrix wird deutlich, dass die fehlende Gewichtung ggf. ein summarisch identisches Ergebnis hervorruft, wobei die Lösung 1 im Gegensatz zu Lösungsansatz 2 unterschiedliche Schwerpunkte impliziert. Es hat sich sehr bewährt, vor der Bewertung der alternativen Lösungsansätze eine Gewichtung der Bewertungskriterien vorzunehmen. Aus der folgenden Matrix wird ersichtlich, dass bei der Vergabe identischer Punktwerte[3] durch die Gewichtung ein deutlicheres Ergebnis erzielt wird.

Bewertungs-kriterium	Gewichtung	Lösung 1 Laufbahnkonzept	Lösung 2 Gehaltsanpassung	Lösung n ...
Kosten	20 %	100 Punkte	200 Punkte	...
Umsetzungsge-schwindigkeit	65 %	325 Punkte	520 Punkte	...
Erwartete Wirkung	15 %	300 Punkte	180 Punkte	...
...	...	...	...	...
Σ	100 %	725 Punkte	900 Punkte	...

Unterschiedlich gewichtete Bewertungsmatrix

---

3   Für das Beispiel in der Abbildung wurde der einfachen Rechenbarkeit halber der Faktor 2 verwendet.

Die Konzeption einer Fachlaufbahn

Ziel dieses Abschnitts ist es aufzuzeigen, wie man konzeptionell vorgeht und wie man (vermeidbare) Widerstände im Vorfeld berücksichtigt, damit die konzipierten Laufbahnen zu einem späteren Zeitpunkt auch tatsächlich gelebt werden. Die im Folgenden beschriebene Struktur lässt sich im Idealfall als Blaupause nach einer Recherchephase für Ihre inhaltliche Projektarbeit verwenden und erlaubt Ihnen somit eine Konzentration auf die unternehmensspezifische Ausgestaltung.

Laufbahnen – ein Konzeptionsprozess in sechs Schritten
1. Das Projekt ins Leben rufen
2. Die Rangstufen der Laufbahnen bestimmen
3. Die relevanten Anforderungen definieren
4. Stellenausstattungen festschreiben
5. Wege für einen Laufbahnwechsel konstruieren
6. Eingangsvoraussetzungen bestimmen
7. Auswahlverfahren festlegen

1. Das Projekt ins Leben rufen

Ein Projekt ins Leben rufen – nichts einfacher als das. Aber Vorsicht! Der Teufel steckt im Detail. Die Zusammensetzung der Projektgruppe kann in dem einen oder anderen Fall bereits erhebliche Diskussionen hervorrufen. Oftmals steht das Ausmaß dieser Diskussion im krassen Missverhältnis zu der wenigen Diskussion, wenn es um den konkreten Projektauftrag geht. Selbstverständlich sollte die Besetzung der Projektgruppe auch Vertreter der Fachfunktionen beinhalten, die ein Interesse an der Erarbeitung des alternativen Karrierepfads haben.

Zur Konzeption einer Fachlaufbahn sollte eine Projektgruppe ins Leben gerufen werden, die idealerweise aus folgenden Beteiligten besteht:
- Vertreter des Betriebsrats
- Experten der Personalabteilung
- Führungskräfte der Fachabteilungen
- ausgewählte Experten bzw. Schlüsselfunktionen
- Promotor aus dem Kreis der Geschäftsleitung
- ggf. externer Berater

Diese Mischung ermöglicht eine inhaltlich gute Arbeit, da neben der Berücksichtigung von Beteiligungsrechten des Betriebsrats die konkreten Bedürfnisse aus den Fachabteilungen einfließen können und auch das inhaltliche Know-how zu Fachlaufbahnen sowie zu eventuellen Konsequenzen für andere Facetten der Personalarbeit vorhanden sind.

Außerdem wird durch die frühzeitige Einbeziehung der Betroffenen die Akzeptanz für das Ergebnis erhöht. Wie die folgende Abbildung zeigt, geht die Theorie des »besten« Konzepts in der Praxis zumeist nicht auf. Der Spezialist für Laufbahnen wird im stillen Kämmerlein vielleicht ein sehr gutes Konzept entwickeln, spätestens in der Umsetzung aber werden die Widerstände derer, die am Prozess nicht beteiligt waren, zutage treten. Allerdings ist es aus praktikablen Gründen zumeist nicht zu empfehlen, immer alle in die Arbeit einzubeziehen. Das beste Vorgehen ist somit der Zwischenweg über eine Projektgruppe, durch die die konzeptionellen Grundgerüste festgelegt werden. Die Feinheiten werden im Anschluss in repräsentativen Arbeitsgruppen ausdifferenziert.

Zusammenhang von Beteiligung und Umsetzungsbereitschaft

Ein Paradigma der strategieumsetzenden Personal- und Organisationsentwicklung lautet, dass Personal- bzw. Organisationsentwicklungsprojekte eines eigenen Projektmanagements bedürfen (vgl. Stiefel 1991). Damit kann nicht gemeint sein, dass die bewährten Verfahren des Projektmanagements neu erfunden werden müssen, vielmehr, dass es eine adäquate Form der Beteiligung von allen Interessengruppen geben sollte.

In vielen Unternehmen existiert in diesem Zusammenhang bereits ein regelmäßig tagender Personal- bzw. Organisationsentwicklungssteuerkreis, der auch als erweitertes Auftraggebergremium für die Einführung alternativer Laufbahnen fungieren könnte. Ein solcher Steuerkreis ist eine kleinere Arbeitsgruppe, die sich regelmäßig trifft, um zu beraten, wie den Geschäftsanforderungen und dem daraus erwachsenden Unterstützungsbedarf durch Personal- und Organisationsentwicklung entsprochen werden kann. Sollte es einen solchen Steuerkreis noch nicht geben, ist die Konzeption alternativer Laufbahnen eine gute Gelegenheit, diese Institution jetzt einzurichten.

Im Anschluss daran der Projektinitiator mit dem Steuerkreis in einen Dialog treten, in dem der Bedarf und die Zielsetzung konkretisiert werden, bevor die konzeptionelle Arbeit der Projektgruppe beginnt und schließlich durch den ggf. erweiterten Auftraggeberkreis freigegeben wird. Unterfüttert mit Anregungen macht sich die Projektgruppe anschließend an die Umsetzung, wobei die Auftraggeber fallweise aktiv in die Realisierung eingebunden werden. Während der Auftraggeber die erbrachte Leistung mit Leben erfüllt, spielt die Projektgruppe bzw. nach Beendigung des Projekts der sogenannte Prozesseigner die Rolle des Qualitätssicherers und stellt auch im laufenden Betrieb die Nachhaltigkeit der Umsetzung sicher. Schließlich bewertet der Auftraggeber in angemessenem Zeithorizont die Zielerreichung.

Die knappe Beschreibung täuscht leicht über die Komplexität der Anforderungen für die Projektgruppe hinweg. Wie bei vielen anderen Projekten hängt auch der Erfolg eines Laufbahnkonzepts sehr stark davon ab, ob Personen auch langfristig verantwortlich für dessen Qualität sind. Aus dem Projektteam sollte schließlich ein verantwortlicher Bereich bzw. eine Person benannt werden, die zuständig für die weitere Pflege und Aktualisierung ist, nachdem das neue Laufbahnsystem eingeführt ist. Typischerweise handelt es sich hierbei um einen Vertreter der Personalabteilung.

Der Projektauftrag

Ob der Impuls für alternative Laufbahnen aus der zuständigen Abteilung kommt, die Initiierung durch einen Steuerkreis angeregt wurde oder ein Projektauftrag direkt durch die Geschäftsleitung angestoßen wird – in jedem Fall ist die (**ergebnisorientierte**) Zielsetzung für alternative Laufbahnen vom Auftraggeber einzuholen und schriftlich zu dokumentieren.

Der Auftraggeber solcher Karrierepfade kann ein Mitglied der Geschäftsleitung (Vorstand, Geschäftsführer) sein oder auch die Bereichsleitung, die in ihrem Verantwortungsbereich alternative Karrierepfade einrichten will. Entscheidend ist, dass der Auftraggeber sich als Eigner der zu lösenden Herausforderung sieht, über die erforderlichen Ressourcen verfügen kann und die Autorität hat, Entscheidungen zu treffen und Lösungen zu implementieren.

Bei der Konzeption und Einführung von Personal- und Organisationsentwicklungs-maßnahmen steht immer das Ergebnis im Sinne eines zu bewirkenden Zielzustandes im Vordergrund (vs. maßnahmen- bzw. verrichtungsorientierte Projektaufträge). Eine professionelle Auftragsklärung trägt maßgeblich zur Effektivität und Effizienz von Projekten bei.

Die beiden folgenden Projektaufträge verdeutlichen den Unterschied zwischen einer maßnahmenorientierten und einer ergebnisorientierten Zielsetzung:

Beispiel: Maßnahmenorientierte Zielsetzung

Zum 31.12.20xx ist die Fachlaufbahn unternehmensweit abschließend eingeführt. Die monetäre Ausstattung der benannten Spezialisten ist zum Stichtag mit Wirkung zum Folgemonat harmonisiert.

Die o. g. Zielsetzung ist verrichtungsorientiert. Sie hat zum Fokus, dass eine konkrete Maßnahme (hier »Fachlaufbahn«) zum angegebenen Datum abschließend eingeführt wurde und die monetäre Ausstattung harmonisiert wurde. Diese Zielsetzungen können erreicht werden, ohne dass eine unternehmerisch relevante Wirkung erzielt wird. Zum Beispiel, wenn man mit der Fachlaufbahn bezweckt, der Unzufriedenheit von Spezialisten z. B. aufgrund des eingeschränkten Verantwortungsspielraums entgegenzutreten. Von einer maßnahmenorientierten Zielsetzung ist abzuraten.

Beispiel: Ergebnisorientierte Zielsetzung

Die Fluktuation von Spezialisten aufgrund »mangelnder Entwicklungsmöglichkeiten im Haus« (dokumentiert in Exit-Interviews) ist zum TT.MM.JJJJ um X Prozent geringer als im statistischen Mittel der Jahre 20xx bis 20zz.
Alle hierzu erforderlichen Maßnahmen sind mit einer »Projektgruppe Fachlaufbahn« zu erarbeiten (Beteiligte: Vertreter des BR, Spezialisten der Fachbereiche A, B und C sowie Führungskräfte) und in einem »Konzept Fachlaufbahn« festzuhalten.
Das »Konzept Fachlaufbahn« ist in geeigneter Weise im Haus zu vermarkten. Im Rahmen einer repräsentativen Befragung durch das DEF-Institut ist der Bekanntheitsgrad des Konzepts bei der Zielgruppe bei X Prozent, die Attraktivität des Konzepts wird von der Zielgruppe auf einer sechsstufigen Skala als sehr hoch bis hoch eingeschätzt (sehr hoch = 1, hoch = 2).

Diese Formulierung erfüllt die Gütekriterien eines guten Ziels, ist dabei wesentlich genauer, was das Ergebnis, und inhaltsoffener, was die Maßnahmen angeht. Dieses Ziel ist für die Projektgruppe herausfordernder – und vorausgesetzt, sie verfügt über die erforderliche Kompetenz – motivierender. Für den Fall, dass das Ziel richtig analysiert wurde, wird die Maßnahme eine relevante Wirkung erzielen. Die konkrete Formulierung erlaubt darüber hinaus, einen projektbezogenen Return-on-Investment – alternativ: die Payoff-Periode – zu berechnen.

In der Praxis ist es manchmal nicht (mehr) möglich, eine ergebnisorientierte Zielsetzung einzuholen. In diesen Fällen hat es sich sehr bewährt, eine Zielsetzung zu formulieren, diese – vor weiteren Schritten – mit dem Auftraggeber abzustimmen und sie auf diesem Weg iterativ zu konsolidieren.

2. Die Rangstufen der Laufbahn bestimmen
Ein zentraler Aspekt bei der Konzeption alternativer Laufbahnen ist die Frage, wie viele Rangstufen die alternativen Karrierepfade grundsätzlich haben sollen.

Es liegt auf der Hand, dass es hierzu keine zahlenmäßige, unternehmensübergreifende Aussage geben kann. Dennoch können einige allgemeingültige Empfehlungen zu dieser Frage formuliert werden.

In den meisten Fällen werden alternative Laufbahnpfade für ein bereits bestehendes Unternehmen konzipiert. Dann gilt grundsätzlich, dass die Erfolgswahrscheinlichkeit der einzuführenden Laufbahnen umso höher ist, je größer die Übereinstimmung mit der gegebenen – und selten zu ändernden – Führungslaufbahn ist.

> **Tipp**
> Die Stufen einer Experten- oder Projektleiterlaufbahn sollten grundsätzlich parallel zu denen der Managementlaufbahn aufgebaut sein.

Berücksichtigen Sie dabei immer, dass Sie bestehende Positionen implizit abwerten, indem sie andere gleichsetzen bzw. aufwerten. Lassen Sie es uns mit einer Analogie beschreiben: Wenn alle Sieger sind, gibt es keinen Gewinner.

> **Tipp**
> Die Anzahl Rangstufen alternativer Laufbahnen sind grundsätzlich in ihrer Gesamtzahl zu begrenzen.

Aber auch aus anderer Perspektive ist mit einer großen Zahl nicht wirklich Staat zu machen. Wenn nach und nach jeder Mitarbeitende zum Experten oder zum Projektleiter ernannt wird, verliert das Konzept gegebenenfalls seine gewünschte Wirkung.

Grundsätzlich sind Laufbahnen, die ausschließlich durch Vergabe neuer Titel gekennzeichnet sind, in der Regel zum Scheitern verurteilt – insbesondere dann, wenn
mit diesen Titeln sehr großzügig umgegangen wird.

Tipp

Prüfen Sie intensiv das zu erwartende Volumen künftig relevanter Funktionen, insbesondere bei fluiden Aufgaben wie z. B. Projektkarrieren.

Darüber hinaus wird die Frage auftauchen, ob es prinzipiell möglich sein soll, als Experte oder Projektleiter eine Karrierestufe zu erreichen, die auf der gleichen Stufe
wie die Unternehmensleitung angesiedelt ist. Hierzu gibt es einige grundsätzliche
Überlegungen und isolierte Praxisbeispiele, die Beachtung verdienen.

Es gibt beispielsweise Unternehmen, in denen es möglich ist, als exzellenter Ver-
triebsmitarbeiter mehr Geld zu verdienen als der Vorstand des Unternehmens.
Grundsätzlich kann ein Laufbahnkonzept solche Aspekte berücksichtigen. Weil es
sich hierbei um ein Vergütungs- und nicht um ein Organisationskonzept, wie z. B.
alternative Laufbahnpfade, handelt, gilt es, diese Aspekte getrennt voneinander zu
betrachten.

Darüber hinaus gibt es gesicherte Erkenntnisse, dass – gerade in stark technolo-
giegetriebenen Unternehmen – Experten und Projektleiter maßgeblich den Erfolg
eines Unternehmens beeinflussen. Hierfür kann und sollte eine entsprechende Anerkennung gewährleistet sein – von einer Gleichstellung mit der Geschäftsleitung ist
dennoch, z. B. aus Aspekten der Unternehmenssteuerung, abzuraten. Hier eine mögliche und praktikable Zuordnung :

Führungslaufbahn	Expertenlaufbahn	Projektleiterlaufbahn
Geschäftsleitung	–	–
Bereichsleitung	Leading Expert Fachgebiet 1	Programmleitung
Abteilungsleitung	Experte Fachgebiet 1	Leitung B-Projekte
Teamleitung	Referent Fachgebiet 1	Leitung C-Projekte
–	–	Projektmitarbeitende

Mögliche Gliederung der Parallelhierarchien

Laufbahnkonzepte sollten in Abhängigkeit von der Bedeutung von Spezialisten- oder Projektleiterpositionen für das Unternehmen ausgearbeitet und etabliert werden.

Tipp

Die Rangstufen alternativer Laufbahnen sind in der maximal erreichbaren »hierarchischen« Höhe zu begrenzen – idealerweise bis maximal unterhalb der Geschäftsleitung.

Für einen groben Entwurf eines möglichen Rangstufenkonzepts hat es sich sehr bewährt, unternehmensspezifische Parameter wie z. B.
* die bestehende Verantwortungsebene,
* die Funktionstypologie und den rechtlichen Status,
* die relevanten Zielebenen oder
* das bestehende Vergütungskonzept
als Hilfsgrößen für die Konzeptionsarbeit zu nutzen.

Eine zentrale Frage eines Fachlaufbahnmodells ist die nach der Gesamtstruktur und ihrer Relation zur Führungskarriere. Auch nach jahrzehntelangen Diskussionen von Fachlaufbahnmodellen gibt es darauf keine unternehmensübergreifend gültige Aussage. Letztendlich entscheiden die jeweiligen Unternehmensbedürfnisse über die Höhe der Fachpyramide, d. h. ob die Fachlaufbahn mit drei, fünf oder sieben Stufen ausgestaltet ist. In vielen Unternehmen findet man ein Stufenmodell parallel zu den Führungsebenen (Deuter u. a. 2009, S. 54).

Laut einer empirischen Studie entspricht in der Hälfte der Unternehmen die Stufenzahl der Fachlaufbahn der der Führungslaufbahn. Andererseits ist die Anzahl der Expertenstellen bei 75 Prozent der Teilnehmer nur halb so groß wie die Anzahl der Führungspositionen (Stockhausen/Deuter 2011, S. 34).

Die Fachlaufbahn muss jedoch nicht zwingend spiegelgleich zur Führungslaufbahn gestaltet sein:

Führungskarriere	Fachkarriere
Geschäftsführung	keine Entsprechung
Bereichsleiter	Stabsstelle/Berater der Geschäftsleitung
Abteilungsleiter	Leading Expert

Führungskarriere	Fachkarriere
Gruppenleiter	Advanced Expert
keine Entsprechung	Expert
keine Entsprechung	Fachkraft

Fünfstufiges Fachlaufbahnmodell – ungleiche Stufen

Diverse Autoren sind der Ansicht, dass die Spitzenfunktionen im Unternehmen – wie Geschäftsführung oder Positionen der zweiten Ebene mit Ergebnisverantwortung für Geschäftsbereiche – immer Führungsfunktionen sein werden (Biehal/Scheinecker 2006, S. 12 f.; Heimerl-Wagner 1994, S. 147; Deuter u. a. 2009, S. 54). Aus diesem Grund wird auch die Fachlaufbahn bis zur zweiten Ebene der Führungslaufbahn nur bei entsprechend komplexen, für den Unternehmenserfolg relevanten, Know-how-intensiven Funktionen darstellbar sein. Laut der empirischen Studie von Stockhausen/Deuter (2011) beginnt in 40 Prozent der Unternehmen die Fachlaufbahn unterhalb der Führungslaufbahn.

Eine Herausforderung liegt in der transparenten und nachvollziehbaren Definition der Kriterien der einzelnen Stufen. Worin unterscheidet sich beispielsweise der Senior Expert vom Expert?

In einem ersten Schritt gilt es festzuhalten, in welchen Unternehmensbereichen und bis zu welcher Ebene es überhaupt Fachstellen geben soll. Sinnvollerweise sollte die Beantwortung dieser Fragen unter Bezugnahme auf die Unternehmensstrategie erfolgen, um sicherzustellen, dass für den Fortbestand und die Wettbewerbsposition des Unternehmens relevantes Wissen und entsprechende Erfahrung aufgebaut werden. Das heißt, ausgehend vom strategischen Bedarf werden entsprechende Fachstellen (Funktionen bzw. Job Families) festgelegt. Entscheidend ist, dass stets die Stelle mit ihren Anforderungen bewertet wird und nicht die Person mit ihren Fähigkeiten (Schlichting 2011, S. 80; Deuter u. a. 2009, S. 57). Die Versuchung, eher die Person als die Stelle zu charakterisieren, ist gerade bei Fachfunktionen besonders groß (Schlichting 2011, S. 80).

Danach ist es sinnvoll, die Hauptaufgaben der jeweiligen Funktion, die sich von Stufe zu Stufe in ihrer Komplexität und Schwierigkeit steigern, zu beschreiben (Schorp-Leibkutsch/Saturno 2011, S. 240; Biehal/Scheinecker 2006, S. 10). Bei der Formulierung der Aufgaben sollte darauf geachtet werden, dass diese so präzise formuliert

werden, dass ein Feedback im Mitarbeitergespräch hinsichtlich der Aufgabenerfüllung möglich ist (Turbanski 2011, S. 132). Ergänzend können weitere Unterschei-
dungsmerkmale herangezogen werden, wie z. B.

- Ergebnisorientierung,
- Entscheidungsspielraum,
- Personalverantwortung,
- Relevanz für den Unternehmenserfolg und die Unternehmensstrategie etc.

Wichtig ist neben der Beschreibung der Hauptaufgaben die Festlegung der dazu erforderlichen Kompetenzen (fachlich und außerfachlich) sowie Qualifikationen (Ausbildung, Berufserfahrung, etc.) je Stufe (Biehal/Scheinecker 2006, S. 11). Beispielhaft
ist im Folgenden die Verknüpfung der Wirkungsrahmen der Aufgaben sowie der notwendigen Kompetenzen in den Ausprägungen nach Fachkarrierestufen abgebildet.

	Wirkungsrahmen	Wissen und Können (Fach- und Methodenkompetenz)
Expert	<ul><li>Gesellschaft mit Bezug zu Schwestergesellschaften</li><li>Entwicklung von Lösungen für neue und komplexe Aufgabenstellungen unter Berücksichtigung angrenzender Funktionen</li></ul>	Spezialkenntnisse in einem Fachgebiet von zentraler Bedeutung und Kenntnisse in angrenzenden Gebieten
Senior Expert	<ul><li>Gesellschaften mit Bezug zur Konzernführungsgesellschaft</li><li>Entwicklung von Richtlinien und Grundlagen, die unternehmensweit zur Anwendung kommen (Innovationen, Patente)</li></ul>	herausragende Spezialkenntnisse auf höchst komplexem, zukunftsweisendem Fachgebiet von zentraler Bedeutung und umfangreiche Kenntnisse angrenzender Gebiete
Leading Expert	<ul><li>Konzernrelevanz</li><li>Erschließung neuer Forschungs- und Anwendungsbereiche, Erschließung und Steuerung grundlegender unternehmerischer Wirkungsfelder</li></ul>	über den Konzern hinaus anerkannte Autorität im eigenen Gebiet in Breite und Tiefe, einmalig im Konzern

Dreistufiges Expertenmodell bei E.ON mit Ausprägung von Wirkungsrahmen und Kompetenzen

Hilfreich für die Festlegung der zur Erfüllung der Aufgaben erforderlichen Kompetenzen sind bereits bestehende Anforderungs- bzw. Kompetenzprofile und damit ein

Anschließen an das bestehende Kompetenzmodell des Unternehmens. Kompetenzfelder in einem unternehmensspezifischen Kompetenzmodell können etwa sein:

- Fachkompetenz
- Methodenkompetenz
- Sozial- und Kommunikationskompetenz
- personale Kompetenzen
- Management- bzw. Führungskompetenz

Projektmanagementkompetenz kann unter diese Managementkompetenzen subsumiert werden, alternativ unter Methodenkompetenz.

Es kann sinnvoll sein, **unternehmerische Kompetenz** als eigenes Kompetenzfeld zu betonen. Diese einzelnen Kompetenzfelder werden in einzelne Kompetenzen unterteilt und dann mit Verhaltensankern, also konkreten erwünschten Verhaltensbeispielen, hinterlegt, wie Folgenden beispielhaft und ausschnittweise dargestellt.

Kompetenzfelder	Einzelkompetenzen	Verhaltensanker
Sozial- und Kommunikations-kompetenz	Kooperations-fähigkeit	• ist hilfsbereit, kollegial • hält sich an Absprachen, Zusagen, Termine • integriert sich und andere in Teams • arbeitet vertrauensvoll, konstruktiv und zuverlässig mit anderen zusammen
	Kritik- und Konfliktfähigkeit	• äußert angemessen, sachlich und konstruktiv Kritik • nimmt Kritik an • geht mit unterschiedlichen Interessenslagen lösungsorientiert und konstruktiv um • vermeidet Eskalation
	Überzeugungs-fähigkeit	• bezieht eindeutig Stellung • souveränes Auftreten • überzeugende, situationsadäquate Argumentation/Verhandlungsführung
Unternehmerische Kompetenz	Kunden-orientierung	• freundlicher, professioneller Umgang mit Kunden • erkennt Anliegen, Wünsche, Bedürfnisse des Kunden und geht darauf ein • Aufbau und Pflege einer dauerhaften, vertrauensvollen Kundenbeziehung • Abschlusssicherheit

Kompetenzmodell mit Kompetenzfeldern, Einzelkompetenzen und Verhaltensankern

Viele Autoren sind sich darin einig, dass Experten längst nicht mehr als Einzelkämpfer unterwegs sind (Bohinc 2008, S. 8; Schorp-Leibkutsch/Saturno 2011, S. 239; Schütte/ Zimmermann 2006, S. 25). Sie arbeiten mit anderen Experten im Team zusammen und benötigen dafür u. a. Kooperationsbereitschaft und Kommunikationskompetenz. Auch geben sie ihr Wissen an andere Mitarbeitende weiter, die oftmals nur wenig vom Fachgebiet verstehen. Das heißt, es gilt zunächst, die Komplexität zu reduzieren, bevor die didaktischen Fähigkeiten zur Wissensweitergabe gefragt sind. Außerdem müssen Experten in der Lage sein, andere von ihren Ideen sowie ihren Ergebnissen zu überzeugen (Schütte/Zimmermann 2006, S. 25). Dafür sind Überzeugungskraft, Selbstmarketing sowie Präsentationskompetenzen wichtig. Darüber hinaus sind Kompetenzen im Projektmanagement und Einblick in Geschäftsprozesse gefragt, insbesondere je höher der Experte die Leiter innerhalb der Laufbahn hinaufklettert (Schorp-Leibkutsch/Saturno 2011, S. 239). Nicht zu vergessen ist die permanente Weiterbildungsbereitschaft, die Experten mitbringen müssen, um ihr Know-how stets auf dem aktuellen Stand zu halten.

3. Die relevanten Anforderungen definieren

Bei der Definition der relevanten Anforderungen geht es darum, die Funktionen in den Rangstufen zu konkretisieren. Hierzu hat es sich bewährt, die Differenzierung in den Rangstufen zu definieren, indem das (steigende) Anforderungsniveau innerhalb der Laufbahnpfade bestimmt wird. Die Ergebnisse aller Laufbahnpfade dazu werden schließlich nebeneinandergestellt, um in einer Plausibilitätsprüfung die Anforderungsniveaus in den unterschiedlichen Rangstufen und Laufbahnpfaden vergleichen bzw. konsolidieren zu können.

Es hat sich sehr bewährt, in der Projektgruppe mit Pinnwänden zu arbeiten und Moderationskarten zu verwenden, die sich bei Bedarf umstecken lassen. Die Visualisierung trägt maßgeblich zu einem gemeinsamen Arbeitsfokus bei. Der Moderator sollte unbedingt Erfahrung mit der Moderationsmethode haben.

Die gemeinsame Arbeit lässt sich sehr gut vorbereiten, indem der Moderator vor Beginn z. B. auf einem Flipchart eine Tabelle anlegt: Die erste Spalte bildet die Anzahl der definierten Rangstufen ab, die folgenden Spalten bezeichnen die jeweiligen Laufbahnpfade (in der unten stehenden Tabelle sind das Fach-, Projekt- und Führungslaufbahn).

Weiterhin sind die bereits erarbeiteten Funktionsbezeichnungen eingetragen. Sofern noch keine Titel bestimmt wurden, lassen sich hier auch Arbeitsbezeichnungen abtragen wie z. B. Experte I, Experte II, Experte III, Projektleiter I, Projektleiter II usw.

	Fachlaufbahn	Projektlaufbahn	Führungslaufbahn
Rangstufe 1	–	–	Geschäftsleitung
Rangstufe 2	Leading Expert	Programmmanager	Bereichsleitung
Rangstufe 3	Senior Expert	Projektleitung	Abteilungsleitung
Rangstufe 4	Expert	Teilprojektleitung	Gruppenleitung
Rangstufe n	…	…	…

Arbeitstabelle zur Bestimmung der Anforderungen

Es bietet sich an, mit einer Kartenfrage Kriterien zu sammeln, die zur Differenzierung der Rangstufen geeignet sind. Hierin steckt aber auch ein großes Risiko: Denn wenn es nicht gelingt, Merkmale zu finden, die für alle Laufbahnpfade gleichermaßen geeignet sind, scheitert die Arbeit zu diesem wichtigen Schritt.

An dieser Stelle kommt es regelmäßig zu der Aussage, dass die Anforderungen der einzelnen Stellen nicht vergleichbar genug seien und sich im Hinblick auf eine Vergleichbarkeit nicht harmonisieren lassen. Alternativ dazu ist die Bestimmung der Kriterien durch die Arbeitsgruppe so vage, dass diese Kriterien eigentlich nicht mehr differenzierend sind. Es hat sich sehr bewährt, hier in konzeptionelle Vorarbeit zu gehen und mögliche Kriterien aus Dokumenten wie zum Beispiel Stellen- oder Rollenbeschreibungen sowie aus bestehenden Anforderungsprofilen o. Ä. abzuleiten oder sich auf arbeitswissenschaftliche Klassifizierungen zu stützen und diese auf ihre Brauchbarkeit hin mit der Gruppe zu bewerten und ggf. zu ergänzen.

Als mögliche Differenzierungsmerkmale nennen Weidemann/Paschen (2002) zum Beispiel:
- Einfluss auf das Unternehmensergebnis
- Umfang der Personalverantwortung
- Schwierigkeitsgrad der Aufgabe
- Budgetverantwortung

Im nächsten Schritt sind die Differenzierungsmerkmale – nach Laufbahnpfaden getrennt – »mit Leben zu füllen«. Das Ergebnis für die einzelnen Pfade könnte dann beispielsweise wie folgt aussehen:

Fachlaufbahn			
	Expert	**Senior Expert**	**Leading Expert**
Einfluss auf das Unternehmens-ergebnis	• bereichsweite Fachberatung • geringe strategische Bedeutung	• unternehmens-weite Fachberatung • mittlere strategische Bedeutung	• konzernüber-greifende Fachberatung • hohe strategische Bedeutung
Umfang der Personal-verantwortung	keine	fachliche Führung von zwei Mitarbeitenden	fachliche Führung von drei Mitarbeitenden und mehr
Schwierigkeitsgrad der Aufgabe	Arbeit an Cashcow-Produkten	Arbeit an Wachstums-produkten	Arbeit an Innovations-produkten
Budgetverantwortung in Euro	ab 500.000	ab 1 Mio.	ab 3 Mio.

Differenzierung der Rangstufen in der Fachlaufbahn

Projektlaufbahn			
	Teilprojektleitung	**Projektleitung**	**Projektmanager**
Einfluss auf das Unternehmens-ergebnis	betrifft bis drei Unter-nehmensbereiche	betrifft bis sieben Unternehmens-bereiche	betrifft mehr als sie-ben Unternehmens-bereiche
Umfang der Personal-verantwortung	bis fünf Projektteam-mitglieder	bis zehn Projektteam-mitglieder	ab elf Projektteam-mitglieder oder: ab zwei Projekt-leiter
Schwierigkeitsgrad der Aufgabe	• Anpassung von Produkten hin-sichtlich einzelner Features • geringes Projekt-risiko • Projektdauer bis 0,5 Jahre/ab 100 Personentagen (PT)	• Weiterentwicklung von Produkten • mittleres Projekt-risiko • Projektdauer bis 1,5 Jahre/ab 200 PT	• Produktinnova-tion • hohes Projekt-risiko • Projektdauer bis drei Jahre/ab 700 PT
Budgetverantwortung in Euro	ab 500.000	ab 1,5 Mio.	ab 5 Mio.

Differenzierung der Rangstufen in der Projektlaufbahn

Führungslaufbahn			
	Gruppenleiter	Abteilungsleiter	Bereichsleiter
Einfluss auf das Unternehmensergebnis	Einfluss auf das Abteilungsergebnis	Einfluss auf das Bereichsergebnis	Einfluss auf das Unternehmensergebnis
Umfang der Personalverantwortung	ab fünf MA	ab zehn MA oder: drei Gruppenleiter	ab 50 MA oder: fünf Abteilungsleiter
Schwierigkeitsgrad der Aufgabe	gering	mittel	hoch
Budgetverantwortung in Euro	ab 500.000	ab 1,5 Mio.	ab 5 Mio.

Differenzierung der Rangstufen in der Führungslaufbahn

Ist die Arbeit der Differenzierung innerhalb der einzelnen Laufbahnpfade abgeschlossen, gilt es, eine Zusammenschau der einzelnen Rangstufen über alle Laufbahnen hinweg vorzunehmen und dann eine Plausibilitätsprüfung im Hinblick auf die Vergleichbarkeit der Anforderungen aller Laufbahnpfade pro Rangstufe vorzunehmen. Exemplarisch für einen solchen Vergleich könnte Folgendes sein:

	Expert	Teilprojektleitung	Gruppenleiter
Einfluss auf das Unternehmensergebnis	• bereichsweite Fachberatung • geringe strategische Bedeutung	betrifft bis drei Unternehmensbereiche	Einfluss auf Abteilungsebene
Umfang der Personalverantwortung	keine	bis fünf Projektteammitglieder	ab fünf MA
Schwierigkeitsgrad der Aufgabe	Arbeit an Cashcow-Produkten	• Anpassung von Produkten hinsichtlich einzelner Features • geringes Projektrisiko • Projektdauer bis 0,5 Jahre/ab 100 PT	gering
Budgetverantwortung in Euro	ab 500.000	ab 500.000	ab 500.000

Anforderungsvergleich innerhalb einer Rangstufe

In den seltensten Fällen erfüllen alle Funktionen einer Rangstufe in identischer Weise die definierten Anforderungen. Das ist auch nicht erforderlich, es geht eher um die empfundene Anforderungsgerechtigkeit, die als vergleichbar akzeptiert werden muss.

Es hat sich in diesem Zusammenhang als hilfreich erwiesen, die erforderlichen Kompetenzen zur Bewältigung der erarbeiteten Anforderungen abzuleiten. Sollte das Unternehmen zu diesem Zeitpunkt über kein Kompetenzmodell (oder zur Not auch bestehende Beurteilungskriterien) verfügen, sei an dieser Stelle darauf hingewiesen, dass dies nicht »mal schnell« in einer Arbeitssitzung erfolgen kann, sondern ein eigenständiges Projekt erfordert – zumindest dann, wenn man den Anspruch hegt, dass das Kompetenzmodell auch allgemein akzeptiert wird.

4. Stellenausstattungen festschreiben
In einer Gesellschaft, in der beruflicher Erfolg bisher immer mit hierarchischem Aufstieg gleichgesetzt wurde, ist es kein leichtes Unterfangen, gleichwertige Alternativen zu etablieren. Wenn es ein Ziel ist, eine gleiche Wertigkeit der alternativen Laufbahnpfade zu kreieren, so ist es zwingend notwendig, dass die verschiedenen Karriereoptionen innerhalb einer Rangstufe in Bezug auf die Vergütung identisch ausgestattet werden. Auch wenn es eine Vielzahl von Gründen gibt, die den Einzelnen motivieren können, Karriere machen zu wollen – die Möglichkeit, mehr zu verdienen, stellt einen nicht zu unterschätzenden Anreiz dar, auch wenn die meisten auf die konkrete Frage nach ihrer persönlichen Motivation vielleicht zunächst andere, sozial erwünschtere Antworten geben werden.

Die Frage nach der identischen Ausstattung kann dabei – in Abhängigkeit von der jeweiligen Konzeption – ganz unterschiedlich beantwortet werden. Der Grundsatz sollte zunächst sein, dass innerhalb der jeweiligen Rangstufen in den unterschiedlichen Karrierepfaden die gleichen Gehaltsbänder gegeben sind.

Diese Gehaltsbänder können dabei durchaus einen Teil an freiwilligen Leistungen enthalten, die im Sinne eines Cafeteria-Systems dargeboten werden. Sie sollten aber im Gesamtwert identisch sein. Ganz praktisch könnte so etwas so gestaltet werden, dass man Mitarbeitenden in den einzelnen Rangstufen ein definiertes »Punktekontingent« zur Verfügung stellt. Je nach persönlicher Präferenz stellen sich die Mitarbeitenden im Gegenwert ihres Punktekontingents ihr eigenes »Menü« an Zusatzleistungen zusammen. Diese Individualisierung und Flexibilisierung betrieblicher Zusatzleistungen hat grundsätzlich eine hohe Attraktivität.

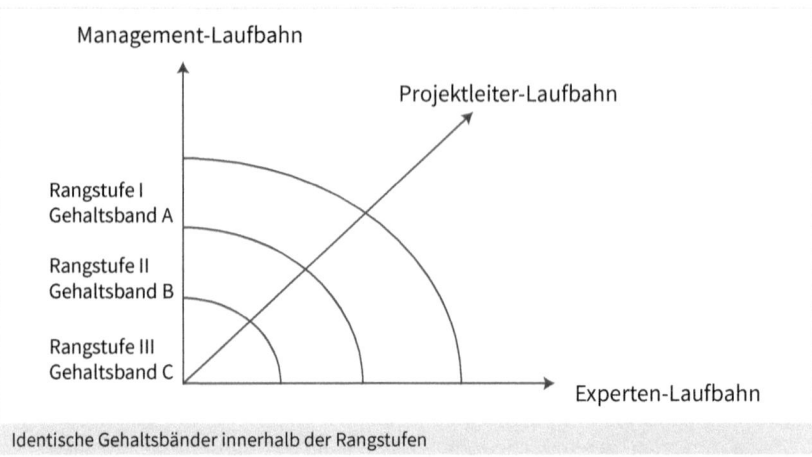

Wenn man sich mit der Typologie bevorzugter Karriereorientierungen befasst (vgl. hierzu zum Beispiel die Karriereanker nach Edgar Schein 1998, 2013), bekommt das Cafeteria-System noch eine weitere Qualität, sind doch Anreize für Spezialisten tendenziell anders beschaffen als die für einen Projektmanager oder für eine Führungskraft – dies allerdings in einem »zielgruppenspezifischen Anreizpaket« zu verschnüren schürt eher das unbestimmte Gefühl der Ungleichheit.

So attraktiv der Ansatz des Cafeteria-Systems auf den ersten Blick aussieht – wo Licht ist, da ist auch Schatten: Ein nicht zu unterschätzender administrativer Aufwand besteht in der Aufgabe, dass ggf. nichtmonetäre Leistungen monetär bewertet werden müssen und das Gesamtvolumen periodenbezogen und individuell zu ermitteln ist. Die Auswahlentscheidungen müssen entsprechend vorbereitet, kontrolliert und dokumentiert werden.

Und dennoch, die Vorteile sind nicht von der Hand zu weisen: Entsprechend der individuellen Präferenzen wählen die Mitarbeitende aus den verschiedenen Leistungen diejenigen, die für ihn ganz persönlich den höchsten subjektiven Anreizwert haben, sei es eine Firmen-Direktversicherung, Rabatte auf eigene Erzeugnisse oder die private Nutzung eines Geschäftswagens. Der Motivationsaspekt und die Wirkung bezüglich der Mitarbeiterbindung sind groß. Darüber hinaus lassen sich ggf. Rückschlüsse ziehen über besonders attraktive Zusatzleistungen für bestimmte Zielgruppen wie z. B. Spezialisten.

In den meisten Unternehmen stellt die Parallelisierung der Vergütungsstrukturen innerhalb von Rangstufen der verschiedenen Laufbahnen in der Regel keine größere Hürde dar. Etwas anders sieht es allerdings in Bezug auf Statussymbole aus. Aber auch in diesem Punkt kann es nur eine Empfehlung geben: Die identische Behandlung gleichrangiger Laufbahnstufen.

Im Vergleich zu den Vergütungsstrukturen erweisen sich die Diskussionen in diesem Punkt als ungleich schwieriger. Gerade die nach außen hin sichtbaren Statussymbole sind durch ihren Exklusivitätscharakter ein wichtiges Unterscheidungsmerkmal gegenüber anderen. Die »drohende« Erreichbarkeit dieser Privilegien für weitere Mitarbeiterkreise wird so manches Mal als Herabsetzung der eigenen Leistung oder gar der eigenen Person erlebt. Dies muss durch die kritischen Diskussionspartner in dieser Form nicht immer bewusst wahrgenommen werden. Die eingebrachten Gegenargumente erscheinen hier oftmals sehr rational und doch entscheidet sich an diesem Punkt ganz maßgeblich, wie es um die Gleichbehandlung tatsächlich steht und wie ernst es den Verantwortlichen damit ist.

Das Risiko in dieser Fragestellung besteht darin, alternative Laufbahnpfade »nur« mit »gewichtigen« Titeln zu versehen und bis auf eine Veränderung in der Vergütung nicht wirklich eine nach außen hin wahrnehmbare Wertschätzung zu realisieren. Wenn die Alternativen so konzipiert werden, dass in diesem Punkt faktisch keine Gleichbehandlung vorhanden ist, werden die erhofften Motivationseffekte – zumindest auf lange Sicht betrachtet – ausbleiben. Es ist von zentraler Bedeutung zu prüfen, inwieweit die Ausstattungsmerkmale (neben Titel und Entgelt) auf den einzelnen Rangstufen tatsächlich vergleichbar sind. Mögliche »Insignien der Macht« sind zum Beispiel:

- **Arbeitsmittel:** z. B. Büroräume und deren Ausstattung, Dienstwagen, Sekretariatsunterstützung usw.
- **Privilegien:** die grundsätzlichen Möglichkeiten der individuellen Arbeitsflexibilität, Freiheit in der Wahl der Reiseklasse o. Ä.
- **Weiterbildungsmöglichkeiten:** z. B. die Teilnahme an internationalen Kongressen, die Möglichkeiten für individuelle Forschungsvorhaben oder Publikationen etc.

Diese Statussymbole können in ihrer Bedeutung von Unternehmen zu Unternehmen variieren. Aus diesem Grund ist die oben genannte Aufzählung als beispielhaft zu verstehen, wenngleich die genannten Aspekte durchaus als »typisch« für eine Vielzahl von Unternehmen gelten können.

Von vielfach unterschätzter Bedeutung sind die beiden Aspekte
* Erweiterung der **Verantwortungsspielräume** und
* Einbindung in bestehende **Informations- und Kommunikationsstrukturen**.

Durch die Erweiterung von individuellen Verantwortungsspielräumen gewinnt ein Unternehmen Schnelligkeit und Flexibilität. In diesem Zusammenhang muss konsequent überprüft werden, welche Entscheidungen hoch qualifizierte Experten oder Projektleiter im Unternehmen tatsächlich nicht treffen können und welche sie durchaus treffen sollten. Im Hinblick auf eine hohe Effizienz und Effektivität in der Arbeit mit der Projektgruppe hat es sich sehr bewährt, in erster Linie nicht danach zu fragen, welche Entscheidungen ein Experte oder Projektleiter treffen soll, sondern gemeinsam mit den Linienkräften auszuarbeiten, welche er begründet **nicht** treffen soll.

So einfach es klingt, die intensive Einbindung in bestehende Informations- und Kommunikationsprozesse der jeweiligen Entscheider gehört mit zu den attraktivsten Aspekten für eine gleichwertige Ausgestaltung von alternativen Laufbahnpfaden innerhalb einer Rangstufe. Die Beteiligung im strategischen Planungsprozess oder die regelmäßige Teilnahme an Besprechungen, in denen zentrale Fragestellungen des Unternehmens fachübergreifend diskutiert werden, kann zu einer beiderseitigen Befruchtung und einem verbesserten Verständnis aller Schlüsselfunktionen im Unternehmen führen.

Titel und damit verbundene Statussymbole sind »nur« Etiketten, die nach außen hin die Bedeutung und Anerkennung für eine unternehmerisch wichtige Funktion abbilden. Diese Schlüsselfunktionen sind in ihrem Kern dadurch gekennzeichnet, dass sie einen mittelbar oder unmittelbar entscheidenden Einfluss auf das Unternehmensergebnis haben, indem sie
* für das reibungslose Funktionieren der relevanten Unternehmensprozesse fundamental wichtig sind bzw.
* der primären Zielerreichung des entsprechenden Prozesses dienen und somit
* einen entscheidenden Wertschöpfungsbeitrag leisten.

Diese Schlüsselpositionen müssen unbedingt mit hoch qualifizierten und erfahrenen Mitarbeitenden besetzt sein, für die eine Nachfolgeplanung[4] unerlässlich ist. Darüber hinaus gilt es, diejenigen Kompetenzen zu identifizieren, die für den gegenwärtigen und künftigen Erfolg des Unternehmens erfolgskritisch sind. In diesen funktionsübergreifenden Schlüsselkompetenzen sollen sich alle Mitarbeitenden – unabhängig von der konkreten Aufgabe – weiterentwickeln.

5. Wege für einen Laufbahnwechsel konstruieren

Alternative Laufbahnen unterliegen auch Risiken: So ist beispielsweise eine sinkende Einsatzflexibilität von Experten denkbar, deren Spezialisierung das Risiko der Herausbildung von »Kopfmonopolisten« in sich birgt. Durch die Implementierung einer Fachlaufbahn wird dieses Risiko unterstützt.

Außerdem: Wenn (ehemals) wichtiges Experten-Know-how in der Zukunft nicht mehr die strategische Bedeutung haben wird, die es derzeit hat, verfällt der formelle Status bei materieller Besitzstandswahrung. Unerwünschte Effekte wie das Absinken der Motivation bei den Spezialisten oder das Festhalten an Statussymbolen sind in der Regel wenig nutzbringend für das Unternehmen.

Ähnliches findet sich in den Projektleiterlaufbahnen: Wenn sie ausschließlich als Karrierebeschleuniger genutzt wird, verliert dieser Pfad schnell seinen Wert als eigenständige Karrierealternative. Gerade auf den höheren Rangstufen kann dies schmerzliche Lücken reißen.

Laufbahnkonzepte sollten explizit Wechselmöglichkeiten beinhalten, individuelle Wechselwünsche sind aktiv zu unterstützen. Laufbahnwechsel sind jedoch mehr als nur eine professionelle Antwort auf eine grundsätzliche Risikoanalyse. Erst durch den Wechsel zwischen den Laufbahnpfaden entfaltet ein solches Konzept sein implizites Potenzial. Um nur einige Chancen zu nennen, bieten sich hierdurch
*   neuartige und herausfordernde Entwicklungschancen für langjährig tätige Mitarbeitende,

---

4   Unter »Nachfolgeplanung« versteht man eine geplante Abfolge von Stelleninhabern auf einer konkreten
      Stelle. Die Existenz einer Nachfolgeplanung ist ein Instrument des Risikomanagements, das z. B.
      im Rahmen von Basel II zur Bewertung der personellen Zukunftssicherung herangezogen wird. Der
      Begriff »Nachfolgeplanung« unterscheidet sich vom Begriff »Karriereplanung«, der eine Abfolge von
      Stellen konkreter Mitarbeitender bis zu einer Zielposition darstellt. Im Rahmen einer Karriere- oder
      Laufbahnplanung kann eine Nachfolgeplanung berücksichtigt werden.

- eine Befähigung zur Beschäftigungssicherung (Employability) in sich wandeln-den Anforderungen oder
- die Flexibilisierung der Arbeitskräfte und ihrer Kompetenzen im Hinblick auf die Anforderungen des Unternehmens.

Der Konzeption des Wechsels zwischen den einzelnen Laufbahnpfaden ist also eine hohe Bedeutung beizumessen. Dies ist praktisch umso leichter zu handhaben, wenn die sich die einzelnen Laufbahnpfade innerhalb einer Rangstufe nicht grundsätzlich in allen Anforderungsaspekten unterscheiden, sondern bereits auf relevante, funk-tionsübergreifenden Kompetenzen zurückgegriffen werden kann. Das Signal »für die neue Funktion gibt es etwas, das ich bereits kann, und einige Dinge, die ich noch lernen muss« ist eine potenzielle Entlastung für das subjektiv empfundene Wechsel-risiko des Einzelnen. Spätestens jetzt wird transparent, welchen Vorteil es hat, wenn bestimmte Schlüsselkompetenzen angewendet werden können.

Mit Sicherheit gibt es auch immer einige Kompetenzen, die beim Einzelnen noch ent-wickelt werden müssen. Dieser Entwicklungsbedarf sollte durch geeignete Förder- und Entwicklungsmaßnahmen bedient werden, wobei stringent darauf zu achten ist, dass es hierbei eine wichtige Unterscheidung zwischen Wissen und Erfahrung gibt.

Entwicklungsbedarfe, die den Auf- oder Ausbau von Wissen zum Gegenstand haben, können in der Regel mit den verschiedenen Weiterbildungsmaßnahmen bedient wer-den. Dabei gilt es zu berücksichtigen, dass bei zunehmenden Kompetenzanforderungen an das zu erlernende Wissen individuellere Lernformen bedeutsam werden. Konkret: Für Grundlagenwissen zu einem beliebigen Thema genügt meistens ein offenes Semi-nar, bei hoch spezialisierten Detailfragen hingegen ist ggf. eine Einzelberatung durch einen führenden Experten die bessere Lösung (Gleiches gilt auch für die Vertiefung von Anforderungen innerhalb eines Laufbahnpfades über die Rangstufen hinweg.).

Mit steigender Rangstufe spielt neben dem erforderlichen Wissen der Faktor Erfah-rung eine zunehmende Rolle. Überall dort, wo Erfahrung im Sinne von Reifung er-forderlich ist, bestehen Grenzen bei einem Wechsel, denn wie ein Sprichwort sagt: »Gras wächst nicht schneller, wenn man daran zieht!«

Entwicklungsbedarfe, die den Aufbau von Erfahrungskompetenzen betreffen, sind mit den klassischen Weiterbildungsmaßnahmen in der Regel nicht zielführend zu realisieren. Sowohl die Methoden zur Erhebung der relevanten Lernbedarfe als auch die Konzeption des Lerndesigns bedürfen eines Fachmanns. Im Grundsatz geht es um eine simultane Verzahnung von Handeln und Lernen (act and learn). War es bis vor Kurzem noch üblich, sich über ein Förderprogramm – ähnlich einem Transportband – »nach oben«, direkt in den Chefsessel, transportieren zu lassen, so sind für Karriere und Entwicklung künftig andere Verfahren wegweisend.

Spätestens mit der Einführung alternativer Laufbahnkonzepte sollte die Zeit der Kaminaufstiege vorbei sein. Künftig wird eine anspruchsvolle berufliche Entwicklung anhand herausfordernder Aufgaben und der damit erworbenen praktischen Erfahrung stattfinden. Um aber kein Missverständnis aufkommen zu lassen: Förderung ist nach wie vor wichtig, nur: Förderung ist **nicht** gleich Beförderung. Förderung ist eine hilfreiche, aber keine hinreichende Bedingung für einen Karriereschritt.

Die definierten Anforderungen der Laufbahnen bzw. die hierzu erforderlichen Kompetenzprofile sind der maßgebliche Ausgangspunkt für die Konzeption geeigneter Förder- und Entwicklungsmaßnahmen. Insbesondere bei den fachübergreifenden Schlüsselkompetenzen ist ein gemeinsames Förderprogramm, in dem gleichermaßen Spezialisten, Projektleiter und Führungskräfte lernen, von Vorteil. Die Gleichwertigkeit der Funktionen wird durch ein solches Design unterstrichen und die Möglichkeit zur interdisziplinären Netzwerkbildung wird intensiv gefördert.

Während auf der ersten Rangstufe noch primär das grundlegende Wissen vermittelt werden kann, stellt sich mit steigender Anforderung und zunehmender Kompetenz der Teilnehmenden die Frage, welche Entwicklungsbedarfe sich kurz- bis mittelfristig in Form eines Seminars sinnvoll darstellen lassen. Anders ausgedrückt: Lerndesigns bewegen sich in einem Kontinuum zwischen Wissensvermittlung und Erfahrungsorientierung.

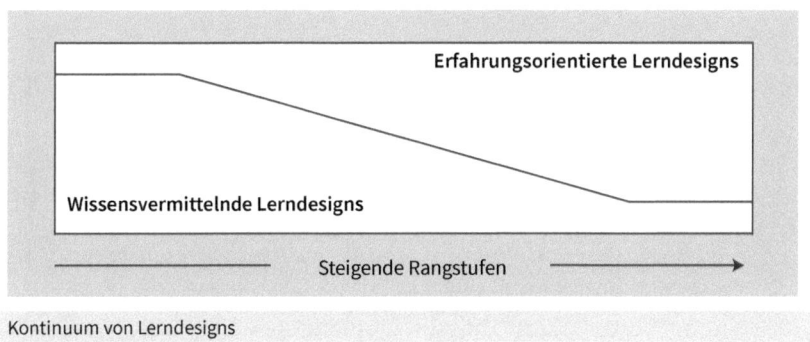

Kontinuum von Lerndesigns

So könnte beispielsweise ein Bestandteil eines Förderprogramms für Nachwuchskräfte sein, ein reales Projekt zu bearbeiten. Flankierend würden die Teilnehmenden Input durch Seminare wie z. B. zu Grundlagen des Projektmanagements erhalten und zusätzlich durch einen erfahrenen Projektmanager gecoacht werden. So wird sichergestellt, dass die grundlegenden Kenntnisse vermittelt, durch die umgehende Anwendung praktisch vertieft und darüber hinausgehende Fragen von einem erfahrenen Mitglied der Organisation beantwortet werden.

Für den Bedarf eines erfahrenen Projektleiters ist so ein Programm wahrscheinlich nicht mehr hinreichend passgenau. Ein Förderprogramm für diese Zielgruppe könnte beispielsweise darin bestehen, dass sich eine Gruppe von Projektleitern zu herausfordernden Situationen in Projekten in Form der kollegialen Beratung austauscht und bei der Entwicklung gegenseitig unterstützt. Dieser Ansatz ist in vergleichbarer Form auch unter dem Begriff »Action Learning« bekannt geworden. Ähnlich wie bei der kollegialen Beratung bringen die Teilnehmenden eines Entwicklungsprogramms ihre Erfahrungen bzw. herausfordernden Situationen zu einem Treffen mit, in dem der Austausch und die Bearbeitung auf Augenhöhe erfolgen können.

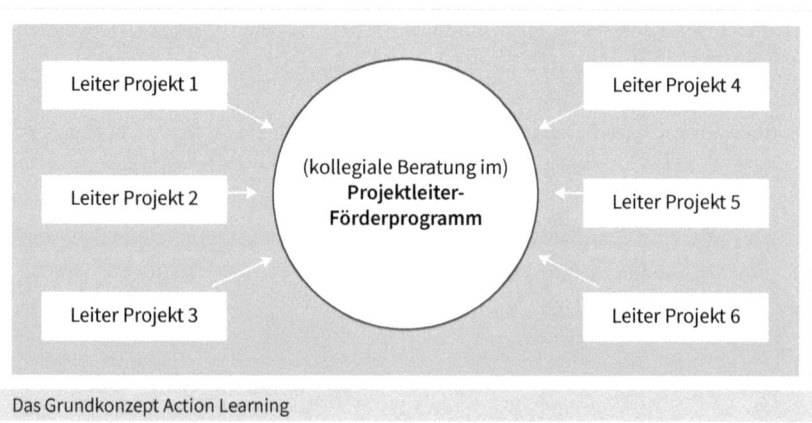

Das Grundkonzept Action Learning

Ergänzend hierzu können Impulsvorträge und Kamingespräche oder Exkursionen organisiert werden, bei denen besonders erfolgreiche Projektleiter anderer Unternehmen oder erfahrene Praktiker zu einem Schwerpunktthema referieren und für eine anschließende Diskussion zur Verfügung stehen. Fallweise ist es denkbar, dass ein gemeinsam identifizierter Bedarf in Form eines Workshops oder Praxistrainings bedient wird.

Ein solches Programm geht über das in den meisten Unternehmen übliche Entwicklungsangebot hinaus. Möglicherweise hadert ein Multiprojektmanager mit weiteren Themen, die ein anderes Lerndesign erfordern. Denkbar wäre hier der Umgang mit persönlichen Ressourcen und gezieltes Stressmanagement – ein Coach kann hier vielleicht mehr bewirken als ein von Kollegen belächeltes Seminar im Bildungskatalog. Sehr bewährt hat es sich für diese Ebene, ein Mentoring aufzusetzen. Der Mentor (»väterlicher Freund«) ist i. d. R. ein lebens- und organisationserfahrenes Mitglied des Topmanagements und kann als Sparringspartner, Förderer und hilfreicher Dialogpartner gerade im Innenverhältnis wirksam werden.

Für einen darüber hinausreichenden, weiterführenden oder individuellen Bedarf kann man auch ein vorab definiertes zentrales Entwicklungsbudget zur Verfügung stellen, das von der jeweiligen Führungskraft oder dem Experten bzw. Projektleiter für Entwicklungsmaßnahmen frei eingesetzt werden kann. Dies trägt dazu bei, dass das Leben und Arbeiten in den Laufbahnen zum Aktivposten der individuellen Karriere- und Entwicklungsplanung avanciert.

An dieser Stelle ist es wichtig, dass Sie sich darüber bewusst werden, dass der Wechsel in eine andere Laufbahn je nach Anforderungsprofil und Rangstufe im Abgleich mit der individuellen Kompetenz in unterschiedlichen Zeithorizonten stattfindet. Ob Sie diesen Entwicklungsbedarf im Vorfeld des Wechsels planen oder mit dem Wechsel selbst, hängt an einer Vielzahl von Variablen wie z. B. der kulturellen Akzeptanz, der Machbarkeit usw.

Alternative Laufbahnen können auch Hilfskonstrukte für Karriere und personelle Wertentwicklung für den Einzelnen sein. Unter dieser Perspektive übernimmt das Unternehmen die Funktion, Leistung und Potenzial zu sichten und passende Förderungsmöglichkeiten anzubieten. Diese Form der Förderung – vom Prozess der Beförderung entkoppelt – verbessert nachhaltig die Chancen für einen Karriereschritt.

6. Eingangsvoraussetzungen in die Funktionen bestimmen

Unter Berücksichtigung der unternehmensspezifisch definierten Kompetenzen gilt es, für künftige Stellenbesetzungen grundsätzlich zu bestimmen, ob Sie Leistungs-

oder Potenzialträgern den Schritt in die nächsthöhere Rangstufe bzw. einen Wechsel auf einen anderen Laufbahnpfad ermöglichen wollen oder ob Sie auf eine Mischform setzen. Die Betonung liegt hierbei ausdrücklich auf »künftige Stellenbesetzungen« – nur in wenigen Ausnahmefällen wird der Ist-Stand an dieser Stelle zu mehr Klarheit in der Arbeit an alternativen Laufbahnen führen. Weiterhin gilt es zu definieren, ob bestimmte Schlüsselkompetenzen bzw. deren Ausprägung eine »conditio sine qua non« sein sollen oder ob beispielsweise der statistische Mittelwert über alle Kriterien von maßgeblicher Bedeutung sein soll.

Leistung bezieht sich auf ein in der Vergangenheit gezeigtes Ergebnis, das in der damals aktuellen Aufgabe und Herausforderung erzielt wurde und das auch konkret mess- bzw. beobachtbar war. Inwiefern sich diese Performance auf andersartige Anforderungen in der Zukunft übertragen lässt, ist fraglich. Die Bestimmung der Eingangsvoraussetzung »Leistung« erfordert ein Führungsinstrument wie z. B. die Leistungsbeurteilung.

»Potenzial« ist eine Leistungsvermutung oder ein Zutrauen in eine Person, sich in künftigen – ggf. auch andersartigen Herausforderungen – zu bewähren. Dieses der Person unterstellte Talent braucht ggf. den richtigen Kontext, um sich zu entfalten. Die hochgradige Subjektivität der künftigen Leistungsvermutung versucht man durch psychologische Verfahren mit einer gewissen Treffergenauigkeit zu prognostizieren. Alternativ hierzu werden Potenzialvermutungen durch die Führungskräfte eines Unternehmens im Dialog konsolidiert.

Leistung oder Potenzial muss aber keinesfalls eine Frage des Entweder-Oder sein. In der Praxis hat sich die Kombination der beiden Aspekte gut bewährt. Mit relativ geringem Aufwand lässt sich die Leistungsbeurteilung in Kombination mit einer Potenzialaussage in einem Portfolio visualisieren. Durch eine abteilungs-, bereichs- oder unternehmensweite Zusammenstellung der Daten in einem solchen Portfolio lassen sich gewünschte Personalpotenziale bzw. personelle Risiken erkennen.

Neben der Möglichkeit der Fremdnominierung empfiehlt es sich, den Mitarbeitenden die Möglichkeit der Selbstnominierung zu geben. Es bietet sich an, den Prozess der Selbstnominierung an ein verbindlich vorgeschaltetes Karriereberatungsgespräch oder eine persönliche Standortbestimmung, z. B. in einem Development-Center[5], zu koppeln.

7. Auswahlverfahren festlegen

Das Auswahlverfahren gibt es nicht. Für Schlüsselfunktionen – gleich welchen Laufbahnpfades – gilt es dennoch, eine möglichst große Besetzungssicherheit zu erreichen. Und: Mit der steigenden Bedeutung bzw. Rangstufe wachsen ggf. auch die Anforderungen an die prognostische Qualität der Auswahlentscheidung.

Vor der Entscheidung für ein Auswahlverfahren empfiehlt es sich, personalpolitische Grundsatzfragen für sich zu entscheiden, so zum Beispiel die Frage, ob man bei der Rekrutierung von externen Mitarbeitenden eher auf diejenigen setzt, die bereits erfolgreich unter Beweis gestellt haben, dass sie der ausgeschriebenen Aufgabe gewachsen sind, oder auf diejenigen, die vielversprechende Anlagen haben, sich in der – für sie neuen – Funktion zu bewähren. Ähnlich wie beim Wechsel eines internen Mitarbeitenden von einem Laufbahnpfad in einen anderen geht es hier um die Entscheidung, ob man sich bei der Personalauswahl eher potenzialorientiert oder eher leistungsorientiert ausrichtet.

Beide Wege sind legitim und haben jeweils Vor- und Nachteile für sich, wie die folgende kurze Gegenüberstellung zeigt:

---

5   Häufig verwendete, alternative Begriffe für Development-Center (DC) sind u. a. Potenzial-AC oder Personalentwicklungsseminar. In einem Development-Center werden – im Gegensatz zu einem klassischen Assessment-Center (AC) – keine Auswahlentscheidungen getroffen, sondern Stärkeprofile erstellt und mögliche Entwicklungsbedarfe identifiziert. Das Development-Center unterscheidet sich darüber hinaus vom klassischen Assessment-Center u. a. durch die Offenlegung des Anforderungsprofils vor Übungsbeginn, die grundsätzliche Wiederholbarkeit oder sequenzielle Feedbacks im Gegensatz zum ausschließlichen Abschlussfeedback als Lernchance.

	Vorteile	Nachteile
Potenzialorientierte Personalauswahl	• Besetzung i. d. R. kostengünstiger • funktionsbezogene Sozialisation kann vom Unternehmen aktiv beeinflusst werden • hoher Motivationseffekt durch Vertrauen in die Leistungskraft des Bewerbers • …	• zunehmender Wettbewerb um vielversprechende Talente • Potenzial ist ein mehr oder weniger valides Zutrauen in künftige Leistung • Risiko, dass Bewerber die Stelle als »zeitlich befristeten Karriereschritt« sieht • …
Leistungsorientierte Personalauswahl	• hohe Wahrscheinlichkeit, dass Bewerber der Aufgabe gewachsen ist • Erfahrung aus anderen Häusern wird eingebracht • schnelles Wirksamwerden ist sichergestellt • …	• Anzahl geeigneter Bewerber i. d. R. gering • Besetzung i. d. R. kostenintensiver • Risiko, dass sich geeigneter Bewerber »langweilt« • …

Vor- und Nachteile potenzial- bzw. leistungsorientierter Personalauswahl

Unabhängig davon, ob Leistung oder Potenzial, scheint die »Passung« des Bewerbers zur Unternehmenskultur ein wesentlicher, wenn nicht sogar der maßgebliche Erfolgsfaktor der Stellenbesetzung. Nicht umsonst heißt es: »Hire for attitude – train for skills!«

Die Entscheidung für ein Auswahlverfahren und die konkrete Ausgestaltung erfolgen immer unternehmensspezifisch. Die einschlägige Fachliteratur bietet hierzu eine Fülle von Anregungen. Einige ergänzende Aspekte, die gerade im Zusammenhang mit alternativen Laufbahnen von großer Bedeutung sind, sollen hier dennoch kurz skizziert werden.

Geht man von der Vorstellung aus, dass die verschiedenen Laufbahnen gleichwertig nebeneinanderstehen, empfiehlt es sich sehr, auch bei den Auswahlverfahren keine Unterschiede zu machen. Sollte das Gerücht kursieren, dass der Zugang zu einem Karrierepfad möglicherweise »leichter« sei als zu einem anderen Pfad, besteht die Gefahr der Deklassierung eben dieses Laufbahnpfades.

Auch in diesem Punkt ist es hilfreich, sich an den bisherigen Vorgehensweisen in der bestehenden Führungslaufbahn zu orientieren. In vielen Unternehmen werden hierzu klassische Assessment-Center durchgeführt. Die Stärke des Verfahrens liegt vor allem in der Einschätzung der Leistung von überfachlichen Kompetenzen. Wenn solche überfachlichen Schlüsselkompetenzen auch in den Anforderungsprofilen für Spezialisten oder Projektleiter enthalten sind, spricht nichts dagegen, diese ebenfalls in einem Assessment-Center zu erheben.

Darüber hinaus bietet es sich an, auch harte Fakten zu überprüfen, die dann im Rahmen eines Assessment-Centers je nach Laufbahnpfad unterschiedlich ausgestaltet werden können. Während eine Führungskraft beispielsweise zu relevanten Fragestellungen der Führungsarbeit von den Führungskräften der nächsthöheren Verantwortungsebene interviewt wird, könnte sich ein Projektmanager zu spezifischen Fragen von Projekten einer bestimmten Größenordnung einem Gremium von erfahrenen Projektmanagern stellen. Analoges gilt für Expertenkarrieren, die dann in einem Dialog ein Expertengremium von ihrer Kompetenz überzeugen können. Dieses Vorgehen hat insofern Charme, als dadurch Fachexperten in ihrer Bedeutung – auch bei Personalauswahlentscheidungen – gestärkt werden.

Alternativ dazu ist es denkbar, die Potenziale der jeweiligen Bewerber einzuschätzen. Grundsätzlich kann man auch hier verschiedene Wege gehen. Klassische Wege, sich einen Eindruck über das Potenzial zu verschaffen, sind,

- sich vom Kandidaten sein Potenzial einschätzen zu lassen,
- sich von Dritten über das Potenzial eines Kandidaten berichten zu lassen oder
- sich das Potenzial durch darauf ausgerichtete Verfahren zeigen zu lassen.

Lässt man den Kandidaten sein Potenzial selbst einschätzen, so kann man beispielsweise auf entsprechendes Testmaterial zurückgreifen und strukturierte Potenzialinterviews führen. Ergänzend dazu hat sich die Arbeit mit Edgar Scheins Karriereanker als sehr hilfreich erwiesen. Dazu gibt es ein im Buchhandel erwerbbares Arbeitsheft zur Bestimmung der persönlichen Karriereorientierung (Schein 1998, engl. Ausgabe 2013). Möchte man, dass Dritte über das Potenzial eines Kandidaten berichten, bietet es sich zum Beispiel an, die zuständige Führungskraft zu befragen oder ggf. auch die Aussagen mittels eines 360-Grad-Feedbacks[6] auf einen erweiterten Kreis auszudehnen. Wenn man sich einen persönlichen Eindruck vom Potenzial machen möchte, bieten sich Verfahren an wie z. B. ein Development-Center oder ein Projektleiter-Audit[7].

Mit dem stehenden Konzept fängt die eigentliche Arbeit erst an
Jedes Projekt hat einen definierten Anfang und ein definiertes Ende. Wie bei den meisten Projekten ist es auch mit der Konzeption und Einführung einer alternativen Laufbahn nicht damit getan, dass der Endtermin für das Projekt erreicht wurde. Die eigentliche Arbeit fängt dann sogar erst an, denn ob das Konzept der alternativen Laufbahnen in Ihrem Unternehmen tatsächlich greift, zeigt sich erst im Lauf der Zeit, wenn der Neuigkeitswert des Themas verflogen ist.

So gilt es immer wieder, die Grundidee der alternativen Laufbahnen, wie sie konzipiert wurde, ins Gedächtnis zu rufen, ggf. gegenüber Fehlinterpretationen abzugrenzen und dem Sinn nach zu bewahren. Gleichzeitig ist es immens wichtig, dass Vereinbarungen nicht durch gut gemeinte Überlegungen konterkariert werden.

Aber auch für die Personalarbeit ergibt sich aus dem Konzept der alternativen Karrierepfade eine Vielzahl möglicher Auswirkungen. So fordern die neuen Karrierewege ein Umdenken und Aufgeschlossenheit in Rekrutierungsprozessen. Die Personalarbeit der Zukunft ist aufgefordert, zunehmend »buntere« Werdegänge zu akzeptieren, die Erfahrungen aus unterschiedlichen Bereichen umfassen. Flexibilität und die

---

6   Bei einem 360-Grad-Feedback erhält ein Feedbacknehmer von verschiedenen Personen aus seinem Wirkungskreis eine Rückmeldung. In der Regel handelt es sich bei den Feedbackgebern um eine Führungskraft sowie die unterstellten Mitarbeiter und Kollegen auf gleicher Ebene (zumeist aus einem vorgelagerten und einem nachgelagerten Arbeitsgebiet). Es ist möglich, dass auch externe Personen (z. B. Kunden oder Zulieferer) in das 360-Grad-Feedback einbezogen werden.

7   Der Begriff »Audit« steht eigentlich für die Buchprüfung, hat aber einen hohen Verbreitungsgrad im Rahmen der Überprüfung der Qualitätszertifizierung nach ISO und umfasst praktisch die Feldbeobachtung und Überprüfung, ob Vorgaben und Standards wie definiert eingehalten werden. Unter einem »Projektleiter-Audit« versteht man jedes Verfahren, das geeignet ist zu überprüfen, ob Projektleiter ihre Ziele und Vorgaben erreichen bzw. die Projektleiterrichtlinien erfüllen. Klassische »harte« Beobachtungsgrößen sind Zielerreichungsgrade wie Budgeteinhaltung, Termintreue usw. »Weiche« Größen sind beispielsweise die Fähigkeit, Konflikte zu lösen, Kommunikation zu steuern oder auch in Zeiten großer Belastung die Übersicht zu behalten.

Berücksichtigung individueller Profile sind angesagt. Wer sowohl Kunden beraten hat, in Projekten Erfahrung sammeln konnte, Führungsverantwortung besitzt oder gar eine Zeit als Selbstständiger gearbeitet hat, wird neuen Herausforderungen in anderer – um nicht zu sagen: besserer – Weise gewachsen sein, als diejenigen, die sich starr an einem überholten Karrierepfad orientiert haben. Karrierewege neu denken – das heißt Offenheit für Vielfalt und Individualität. Es gilt, Werdegänge neu zu bewerten, Auswahlkriterien daraus abzuleiten und neu zu definieren.

Auf die Bewerber hingegen kommt die Herausforderung zu, den roten Faden im eigenen Lebenslauf zu entdecken und diesen nach außen zu kommunizieren.

Alternative Karrierepfade sind eine spannende und herausfordernde Aufgabe für Mitarbeitende sowohl in den HR-Bereichen wie auch auf der Bewerberseite.

Für Ihre Praxis

- Bei uns gibt es noch keine Fachkarriere. Für folgende Funktionen wäre das eine echte Alternative zur Führungskarriere:

_____

_____

_____

_____

_____

_____

_____

_____

_____

_____

- Wir haben eine Fachkarriere. Was müssten wir noch einmal überdenken?

_____

_____

_____

_____

_____

_____

_____

_____

_____

- Wenn wir eine Fachkarriere bei uns etablieren wollen, worauf ist dann besonders Wert zu legen?

_____

_____

_____

_____

_____

_____

_____

_____

_____

_____

4.3   Die Projektleiterlaufbahn

Projekte gewinnen in der täglichen Arbeit der Unternehmen immer mehr Bedeutung und: Projektleiter tragen immer höhere Verantwortung. Dennoch werden diese Funktionen oftmals mit Linienmanagern besetzt. Diese haben nur selten ausreichend Zeit zur Verfügung, um ein Projekt neben ihrer originären Führungsaufgabe optimal zu steuern. Nicht selten fehlt es darüber hinaus an der entsprechenden Projektleitungskompetenz.

Die Projektleiterlaufbahn stellt daher neben der Fach- und der klassischen Führungslaufbahn einen sich zunehmend durchsetzenden dritten Weg der Karriere im Unternehmen dar, der jedoch vor allem aufgrund der zeitlichen Begrenzung der Projekte besondere Herausforderungen mit sich bringt. Zwangsläufig geht ein Projekt einmal zu Ende. Zentral ist dann zum Beispiel die Frage: »Was geschieht nach dem Ende eines Projekts mit dem Projektleiter?« Während ein Experte – auch nach einer erledigten Aufgabe – ganz selbstverständlich seinen Status als Experte beibehält, ist die Beantwortung der oben gestellten Frage gerade bei Projektleitern nicht immer so einfach.

Wann immer eine Projektleiterkarriere als feststehende Institution eingerichtet wird, empfiehlt es sich, dass die gewählte Funktionseinordnung bestehen bleibt, auch wenn ein Projekt beendet ist und der betroffene Mitarbeitende eventuell für eine bestimmte Zeit wieder in die Linienfunktion wechselt. Das heißt selbstverständlich auch, dass die mit dem Karriereschritt verknüpften Privilegien erhalten bleiben. Bei der Bestimmung des Volumens von Projektleiterkarrieren ist daher – ähnlich wie bei der Auswahl von Nachwuchskräften – genau zu betrachten, wie viele Projektleiter der jeweiligen Rangstufe in Zukunft wahrscheinlich benötigt werden.

Neben der Fachlaufbahn ist die Projektleiterlaufbahn eine Alternative für Organisationen, in denen
- das Kerngeschäft in Projekten organisiert ist – hier sitzen die Projektleiter auf festen Planstellen und bearbeiten ein Projekt nach dem anderen oder auch mehrere kleinere Projekte parallel – oder
- es neben der rein funktionalen Bearbeitung des Geschäfts übergreifende Projekte gibt – hier ist die Projektleitertätigkeit als Rolle zu verstehen. Der Mitarbeitende bearbeitet das Projekt entweder zusätzlich zur Linienverantwortung oder er wird an ein Projekt »ausgeliehen«. In diesem Fall geht der Mitarbeitende nach Projektabschluss wieder zurück in die Linie.

Was ist ein Projekt?

Schaut man sich verschiedene Organisationen und die tägliche Arbeit an, gewinnt man gelegentlich den Eindruck, dass es kaum noch »normale« Aufgaben gibt, sondern nahezu jedes Thema in Projektform bearbeitet wird. Nach verschiedenen Quellen (IPMA, DIN 69901 etc.) wird ein Projekt durch folgende Kriterien gekennzeichnet:

- Einmaligkeit – bezogen auf die konkreten Rahmenbedingungen
- spezifisches Arbeitsergebnis – in Abgrenzung zu wiederkehrenden Tätigkeiten hat das Projekt ein eindeutig beschriebenes Ziel mit einem definierten Qualitätsanspruch
- zeitliche Begrenztheit – ein Projekt hat einen Anfang und ein Ende
- finanzielle Begrenztheit – ein Projekt hat ein im Vorfeld festgelegtes Budget
- personelle Begrenztheit – ein Projekt umfasst den Einsatz mehrerer Personen

Eine Definition, was in Ihrem Unternehmen unter einem Projekt im Sinne der Projektleiterlaufbahn verstanden wird, ist wichtig. So können Sie besser verdeutlichen, wer für sich diesen alternativen Karrierepfad überhaupt beanspruchen kann.

Wie viele Stufen sind in der Projektleiterkarriere notwendig?

Auch in der Projektleiterlaufbahn ist festzulegen, wie viele Ebenen für die Abbildung der unterschiedlich großen Projektleiterjobs notwendig sind. Das kann sich beispielsweise aus einer Projektklassifizierung ergeben. Dabei gibt es Kriterien, wann ein Projekt ein A-, B- oder C-Projekt ist. Somit kann hergeleitet werden, wie viele Level Sie benötigen. Gesetzt den Fall, man kann immer nur ein Projekt einer bestimmten Größenordnung ausführen, hätten Sie folglich drei Level.

Wichtig bei der Gestaltung der alternativen Karrierepfade ist die Vergleichbarkeit der Level eben dieser alternativen Karrierepfade mit den Leveln der Führungskarriere. Die Führungskarriere muss mit ihren Stufen parallel neben den Stufen der alternativen Karrierepfade stehen, wenn Sie Gleichwertigkeit erreichen möchten. Darüber hinaus empfehlen wir, die Rangstufen der alternativen Laufbahnen in der maximal erreichbaren »hierarchischen« Höhe zu begrenzen – idealerweise bis maximal unterhalb der Geschäftsleitung. Letztlich ist die Anzahl der Rangstufen kein Dogma, sondern muss sich stimmig in Ihre Organisation einfügen.

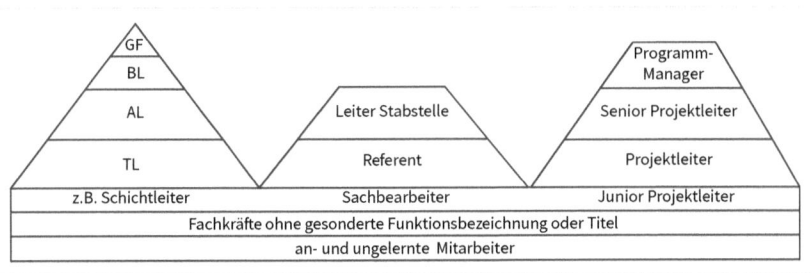

Parallelität und Rangstufen von Karrierepfaden

Wie definiert man die Anforderungen an die einzelnen Stufen?

Damit die Anforderungen für die Mitarbeitenden transparent sind und um sicher zu sein, dass die Vertreter der Fachbereiche und der HR-Bereich ein gleiches Verständnis hinsichtlich der zu erfüllenden Kriterien haben, hat es sich bewährt, mit einer Anforderungsmatrix zu arbeiten, um darin den Anspruch an die einzelnen Level zu beschrei333ben. Schematisch haben wir für Sie eine fiktive Anforderungsmatrix skizziert. An Ihr Unternehmen angepasst, können Sie diese nutzen.

	Projektleiter	Senior Projektleiter	Programm-Manager
Berufserfahrung	• mind. 5 Jahre, davon mind. 2 als Junior Projektleiter • mind. 2 abgeschlossene C- Projekte, erste Erfahrung mit B-Projekten	• mind. 7 Jahre Gesamterfahrung als Projektleiter oder Teamleiter • mind. 5 abgeschlossene Projekte der Kategorien B oder A	• mind. 10 Jahre Gesamterfahrung als Projektleiter oder Abteilungsleiter • mind. 7 abgeschlossene Projekte der Kategorie A, Multiprojektmanagement
Bekanntheitsgrad/Netzwerk	Netzwerk vor allem national über alle Hierarchieebenen mit ersten Kontakten international	internationales Netzwerk in Entwicklungs- und Produktionsstandorten; bekannt auch bei lokalen Werkleitern und Geschäftsführern	• internationales Netzwerk in Entwicklungs- und Produktionsstandorten • gefragter Ansprechpartner konzernweit auch für den Vorstand • wird für externe Tagungen und Konferenzen angefragt

	Projektleiter	Senior Projektleiter	Programm-Manager
Budget/Umsatz	Budget: ca. 1 Mio. Euro Umsatz: ca. 5 Mio. Euro	Budget: ca. 3 bis 7 Mio. Euro Umsatz: 30 bis 35 Mio. Euro	Budget: ca. 10 Mio. Euro Umsatz: ca. 50 Mio. Euro
Projektkategorie	C, teilweise B	B und A	A
Internationalität/Mobilität	erste Erfahrung mit internationalen Projektteams	• mehrere Projekte mit internationalen Projektteams • Bereitschaft zu gelegentlichen internationalen Dienstreisen	• Auslandserfahrung durch längere Aufenthalte vor Ort; alternativ durch internationale Projekte • Bereitschaft zu häufigen internationalen Dienstreisen
Projektleiterzertifizierung nach IPMA	Level D	Level C	Level B

Anforderungsmatrix Projektleiterlaufbahn

Idealerweise ergänzen Sie die Anforderungsmatrix noch um die Kompetenzen, die für einen erfolgreichen Projektleiter in Ihrem Unternehmen notwendig sind. Zum Beispiel:
• wirtschaftliches Denken und Handeln
• Analysefähigkeit
• Zielorientierung
• Leadership
• Projektmanagementkompetenz

Aber wie kann man diese Kompetenzen konkret entwickeln? Auch hier unterstützen wir gern mit Anregungen. Wir haben in »Kompetenzen wirksam entwickeln« (Sieber Bethke/Klein 2020) die oben genannten Kompetenzen ausführlicher betrachtet und Maßnahmen für die Entwicklung beschrieben. Für Analysefähigkeit und wirtschaftliches Denken und Handeln stellen wir hier einige Maßnahmen vor (Sieber Bethke/Klein 2020, S. 61 und 211). Sie finden sie auch bei den »Digitalen Extras«.

Analysefähigkeit

DIGITALE EXTRAS

On the job

- Erlernen Sie mindestens zwei analytische Methoden (z. B. Ishikawa, SWOT etc.). Wenden Sie für die nächsten vier Wochen jede Woche mindestens eine Methode einmal an.
- Suchen Sie sich jedes Jahr mindestens einen Prozess in Ihrem beruflichen Umfeld, den Sie analysieren und für den Sie mit Kollegen oder Kunden des Prozesses Verbesserungen erarbeiten. Kümmern Sie sich auch um die Umsetzung der Verbesserungen.
- Etablieren Sie eine »Reinvent our products«-Initiative. Analysieren Sie von vorn, was der Kunde braucht und wie davon ausgehend ein Produkt aussehen könnte.

Off the job

- Trainieren Sie diese Woche das Zusammenfassen von Sachverhalten, indem Sie jeden Abend eine Kurzzusammenfassung des Tages schreiben. Schreiben Sie nicht mehr als fünf Sätze.
- Kommentieren Sie einen aktuellen Internet-Post, indem Sie für sich das Thema strukturieren und faktenbasiert bearbeiten. Überprüfen Sie Ihren Kommentar und veröffentlichen Sie ihn.
- Besuchen Sie in Ihrer Stadt öffentliche Diskussionszirkel – diskutieren Sie mit! Zur Not tut es auch die Gemeinderatssitzung, die Sitzung in Ihrem Verein etc.

Wirtschaftliches Denken und Handeln

DIGITALE EXTRAS

On the job

- Nehmen Sie sich jede Woche 30 Minuten Zeit, um die zentralen Medien Ihrer Branche zu lesen. Was sind die derzeit bestimmenden Themen? Besprechen Sie diese mit Ihrem Vorgesetzten.
- Beschäftigen Sie sich quartalsweise mit den aktuellen Finanzkennzahlen Ihres Unternehmens z. B. anhand von Quartalsberichten oder indem Sie sich einen Ansprechpartner suchen, der Ihnen dabei weiterhelfen kann.
- Suchen Sie in Ihrem Tätigkeitsfeld die Top-3-Themen, die sofort einen kleinen Nutzen hinsichtlich Wirtschaftlichkeit bringen würden, z. B. Vermeidung von Verschwendung, kleine Prozessverbesserungen, Vermeidung von Doppelarbeit etc.

Off the job

- Legen Sie sich ein breites wirtschaftliches Verständnis zu, indem Sie am besten täglich mindestens zehn Minuten Nachrichten hören/lesen.
- Trainieren Sie, vor privaten Anschaffungen eine genaue Kosten-Nutzen-Analyse durchzuführen. Wie lösen Sie den Konflikt zwischen Qualität und Kosten?
- Werden Sie Kassenwart des Golfclubs und investieren Sie die Gelder gewinnbringend.

Wie gestaltet man ein Auswahlverfahren?

Im Kapitel 4.1 zur Führungskarriere haben wir bereits einen Einblick in die Gestaltung eines AC/DC gegeben. Grundsätzlich können Sie auf diese Weise auch Auswahlverfahren für die Projektleiterlaufbahn gestalten.

Wenn Sie einen stimmigen Auswahlprozess erarbeiten möchten, empfehlen wir Ihnen,

- eine **Anforderungsmatrix** als Grundlage zu nutzen.
- wenn möglich, mit einem **festen Beobachterpanel** (inkl. Stellvertretern) zu arbeiten. So schaffen Sie nicht nur Effizienz im Prozess, sondern auch noch mehr Sicherheit, dass sich ein einheitlicher Maßstab einspielt. Es versteht sich von selbst, dass die Beobachter hinsichtlich Projektmanagement-Know-how sachkundig sein müssen und/oder aus unmittelbaren Schnittstellenbereichen des Projektleiters kommen.
- festzulegen, **wann ein Auswahlverfahren** stattfindet: immer dann, wenn eine Position zu besetzen ist oder innerhalb eines festen zeitlichen Korridors im Jahr – ohne konkrete Zielposition (damit schaffen Sie einen Pool, aus dem zukünftige Positionen besetzt werden können)?

Exemplarisch für die Projektleiterlaufbahn stellen wir Ihnen das Design eines Einzel-ACs vor, das auf etwa zwei bis drei Stunden angelegt werden kann. Wie bei der Führungslaufbahn müssen Sie auch bei einem Projektleiter-AC vorab eine Beobachtermatrix entwerfen, um die zu prüfenden Kompetenzen zu identifizieren. Darauf aufbauend kann man ein effizientes Einzelverfahren wie folgt gestalten:

- **Schritt 1:** Die Zulassung zum AC erfolgt nur über eine Empfehlung des Linienvorgesetzten und eines anderen, hierarchisch höhergestellten Projektleiters. Die Empfehlung beinhaltet die Bestätigung vorangegangener Projekterfolge sowie eine Referenz hinsichtlich der geforderten Kompetenzen.
- **Schritt 2:** Der Projektleiter bereitet eine Selbstpräsentation mithilfe eines aktuellen oder eines vergangenen Projekts vor. Diese Aufgabe erhält jeder Projektleiter mit ausreichendem zeitlichem Abstand vor dem Einzel-AC sowie ein bis zwei Reflexionsfragen. Auch die Vorstellung des Werdegangs ist möglich. Sie werden rasch ein Gefühl für die Qualität der Präsentationen bekommen und können so ihren Maßstab festlegen.
- **Schritt 3:** Sie erarbeiten einen Interviewleitfaden, der die Kompetenzen inkl. der dazugehörigen Fragen (mit denen Sie die Kompetenzen erfragen können), Platz für Notizen und eine Bewertungsskala beinhaltet. Den Interviewleitfaden kön-

nen Sie so immer wieder nutzen und stellen sicher, dass nichts vergessen wird und der Schwierigkeitsgrad für den Teilnehmer ungefähr vergleichbar bleibt.

- **Schritt 4:** Im Verfahren selbst gehen Sie gemeinsam die Präsentation durch (Teil 1) und stellen ausreichend Fragen, um eine Einschätzung zu den Kompetenzen geben zu können (Teil 2).
- **Schritt 5:** Im Anschluss besprechen Sie direkt vor Ort mit den anderen Beobachtern Ihre Einschätzung und geben dem Kandidaten ein kurzes Feedback und natürlich eine Rückmeldung, ob es für die Beförderung reicht.
- **Schritt 6:** Sie erarbeiten einen kurzen Ergebnisbericht (eine Seite) und schlagen konkrete Entwicklungsmaßnahmen vor.
- **Schritt 7:** Die Beförderung wird umgesetzt.

Kann der Mitarbeitende zwischen den Karrierepfaden hin und her wechseln?
Weiterhin ist die Durchlässigkeit der Laufbahnen zueinander festzulegen und in der Organisation transparent zu machen. Hierzu eine praktische Fragestellung, wie sie im Kontext der Laufbahnen entstehen kann:

Beispiel

Max Mustermann ist heute Leiter einer Stabsstelle in Ihrer Organisation. Er hat dort einige Jahre Erfahrung gesammelt und möchte nun etwas anderes machen. In der Kundeneinheit Ihres Unternehmens ist die Stelle als Senior Projektleiter zu besetzen. Wie Sie oben in der Abbildung »Parallelität und Rangstufen von Karrierepfaden« sehen können, ist der Job des Senior Projektleiters auf gleicher Höhe mit seiner heutigen Position. Ist dieser Wechsel aus Ihrer Sicht möglich?

- **Ja,** es ist sogar nur ein Sidestep für den Mitarbeitenden, warum sollte er nicht wechseln können?
  Zur Reflexion: Wenn der Leiter der Stabsstelle bis heute noch kein einziges Projekt geleitet hat, weshalb würden Sie ihm dann den Weg auf diese Position ermöglichen? Wie sollte er die »entgangene« Erfahrung nachholen? Personalentwicklung kann trainieren und unterstützen, aber sie kann nicht Erfahrung kompensieren. Welche schlüssige Erklärung hätten Sie für den Wechsel in der Organisation?
- **Nein,** wer in einer anderen Laufbahn weiterkommen möchte, muss erst einmal mindestens einen Schritt zurückgehen, um dann wieder weiter aufsteigen zu können. Nur so kann die Qualität innerhalb der Laufbahnen sichergestellt werden.
  Zur Reflexion: Inhaltlich ist diese Position vollkommen nachvollziehbar. Nur leider werden Sie damit auf enormen Widerstand Ihrer Fachbereiche stoßen. Wir groß ist die Chance, dass Sie damit ein motivierendes Umfeld für Mitarbeitende und deren Entwicklung schaffen?

- **Jein,** der Wechsel kann dann ermöglicht werden, wenn der Mitarbeitende vorab ein Assessment-Center besteht und seine Eignung für die Position unter Beweis gestellt hat. **Zur Reflexion:** Das könnte ein praktikabler Weg sein, der Anerkennung in der Organisation findet. Voraussetzung dafür ist, dass ein AC kein Schattenboxen ist und der Ausgang des AC tatsächlich über den Stellenwechsel entscheidet. Zu erklären ist dann noch, warum bei Wechseln auf gleicher Ebene noch einmal die Eignung überprüft wird. Unter Umständen hat der Leiter der Stabsstelle schon einmal ein AC für seine aktuelle Position durchlaufen.

Wie Sie sehen, gibt es für diesen und ähnlich gelagerte Fälle nicht die eine, richtige Antwort. Wichtiger ist hierbei, dass transparent ist, wie mit diesen praktischen Fragestellungen in Ihrer Organisation umgegangen wird.

Wie kann man Mitarbeitende bei der Suche nach den eigenen Karrierepräferenzen unterstützen?
Es gibt viele Fragebögen und Tests, die Mitarbeitenden helfen können herauszufinden, welchen Karriereweg sie gehen möchten. Wir haben gute Erfahrungen mit dem Karriereanker von Edgar Schein gemacht und möchten Ihnen diesen etwas näherbringen (vgl. Schein 1998 und 2013).

Beim Karriereanker handelt es sich um ein aus dem Amerikanischen übersetztes Analyseinstrument, das von Edgar H. Schein entwickelt wurde und nunmehr seit fast 20 Jahren erfolgreich in Unternehmen eingesetzt wird. Ein Fragebogen und ein Gespräch in Form eines Interviews sollen dabei helfen, den persönlichen Karriereanker zu ermitteln. Der Nutzer erhält Anregungen, wie sich die persönlichen Werte mit der beruflichen Entwicklung in Einklang bringen lassen. Wenn der Karriereanker erst einmal bekannt ist, dann wird derjenige auch in der Lage sein, Karriereentscheidungen so zu treffen, dass sie sich mit dem, was ihm lieb und teuer ist, sowie der persönlichen Selbsteinschätzung vereinbaren lassen.

Der persönliche Karriereanker setzt sich aus mehreren Elementen zusammen:
- Bereiche, in denen die Menschen besondere Fähigkeiten besitzen
- persönliche Motive und Werte, die die Menschen auf keinen Fall aufgeben möchten

Der Karriereanker gibt einen Einblick in die Persönlichkeit. Ist der Karriereanker unbekannt, so kann sich jemand unter Umständen von äußeren Einflüssen in berufliche Situationen oder zu Tätigkeiten drängen lassen, die sich dann im Nachhinein als unbefriedigend herausstellen. Es entsteht das Gefühl, »das bin ich nicht wirklich ich selbst«.

Unabhängig von der momentanen Funktion oder Tätigkeit werden zukünftige Entscheidungen leichter fallen und fundierter sein, wenn man die eigenen Einstellung zum Thema
Beruf, zu den Beweggründen, zu besonderen Fähigkeiten und Werten besser versteht.

Untersuchungen zu Karriereankern haben ergeben, dass die meisten berufstätigen
Menschen ihr berufliches Selbstbild acht verschiedenen Bereichen zuordnen kön-
nen. Wenn Sie den Test zum Karriereanker einmal machen möchten, empfehlen wir
Ihnen die Durchführung über einen zertifizierten Berater.

Um Sie nicht zu sehr auf die Folter zu spannen, geben wir hier einen Einblick, welche
Karriereanker es eigentlich gibt. Durch Interviews mit mehreren Hundert Befragten in
verschiedenen Stadien ihres Berufslebens wurden acht unterschiedliche Bereiche zur
beruflichen Grundorientierung – also acht unterschiedliche Karriereanker – ermittelt:
- technische/funktionale Kompetenz (TF)
- Befähigung für eine Führungsfunktion (FK)
- Selbstständigkeit/Unabhängigkeit (SU)
- Sicherheit/Beständigkeit (SB)
- unternehmerische Kreativität (UK)
- Dienst oder Hingabe für eine Idee oder Sache (DH)
- totale Herausforderung (TH)
- Lebensstil-Integration (LS)

Bis zu einem bestimmten Grad treffen alle Bereiche auf jeden arbeitenden Menschen
zu. Die Bezeichnung »Karriereanker« deutet auf einen Bereich hin, der für den Be-
treffenden von so großer Bedeutung ist, dass er auf diese Orientierung niemals ver-
zichten würde. Der Betreffende definiert das Bild, das er von sich selbst hat, anhand
dieses Kriteriums, sodass es in jeder Phase des beruflichen Werdegangs zu einem
dominierenden Thema wird.

Die folgenden Kurzbeschreibungen verschaffen Ihnen einen ersten Überblick über
die acht Karriereanker (vgl. Schein 1998, 2013).

Technische/funktionale Kompetenz (TF)
- Kompetenz in einem technischen oder funktionalen Gebiet
- Wunsch nach praktischer Anwendung dieser Kompetenz und Weiterbildung in
  diesem Bereich
- Streben nach fachlichen Herausforderungen

- Bereitschaft zu »fachlicher Führung«, kein Wunsch nach klassischer Führungstätigkeit
- keine Bereitschaft, zugunsten einer Führungsposition in einem anderen fachlichen Ressort zu arbeiten

Befähigung für eine Führungsfunktion (FK)
- Wunsch, Mitarbeitende zu motivieren, Abläufe zu koordinieren und Verantwortung für das Gesamtergebnis zu übernehmen
- Identifikation der eigenen Tätigkeit mit dem Erfolg des Unternehmens
- Interpretation einer momentanen technischen oder funktionalen Position im Unternehmen als notwendigen Zwischenschritt hin zu einer Führungsposition, die auch sparten- oder ressortübergreifend sein kann

Selbstständigkeit/Unabhängigkeit (SU)
- Wunsch nach eigener Steuerung der Arbeit, nach Flexibilität hinsichtlich Arbeitszeiten und der Erledigung der Aufgaben
- Suche nach einer anderen Tätigkeit, wenn diese Anforderungen im Unternehmen nicht erfüllt werden – auch um den Preis, einen Karriereschritt nach oben nicht zu tun
- unter Umständen Gründung eines eigenen Unternehmens, um sich Selbstständigkeit und Unabhängigkeit zu sichern – nicht um unternehmerische Kreativität auszuleben

Sicherheit/Beständigkeit (SB)
- Wunsch nach Arbeitsplatzsicherheit und einer dauerhaften Tätigkeit in einem Unternehmen
- Streben nach finanzieller Stabilität, nach dem Gefühl, »es geschafft zu haben«
- besondere Loyalität zum Unternehmen möglich, eventuell Bereitschaft zu tun, was die Organisation verlangt, wenn dadurch Arbeitsplatzsicherheit garantiert wird
- Inhalt der Tätigkeit oder bestimmte Karrierestufe weniger wichtig, Führungsposition bei Vorhandensein der Qualifikationen aber möglich
- Sicherheit und Beständigkeit als wichtigste Werte im Lauf des Berufslebens und Grundlage für alle Entscheidungen

Unternehmerische Kreativität (UK)
- oberstes Ziel: Gründung eines eigenen Unternehmens
- Vertrauen auf eigene Fähigkeiten, Risikobereitschaft, Ergreifen von Chancen, Überwindung von Hindernissen

- Interpretation eines aktuellen Angestelltenverhältnisses als Zwischenschritt, um Erfahrungen zu sammeln und eigene Chancen einzuschätzen
- mittel- und langfristig Wunsch nach einem eigenen erfolgreichen Unternehmen, um persönliche Fähigkeiten unter Beweis zu stellen

Dienst oder Hingabe für eine Idee oder Sache (DH)
- Wunsch, eine »sinnvolle« Aufgabe zu übernehmen (z. B. im Bereich »Weltverbesserung«, Umwelt, im sozialen Bereich etc.)
- auch Wechsel des Unternehmens möglich, um diese Ziele zu erreichen
- Ausschlagen von Versetzungen und Beförderungen, wenn diese nicht im den Zielen (wertvolle oder sinnstiftende Aufgaben) in Einklang zu bringen sind oder sie sogar von diesen Zielen entfernen

Totale Herausforderung (TH)
- Wunsch nach Lösung scheinbar unlösbarer Probleme, Sieg über scheinbar überlegene Gegner, Überwindung von herausfordernden Hindernissen – »das Unmögliche möglich machen«
- Bandbreite von Herausforderungen:
    - intellektuelle Probleme (für Ingenieure: Lösung herausfordernder Konstruktionsaufgaben)
    - komplexe Situationen (für Unternehmensberater: Unternehmen, die kurz vor der Insolvenz stehen)
    - Konkurrenzsituation (für Profisportler oder Verkäufer)
    - Bewältigen neuartiger Situationen
- schnell Empfinden von Langeweile, wenn Aufgaben zu einfach sind

Lebensstil-Integration (LS)
- Einklang persönlicher, familiärer und beruflicher Bedürfnisse und Anforderungen – Integration zu einem Ganzen, das dem speziellen Lebensstil entspricht
- notwendig: Flexibilität im Beruf
- möglicherweise Verzicht auf Karriereschritte, die z. B. mit einem Umzug verbunden wären, weil sie das Gefüge aus Beruf, Familie und eigenen Interessen verändern würden
- Definition von Erfolg anhand anderer Kriterien als »nur« Erfolg im Beruf – Fokus eher auf gesamte Lebenssituation, bestehend aus Wohn- und Familienverhältnissen, persönlicher Weiterentwicklung etc.

Für Ihre Praxis

- Welche Kriterien müssen bei uns erfüllt sein, damit eine Projektleiterlaufbahn Akzeptanz findet?

- Welche Stakeholder müsste man überzeugen, damit wir uns mit einer Projektleiterlaufbahn ernsthaft auseinandersetzen können?

- Was genau würden wir durch die Projektleiterlaufbahn verbessern?

Im vorangegangenen Kapitel haben wir für Sie die drei großen bekannten Klassiker zusammengetragen – die Führungs-, Fach- und Projektleiterkarriere. Die Führungskarriere ist aus den Unternehmen (noch) nicht wegzudenken und bildet seit Jahrzehnten den klassischen Entwicklungsweg für alle, die mehr wollen. Über die beiden alternativen Karrierepfade haben Sie bereits erfahren, was sie genau ausmacht und welche Gestaltungsprinzipien berücksichtigt werden müssen. Auch wenn sie konventionell erscheinen, kann es nach wie vor gute Gründe geben, sich für Ihr Unternehmen mit diesen Karrierepfaden auseinanderzusetzen. Wenn Sie sich mit Gegenentwürfen zu diesen Entwicklungswegen beschäftigen möchten, hilft Ihnen das folgende Kapitel.

5 From a different point of view: neuere Karrieremodelle und Entwicklungsansätze

Neben der traditionellen Führungskarriere und den klassischen Alternativen in der Fachlaufbahn in ihren verschiedenen Ausprägungen oder der Projektleiterkarriere wurden immer wieder einmal neue Karrieremodelle entwickelt. Wir haben uns dafür entschieden, in diesem Kapitel die Kompetenzkarriere auf der Basis des Kompetenzrades nach Fuchs, den Ansatz der Polyvalenz- und Polykompetenz-Matrix, die Gestaltung von modernen Entwicklungspfaden sowie den Mass-Career-Customization(MCC)-Ansatz von Deloitte darzustellen. Den Abschluss dieses Kapitel bildet eine Zusammenschau mit einer Bewertung der Aspekte, die aus unserer Sicht für die Gestaltung einer New Career von besonderer Bedeutung sind.

5.1 Die Kompetenzkarriere

Die Kompetenzkarriere ist nicht wirklich »brandneu«, jedoch gerät sie unter dem zwischenzeitlich geschärften Verständnis des Kompetenzbegriffs und den Entwicklungen mit Blick auf die Digitalisierung mehr in den Fokus, als dies bislang der Fall war.

Exkurs: Skills versus Kompetenzen

Wir gehen davon aus, dass Sie bereits versiert mit dem Thema Kompetenzen umgehen, und beschränken und deswegen für die Einordnung der nachfolgenden Abschnitte auf die Begriffsdifferenzierung »Skills« versus »Kompetenzen«:

Der Begriff »**Skills**« wird gemeinhin mit »Fähigkeiten« oder »Fertigkeiten« übersetzt. Diese zumeist sehr präzise fassbaren Fähigkeiten und Fertigkeiten beziehen sich überwiegend auf konkrete fachliche (und methodische) Befähigungen, um eine bestimmte Aufgabe professionell zu lösen. Durch die relative Kleinteiligkeit (leicht abgrenzbar) der Skills können diese meist gut und schnell vermittelt werden. Neben standardisierten Möglichkeiten der Skillvermittlung in Präsenz lassen sich die Potenziale von E-Learning sehr gut zur Aneignung von Skills nutzen.

Fachliche, methodische, soziale und personenbezogene **Kompetenzen** reichen weiter als Skills. Eine sehr kompakte Beschreibung von kompetentem Verhalten sagt, es sei das Produkt aus persönlichen Faktoren (konkret: Qualifizierungen, Erfahrung und Motivation) und den organisatorischen Rahmenbedingungen (z. B. den formalen Befugnissen oder der kulturellen Akzeptanz bestimmter Handlungen) (vgl. Kauffeld 2018, S. 15). Kompetenzen sind somit übergreifender und grundsätzlicher, hoffentlich nicht abstrakter als Skills.

In den beiden folgenden Abschnitten skizzieren wir Ihnen die Kompetenzkarriere – zunächst anhand des Kompetenzrades nach Fuchs und danach die Polyvalenz- und Polykompetenzmatrix.

Das Kompetenzrad nach Fuchs
Die Pyramide war – und ist – das vorherrschende Bild von Karriere in Organisationen. Es zeigt durch die geometrische Form die Verteilung von Macht und Aufstieg, wobei mit zunehmender Höhe – im Vergleich zur Basis – der Platz immer weniger wird. Was dabei oftmals vergessen wird, ist die geschichtliche Perspektive, nämlich dass auf Pyramiden oftmals Menschen geopfert oder – wie bei den Ägyptern – Menschen darin begraben wurden (Fuchs/Fuchs 2008, S. 69).

Im übertragenen Sinn gilt das auch heute noch: Jeder Personaler kennt eine Geschichte, in der der beste Fachmann zur Führungskraft gemacht wurde und so eine schlechte Führungskraft gewonnen wurde und eine gute Fachkraft verloren gegangen ist. Im denkbar schlechtesten Fall haben die Wirkkraft der Organisationseinheit und die individuelle Zufriedenheit aller Beteiligten erhebliche Einbußen erfahren. Genauso wenig schön ist es, wenn der Prozess rückgängig gemacht werden muss und verletzte Eitelkeiten, Gesichtsverlust und subjektiv empfundene Erniedrigung zu einer Trennung führen. Solche Probleme lassen sich laut Fuchs/Fuchs vermeiden, wenn Karriere eben nicht mehr als hierarchisches Modell konstruiert wird.

Ob es aber wirklich die Hierarchie ist, die für »alle« so attraktiv ist, darf erheblich in Zweifel gezogen werden. In Dutzenden von Interviews zeigt sich immer wieder, dass es oft die Annehmlichkeiten der Hierarchie sind, die vielen attraktiv erscheinen – weniger die Position selbst oder gar die damit verbundene Aufgabe und Verantwortung an sich.

Interessanterweise kommt die TÜV-Studie mit dem Thema »Das Dilemma der Ingenieurkarrieren in Deutschland« zu einem sehr ähnlichen Schluss: Junge Ingenieure wollen oftmals als Ingenieure arbeiten, in dem Gebiet, das sie studiert haben, und auch erfahrene Ingenieure sind oftmals in erster Linie an der Ausübung ihrer fachlichen Tätigkeit interessiert. Das häufig genannte Motiv, um eine Führungskarriere in der Hierarchie einzuschlagen, ist vielfach dadurch motiviert, dass nur die Führungskarriere einen entsprechenden Entgeltzuwachs sowie die Teilnahme an fachgebietsübergreifender Entwicklung erlaubt und gerade bei den erfahrenen Ingenieuren mögliche Entscheidungsfreiheiten und Ressourcen in Aussicht stellt.

Eine traditionelle Metapher für Karriere ist die Leiter: Sprosse um Sprosse geht es darum, den Aufstieg im Laufe des Berufslebens zu vollziehen. Wer nicht weiterkommt, ist »stehen geblieben«. Ist der Aufstieg auf der Karriereleiter damit alternativlos? Fuchs/Fuchs sagen Nein.

Als Ausgangspunkt skizzieren die Autoren das Unternehmen der Zukunft. Hier ist der Kunde Arbeitgeber und Mitarbeitende und Vorgesetzter agieren auf Augenhöhe. Der Chef steht somit nicht mehr über dem Mitarbeitenden, sondern hinter ihm und stärkt ihm den Rücken. Die Führungsarbeit ist – in Anlehnung an Friedrich den Großen, der sich als den »ersten Diener des Staates« bezeichnete – Dienstleister und nicht mehr Hierarch. Und in diesem Verständnis ist auch Karriere nicht mehr auf die 10 Prozent Führungshierarchie innerhalb eines Unternehmens beschränkt, sondern bietet Optionen für alle Mitarbeitenden, »wertvoller« zu werden, zum Beispiel weil man einen größeren Wert für den Kunden schafft, eine größere Komplexität beherrscht oder – einfach gesprochen – eben mehr kann und somit einen Mehrwert für das Unternehmen darstellt (Fuchs/Fuchs 2008, S. 11).

In der folgenden Übersicht sehen Sie das alte Bild der Hierarchie-Karriere im Vergleich zum gewandelten Karriereverständnis der Kompetenz- bzw. Know-how-Karriere.

Alt: Hierarchie-Karriere	Neu: Know-how-Karriere
Karriere hieß früher: groß werden durch Aufstieg auf einer Leiter zulasten anderer	Karriere heißt in Zukunft: groß werden durch Wachsen der persönlichen Kompetenzen zum Nutzen anderer
In traditionellen Unternehmen gab es für Karriere nur eine Richtung – nach oben auf einer Leiter mit vielen Sprossen und Teilsprossen, damit man in seinem Leben möglichst viele Beförderungserlebnisse hatte. Man musste Menschen unter sich bekommen – und zwar möglichst viele. Gute Fachleute wurden in Führungsaufgaben gezwängt, damit man ihnen ein angemessenes Gehalt geben konnte. Denn für produktive Aufgaben war per Tarif nicht so viel Geld vorgesehen. Das Ergebnis waren häufig Menschen, die nicht als echte Führungskräfte und auch nicht mehr als Fachexperten ihr Geld wert waren und dann den Lean-Prozessen zu Tausenden zum Opfer fielen und fallen.	Das Ziel einer Know-how-Karriere ist, wertvoller zu werden durch marktfähige Kompetenz, das heißt durch Mehrfachqualifikation, kommunikative Kompetenz und Bereitschaft zur Eigenverantwortung. Älter wird man von selbst – es gilt aber auch, wertvoller zu werden – für Kunden und Kollegen. Dazu genügt es nicht mehr, eine Ausbildung zu machen und dann seinen Job darauf auszurichten. Das Arbeitsleben ist jetzt zu lang geworden für nur einen Beruf. In Zukunft wird jeder drei bis sechs Berufe während seines Lebens erlernen und erleben. Die Unternehmen können im Zeitalter von Dynamik und Wandel keine Sicherheit mehr geben für einen lebenslangen Arbeitsplatz. Sie sind aber verpflichtet, Rahmenbedingungen zu schaffen für lebenslanges Lernen und eine Know-how- Karriere: »Lifelong Employability« statt Lifelong Employment«.

Wandel der Karriereverständnisse (Quelle: Fuchs/Fuchs 2008, S. 138)

Mitarbeitende und Unternehmen müssen nicht nur für die Entwicklung der Kompetenzen, die für eine Know-how-Karriere notwendig sind, Sorge tragen, es braucht einen Orientierungsrahmen über die Kompetenzen, die einen Mitarbeitenden für das Unternehmen wertvoll machen – die Verzahnung mit Unternehmenszielen, -strategien etc. Bei CSC Ploenzke wurde dies in Form des Kompetenzrades von Fuchs, der dort Leiter der HR war, abgebildet:

Die Branchenkompetenz (linke Seite) und die Technologiekompetenz – branchenübergreifend (rechte Seite) – dokumentieren in Grundzügen die Kompetenzen für das IT-Beratungsunternehmen CSC Ploenzke. Die »Speichen« des Rades, die einzelnen Kompetenzen, wurden hier durch das Unternehmen festgelegt und sowohl Ist-Stand als auch Interessen des Mitarbeitenden und mögliche Entwicklungsfelder werden zwischen Mitarbeitenden und Führungskraft besprochen, wobei die drei Kreissegmente die Expertisestufe von Kenner über Könner zum Experten gliedert.

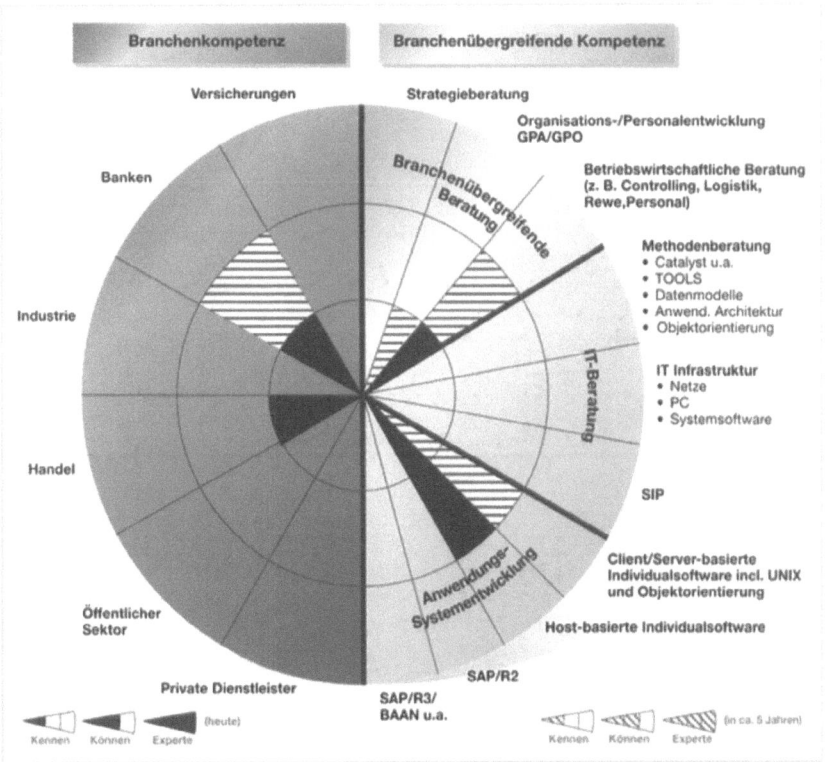

Das Kompetenzrad nach Fuchs (Quelle: https://media.springernature.com/original/springer-static/ image/chp%3A10.1007%2F978-3-658-16872-8_4/MediaObjects/285107_3_De_4_Figd_HTML.gif)

Der besondere Charme des Modells liegt mit Sicherheit in der kreisartigen Darstellung und der Aussage, dass es darum geht, »Fläche« zu gewinnen. Dabei ist es zunächst einmal nachrangig, ob es sich um eine Vertiefung in einem bestehenden Kompetenzfeld handelt oder um eine Erweiterung des gegenwärtigen Kompetenzprofils um zusätzliche Segmente. Diese Komponente kann mit Blick auf die Implementierung eines neuen Karriere-Mindsets – weg von der Hierarchie – gar nicht hoch genug eingeschätzt werden.

Nun ist es nicht zwingend, das Kompetenzrad für das eigene Unternehmen so zu strukturieren, wie es für Ploenzke richtig war. Es geht eher um den Beitrag des visuellen Modells. Wie dies letztlich gefüllt wird, muss unternehmensspezifisch beantwortet werden. Ein eher allgemeines Muster finden Sie in der nachfolgenden Abbildung.

Fachkompetenzen
Produktentwicklung
Analytisches Denken und Handeln
Vertriebssteuerung
Kommunikationsfähigkeit
Vergütungssysteme
Persönliche/soziale Kompetenz
Dienstleistungs-, Kundenorientierung
Kostenmanagement
Kontaktfähigkeit
Projektmanagement
Prozessanalyse
Strategiefindung
Methodenkompetenzen

Legende: Ist-Profil

Kenner   Könner   Experte

Allgemeines Kompetenzrad

Was ist der Nutzen für die Organisation? Unterschiedliche Kombinationen von Kompetenzen in ihren individuell-spezifischen Ausprägungsgraden könnten für Unternehmen einen vergleichbaren Wert haben: Ob jemand als Experte beispielsweise über Spezialwissen und praktische Expertise verfügt oder eher generalistisch aufgestellt ist, also umfassendes Breitenwissen hat, das nicht besonders tief ausgeprägt ist, kann von einem Unternehmen durchaus gleichermaßen anerkannt (und honoriert) werden. Dass es dabei von entscheidender Bedeutung ist, dass das Modell, das gesprochene Wort und die erlebbare Wirklichkeit zwingend synchronisiert sein müssen, ist allerdings ein in der Literatur wenig beleuchtetes Erfolgskriterium.

Das Kompetenzrad bietet außerdem die Möglichkeit, den unterschiedlichen Interessen von Menschen an ihrer Entwicklung Rechnung zu tragen (Wissen vertiefen, etwas Neues lernen, unterschiedliche Handlungsfelder kennenlernen etc.). Der besondere Charme dieses Kompetenzmodells ist, dass sich über die Befüllung der Flächensegmente eine Vergleichbarkeit z. B. der Spezialisten mit den Generalisten argumentieren lässt.

Und aus unserer Sicht eines der stärksten Motive für das Kompetenzrad: Es befreit die Vorstellung von Karriere und Entwicklung vom Bild der Pyramide (oder der Leiter).

Die Polyvalenz- und Polykompetenzmatrix
Auch in Aufgabenbereichen, die sich durch eine hohe Standardisierung auszeichnen und deren Erfüllung noch durch ein klar umrissenes Skillset geprägt ist – beispielsweise in den Produktions- und Fertigungsbereichen – ist aus arbeitswissenschaftlicher Sicht Abwechslung und Ganzheitlichkeit bei der Bearbeitung der Aufgaben wichtig für die Arbeitszufriedenheit, den Motivationserhalt und die Produktivität. Nicht zu vergessen ist, dass die dort tätigen Menschen auch den Wunsch nach Entwicklung oder Karriere haben.

Die in der Automotive-Industrie und bei den OEMs weitverbreitete Polyvalenz- und Polykompetenzmatrix (oftmals auch fälschlicherweise als »Qualimatrix« bezeichnet) ist ein Instrument zur Planung, Steuerung und Kontrolle der Mitarbeitereinsatzflexibilität.

Begriffsklärung
Der Begriff »Polyvalenz« steht dabei für die Beherrschung der Tätigkeiten an mehreren Arbeitsplätzen und der Begriff »Polykompetenz« für unterschiedliche Kompetenzen, die zur Bewältigung der Anforderungen an den einzelnen Arbeitsplätzen erforderlich sind.

Polyvalenz und Polykompetenz in der Praxis
In vielen Unternehmen wird das Instrument der Mitarbeitereinsatzflexibilität von Führungskräften z. B. in Produktions- und Fertigungsbereichen genutzt, um Schichten zu planen, Mitarbeitende gezielt einzusetzen und v. a. um sowohl beim Einzelnen als auch in der Organisationseinheit sicherzustellen, dass alle qualifikatorischen Voraussetzungen oder alle erforderlichen Fähigkeiten und Fertigkeiten (Skills) vorhanden sind, um den Anforderungen des Arbeitsplatzes zu entsprechen. Unter Zuhilfenahme solcher Polyvalenz- und Polykompetenzmatrizen können Mitarbeitende selbstgesteuert oder Führungskräfte auf einen Blick anhand der Kompetenzen (eigentlich Skills, fallweise auch Qualifikationen) der Mitarbeitenden deren Einsatzmöglichkeiten erkennen und bei der Arbeitsplanung berücksichtigen.

Betrachtet man spaltenweise die einzelnen Mitarbeitenden des Beispiels oben, so erkennt man auf einen Blick z. B.,
* ob es sich eher um einen Generalisten oder einen Spezialisten handelt,
* den aktuellen Ist-Stand der individuellen Kompetenz des Mitarbeitenden,

- die jeweils aktuellen Lernthemen,
- die Lernbedarfe und
- v. a. potenzielle Einsatzmöglichkeiten.

Beispiel

Der Mitarbeiter Bertram B. ist tendenziell Spezialist für die Aufgabe »Umrühren«, wobei er aber (noch) nicht in der Lage wäre, andere einzuarbeiten. Daraus ergibt sich bereits seine wesentliche Einsatzmöglichkeit. Darüber hinaus lernt er derzeit, Zucker und Kaffee in die Tasse einzufüllen und Milch einzugießen. Außerdem liefert der zeilenweise Blick wertvolle Erkenntnisse über

- die Prozessstabilität mit Blick auf die erforderlichen Kompetenzen,
- mögliche Indikatoren für die Ursachenanalyse bei der Behebung von Qualitätsmängeln und
- die thematische und personelle Lokalisierung von Schulungs- und Entwicklungsbedarf,
- sog. Kopfmonopole, also die Identifikation derjenigen Mitarbeitenden, die sozusagen »exklusiv« über ein bestimmtes Know-how verfügen.

So lässt sich feststellen, dass Dieter D. in der Lage ist, Mitarbeitende in die Aufgabe »Tasse vorbereiten« einzuarbeiten. Nur zwei weitere Mitarbeitende beherrschen diese Aufgabe in Qualität und Zeit. Dies ist bei der Personaleinsatzplanung und unter Berücksichtigung von Krankheit, Urlaub und Mehrschichtverfahren ein Risikopotenzial.

Die Qualifizierung der Mitarbeitenden und das Sicherstellen eines entsprechenden Nachfolgers für Dieter D. sollten deshalb unbedingt in die Planung der Personalentwicklungsaktivitäten der Organisationseinheit aufgenommen bzw. weiterverfolgt werden. Dass sich weitere drei Mitarbeitende (Alfred A., Gerd G., Ludwig L.) in der Einarbeitung befinden, ist bereits eine darauf gerichtete Aktivität.

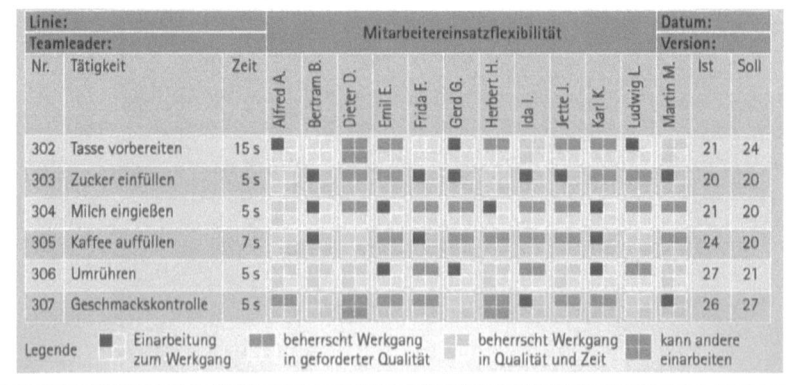

Beispiel für eine Polyvalenz- und Polykompetenzmatrix

Die Kompetenzkarriere vor dem Hintergrund von New Career

Ein großer Vorteil der Kompetenzkarriere, wie Fuchs sie vorschlägt, ist, dass sie den Vorstellungen und Erwartungen verschiedener Generationen in vielen Aspekten (z. B. bei der Gleichwertigkeit verschiedener Tätigkeiten) hervorragend Rechnung trägt. Das grundsätzliche Mindset ist weitestgehend zeitgemäß. Warum nur »weitestgehend«? Die Vorgabe der Speichen (Kompetenzen und Handlungsfelder) limitieren die Interessen und Talente des Einzelnen auf die Vorgaben der Organisation. Die praktische Erfahrung zeigt aber immer wieder, dass manche sich mit so einem Modell nicht anfreunden können, weil es eben den Unternehmensbedarf in den Vordergrund stellt und nicht die individuelle Entwicklung der Person – eine Diskussion, die sich sicherlich noch weiter verschärfen wird.

Ein weiterer, eher pragmatischer Aspekt ist die Limitierung der »Speichen«. Diese ist erforderlich, damit die Visualisierung des Kreismodells nicht zum unübersichtlichen Kompetenz-Wimmelbild verkommt, das dann an Aussagekraft verliert. Es geht auch darum, den Fokus auf eine überschaubare Zahl relevanter Aspekte zu legen. Damit ist dieser Ansatz für kleinteilige Skills kaum geeignet (oder gedacht) – das Risiko einer zu großen Abstraktion ist gegeben. Die Kombination des Kreismodells mit einer Polyvalenz- und Polykompetenzmatrix federt dieses Risiko ab.

Für viele Unternehmen ist die Polyvalenz- und Polykompetenzmatrix ein hervorragendes Tool, um gerade in Bereichen, in denen die Arbeitsaufgaben einer hohen Standardisierung unterliegen (oder die einen begrenzten Gestaltungsspielraum bei der Bearbeitung haben), kontinuierlich einen organisatorisch relevanten Entwicklungsbedarf zu identifizieren und Transparenz für den individuellen Entwicklungsfortschritt zu schaffen. Das grafische Modell ist eingängig und es liegen bereits viele Jahre praktische Erfahrung im Umgang mit diesem Modell vor.

Das zugrunde liegende Entwicklungsverständnis ist mit Blick auf die Digitalisierung aktueller denn je. So bietet es im Bereich der Skillentwicklung zunehmend standardisierbare Optionen der Skillentwicklung und zeigt bei genauer Betrachtung auch immer wieder auf, wo weitere Optionen im Sinne einer Employability verborgen sind. Der systematische und strukturierte Erwerb von Skills im Rahmen der organisatorischen Anforderungen bietet eine persönliche Entwicklungschance innerhalb des Aufgabengebiets hin zu einer zunehmenden Professionalisierung.

Betrachtet man Karriere – wie eingangs beschrieben – unter dem Aspekt sämtlicher Entwicklungen im Laufe eines Arbeitslebens auch unabhängig von Position und Hierarchie, bietet dieser Ansatz viele Optionen um den formulierten Entwicklungswünschen von Mitarbeitenden Rechnung zu tragen.

Für Ihre Praxis

- Welchen Stellenwert hat Hierarchie in meiner Organisation?

- Welche Ansätze, Karriere neu zu denken, gab es in meiner Organisation bereits?

5.2   Die Gestaltung von modernen Entwicklungspfaden

In den Kapiteln 1.1 und 4.2 haben wir Begriffsbestimmungen von Laufbahn, Karriere und Entwicklungspfaden bzw. -wegen vorgenommen. Insbesondere der letzte Begriff, die Entwicklungspfade bzw. -wege, ist eine sprachliche Differenzierung moderner Bestimmungen des Karrierebegriffs in der Professionalisierungssoziologie. Er kommt der Verwendung des Begriffs »career« im englischen Sprachgebrauch nahe, weil dort mit »career« weitgehend andere Assoziationen verbunden sind, die eben nicht Erwartungen schüren und Enttäuschungen provozieren wie der deutsche Karrierebegriff.

Die TÜV-Studie »Das Dilemma der Ingenieurkarrieren in Deutschland« verweist auf den Sachverhalt, dass viele Ingenieure gern eine Alternative zur klassischen Führungsaufgabe wahrnehmen würden, wenn sie damit auch in den Genuss weiterer Vorzüge kämen, die zumeist nur in der Führungslaufbahn verfügbar sind. Auch unsere praktische Erfahrung mit Assessment- und Development-Center sowie in ungezählten Entwicklungs- und Karriereberatungen lässt uns konstatieren: Nicht jeder, der sagt, dass er eine Führungsaufgabe möchte, will wirklich eine Führungsaufgabe. Vielmehr sind es einerseits die Erwartungen an Aspekte der Anerkennung wie

- verbessertes Entgelt,
- eine wertigere Funktionsbezeichnung,
- mehr Entscheidungsfreiheiten,
- Verfügbarkeit über Budget usw.,

also etwas, das sich auch nach außen oder gegenüber Dritten dokumentieren lässt oder individuelle Freiheit (bei der Erfüllung der Aufgabe) schenkt.

In einem nicht minder großen Maß sind die Erwartungen »nur« an einen persönlichen Entwicklungsfortschritt gekoppelt:

- im Fachgebiet weiterkommen
- Professionalisierung ausbauen
- Expertise und Seniorität gewinnen

Alternativ dazu: Neues erlernen – gleich, ob es

- die Verfolgung fachlicher Trends,
- neue methodisch Ansätze oder
- der Zuwachs an persönlicher oder sozialer Kompetenz

ist. Neues Lernen heißt auch, vorhandenes Know-how in neuen Kontexten anwenden (z. B. in neuen Ländern, neuen Branchen, neuen Aufgaben), ebenso wie etwas grundlegend Neues zu lernen, neue Rollen einzunehmen, ganz andere Tätigkeiten auszuüben etc. Und wenn man diesen Fokus des Entwicklungswunsches aufgreift, lassen sich i. d. R. mit »Bordmitteln« viele Bedürfnisse befriedigen – meist nicht nur zur Zufriedenheit und zum Nutzen für den Lerner, sondern auch zugunsten des Unternehmens.

Im Folgenden erhalten Sie einen kleinen Überblick über die in diesem Kontext relevanten Aspekte – neben der klassischen Hierarchie, die Sie zu einem unternehmensspezifischen Gesamtkonzept mit dem Titel »Karriere und Entwicklung bei ABC GmbH« verdichten sollten:

- die Förderung formaler Qualifikationen und spezifischer Skills
- die systematische Entwicklung von fachlicher Expertise
- Transfer von Know-how in neue Anwendungsgebiete
- die Unterstützung und Ermöglichung, neue Arbeits- und Wirkfelder zu erschließen

Die Förderung formaler Qualifikationen und spezifischer Skills
Stellen Sie in Ihrem Bildungsangebot besonders heraus, mit welchen Maßnahmen Sie den Erwerb von weiterführenden Qualifikationen mit Arbeitsmarktrelevanz fördern (z. B. Meisterfortbildung, Zertifizierung von Projektmanagementfähigkeiten etc.)

Halten Sie eine große Anzahl kleiner Learning Nuggets vor, zum Beispiel mit E-Learning, die situationsspezifische Skills vermitteln. Entwickeln Sie Ihre Story (vgl. Kapitel 8.2.2), was Sie warum und wie fördern.

Die systematische Entwicklung von fachlicher Expertise
Die kontinuierliche Aktualisierung von Wissen durch organisierte Wissensvermittlung in Schulungen oder Lehrgängen sowie der Besuch von Kongressen und einschlägigen Messen gehört dabei genauso in Ihr Portfolio wie die Förderung des individuellen Reifegrades (Junior/Classic/Senior – vgl. folgenden Exkurs) durch die disziplinarischen Führungskräfte, z. B. durch Maßnahmen wie Jobenlargement oder Jobenrichment.

Exkurs

Bezeichnungen wie »Junior« oder »Senior« sind nach organisatorischem Verzeichnis in erster Linie Beschreibungen für professionelle Reifegrade und niemals eine Bezeichnung für Seniorität oder hierarchische Einordnung (auch wenn dies manchmal in der Praxis anders gehandhabt wird).

Nun liegt es auf der Hand, dass ein berufs- und lebenserfahrenes Organisationsmitglied oftmals ungern als »Junior« bezeichnet werden möchte und die »Senior«-Bezeichnung für eine Absolventin mit geringer berufs- und Lebenserfahrung ebenfalls seltsam anmuten mag. Aus diesem Grund empfehlen wir, diese Bezeichnungen intern für die Organisationsstruktur abzubilden, aber nicht zwingend als Funktionsbezeichnung zu führen oder gar als Titel zu verleihen.

Doch was »macht« den Unterschied zwischen – sagen wir – einem Junior Controller, einem Controller und einem Senior Controller aus? Alle drei haben eines gemeinsam: Sie üben die Tätigkeit eines Controllers aus. Der wesentliche Unterschied besteht darin, wie viel Autonomie dieser Controller in der Bearbeitung seiner Aufgaben hat. Während man bei einem Junior Controller noch ein größeres Maß an Rückfragen, fachlicher Unterstützung und Etablierung in den Standardaufgaben annehmen und akzeptieren kann, wäre bei einem Controller bereits deutlich mehr Selbstständigkeit zu erwarten und ein Senior Controller wäre mit Sicherheit jemand, der in all den vorangegangenen Feldern über Kompetenz (Qualifikation, lange, relevante Erfahrung und Leistungsmotivation) verfügt und zudem Sonderaufgaben weitestgehend selbstständig bearbeiten kann.

Transfer von Know-how in neue Anwendungsgebiete

Die verschiedenen Formen der Jobrotation (Info-Aufenthalte, Hospitanzen, Entsendung usw.) sowie die Möglichkeit, sich mit den eigenen Kompetenzen für Projekte oder einen (befristeten) Einsatz in Sonderaufgaben oder anderen Unternehmensteilen einzubringen, sind ebenso gut geeignet wie der Know-how-Transfer in der Rolle als Schulungsbeauftragter oder interner Berater bzw. Coach.

Die Unterstützung und Ermöglichung, neue Arbeits- und Wirkfelder zu erschließen
Neben der Möglichkeit, auch arbeitsgebietsfremde Qualifizierungsmaßnahmen, Seminare etc. zu besuchen, und der Möglichkeit, sich auf Projekte zu bewerben, ist es das zentralste Element in den jeweiligen Fachbereichen, bereits erfolgte Entwicklungsschritte – zum Beispiel mit durchgezogenen Verbindungslinien – zu visualisieren. Ein Musterbeispiel finden Sie in der folgenden Abbildung.

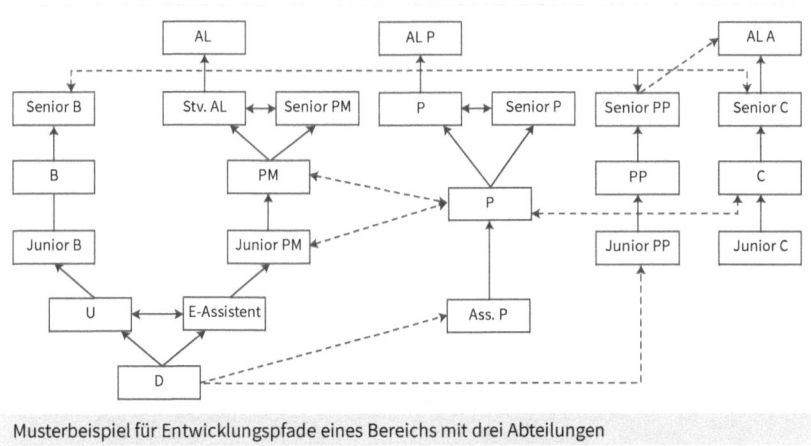

Musterbeispiel für Entwicklungspfade eines Bereichs mit drei Abteilungen

Wenn nun diese Verbindungen mit erforderlichen Qualifikationen und notwendigen Erfahrungshintergründen hinterlegt werden, besteht gleich eine Vorstellung davon, was man konkret noch tun kann oder welche Voraussetzungen schon erfüllt sind. Testimonials oder ein Bericht zum erlebten Entwicklungsweg veranschaulichen den zurückgelegten Weg und machen ihn greifbar. Denkbare, aber tatsächlich noch nicht eingeschlagene Entwicklungspfade könnten beispielsweise mit gestrichelten Linien angedeutet werden. Wenn diese Beschreibungen in kleinen Broschüren oder Präsentationen zusammengefasst werden, könnten diese um ein Musterformular eines Entwicklungsplans und die Prozessbeschreibung einer Learning Journey ergänzt werden.

Entscheidend ist, dass dieses Entwicklungsangebot nicht ausschließlich als »wir machen dann eine individuelle Entwicklungsplanung« kommuniziert wird, sondern die Entwicklungsphilosophie bereits in Präsentationen, Broschüren oder erlebbaren Echtbeispielen der Organisation transparent wird.

Für Ihre Praxis

- Wie würdigen wir heute fachliche Expertise in der Organisation?

- Welche Job- oder Statusbezeichnungen verwenden wir heute für Experten?

5.3   Mass Career Customization bei Deloitte

Einen anderen Zugang zu Karriere stellen Cathleen Benko und Anne Weisberg von der Firma Deloitte in ihrem Buch »Individualisierte Karriereplanung: Nur so können Unternehmen gewinnen!« (2008) vor.

Ausgangspunkt für ihr Modell ist die Beobachtung der folgenden Trends in den Belegschaften:
* sinkende Anzahl qualifizierter Mitarbeitender
* veränderte Familienstrukturen
* steigende Zahl weiblicher Arbeitnehmer
* gewandelte Erwartung männlicher Mitarbeiter
* neue Erwartungen der Generation X und Y
* zunehmende Bedeutung moderner Technologie

Ihr Modell der individualisierten Karriereentwicklung (Mass Career Customization – MCC[TM]) ist ein systematischer Ansatz, mit dessen Hilfe »Unternehmen die Talente, die Karrierewünsche und die sich im Lauf der Zeit ändernden Lebensumstände ihrer Arbeitnehmer miteinander in Einklang bringen (…)« (Benko/Weisberg 2008, S. 10) können. Der Begriff wurde gewählt, da er das ganze Unternehmen (Mass) und die Entwicklung der Karriere (Career) umfasst sowie die Individualisierung (Customization) von Karrierewegen ermöglicht.

Das System der individualisierten Karriereplanung bietet – so Deloitte – Alternativen zu »Alles-oder-nichts-Entscheidungen, mit denen weiterhin viele Arbeitnehmer, und traditionell besonders Frauen, an vielen Punkten ihrer Karriere konfrontiert sind« (Benko/Weisberg 2008, S. 12). Konkret verspricht MCC zum Beispiel eine Alternative zur Grundsatzentscheidung: Karriere oder Familie.

Im Kern bildet das Modell vier Parameter ab:
* die Wahl der Geschwindigkeit des Karrierefortschritts
* die Menge der zu bewältigenden Arbeit
* die Wahl, wann und wo die Arbeit stattfinden soll – also Arbeitsort und Arbeitszeiteinteilung
* die Auswahl der Position und der Verantwortlichkeit

Ein laut den Autorinnen typisches MCC-Profil (hier für einen Verkaufsleiter in der Mitte seiner Karriere) sieht dann zum Beispiel so aus wie in der nachfolgenden Abbildung illustriert.

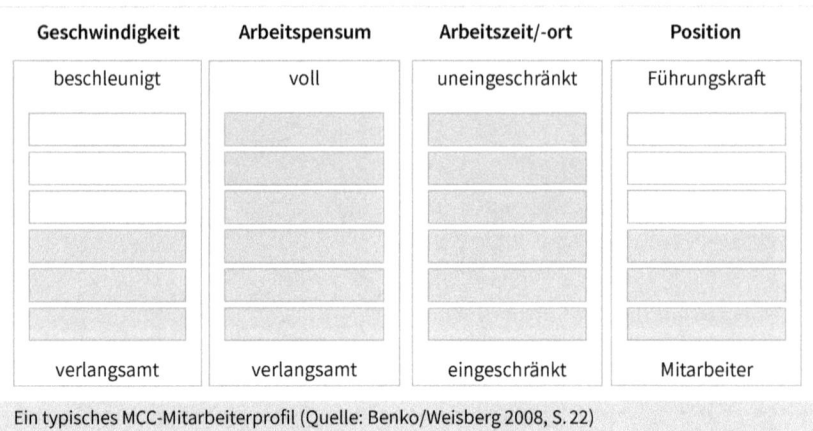

Geschwindigkeit	Arbeitspensum	Arbeitszeit/-ort	Position
beschleunigt	voll	uneingeschränkt	Führungskraft
verlangsamt	verlangsamt	eingeschränkt	Mitarbeiter

Ein typisches MCC-Mitarbeiterprofil (Quelle: Benko/Weisberg 2008, S. 22)

Im Wesentlichen geht es darum, Karriereschritte an der aktuellen Lebenssituation auszurichten und Aspekte wie zeitliche Verfügbarkeit und räumliche Flexibilität in der individuellen Karriereplanung zu berücksichtigen. Die Autorinnen legen am Beispiel einer Mitarbeiterin, Tina, dar, wie deren unterschiedliche Karrierestadien im Modell aussehen.

Die Autorinnen bezeichnen als den »springenden Punkt«, wie sich die Werte auf den Skalen verändern, weil sich ihr Arbeitsprofil an verschiedene Ereignisse in ihrem Privatleben anpassen muss. Dies wird anhand der Funktionen, die Tina innehat, illustriert und die Bedeutung der vier Dimensionen wird näher ausgeführt.

Stufenweise Entwicklung von Tinas MCC-Profil (Quelle: Benko/Weisberg 2008, S. 24)

Des Weiteren werden in dieser Ausarbeitung einige Herausforderungen ausgeleuchtet, zum Beispiel die Schwierigkeit der Leistungsbewertung oder auch die Sorge, was zu tun sei, wenn viele Mitarbeitende sich für eine Konstellation (z. B. Teilzeit) entscheiden, die mit den bestehenden Arbeitsumfängen nicht kompatibel ist, oder auch die Frage nach der Aushandlung individueller Lösungen für spezifische Anfragen und die Erwartung an den Zeiteinsatz bei Führungskräften.

Kritisch anzumerken ist jedoch, dass die Tatsache, dass jemand sich für eine bestimmte Ausprägung des Jobs entscheidet, eben nicht bedeutet, dass diese aus Sicht des Mitarbeitenden beliebig skalierbar oder aus den vorhandenen Stellen oder Aufgaben heraus auch möglich ist. Somit ist in diesem Modell aus unserer Sicht eine Vielzahl ungeklärter Aspekte verborgen wie zum Beispiel:

- Wer definiert, welche Stellen welche Kombinationen von Ausprägungen haben?
- Stellen, Rollen und Aufgaben ändern sich in einer nie dagewesenen Geschwindigkeit – was passiert mit definierten Parametern einer Karriereetappe, wenn sich die Anforderungen an die Stelle, Rolle, Aufgabe ändern?
- Was passiert eigentlich, wenn ich eine Wunschkombination habe, die sich nicht realisieren lässt?
- Wie viel Erleichterung schafft das System für das Unternehmen, für HR/D, für die Führungskräfte, die Sozialpartner und schließlich die einzelnen Mitarbeitenden?

Die Autorinnen formulieren: »(…) warum sollte man sein Unternehmen dann auf das Karrieregitter [der von Deloitte verwendete Begriff für die verschiedenen Aspekte in der Zusammenschau des MCC-Modells, Anm. der Autoren] umstellen? Die Antwort ist, zumindest teilweise, dass sich Menschen einfach gerne so fühlen, **als ob sie die Wahl haben** [Hervorhebung durch uns] Untersuchungen haben bewiesen, dass sich Mitarbeitende zufriedener zeigen, wenn sie bezüglich ihrer Arbeit und ihrer Karriere Entscheidungen und eine Auswahl treffen können. In der Tat ist es wichtiger für Mitarbeitende, generell die Kontrolle hinsichtlich der flexiblen Auswahlmöglichkeiten zu haben, als den Zugang zu einer bestimmten Option. Wenn Mitarbeitende den Eindruck haben, sie **hätten** [Hervorhebung durch uns] ein gewisses Maß an Kontrolle oder Auswahl beim Setzen ihrer Prioritäten und in der Unterstützung, die das Unternehmen ihnen gewährt, sind sie zufriedener, loyaler und produktiver« (Benko/Weisberg 2008, S. 89).

Vielleicht tun wir Deloitte Unrecht durch diese Hervorhebungen. Der erste Gedanke – Menschen möchten das Gefühl haben, wählen zu können – ist sicherlich auch charmant und ggf. sogar auf unternehmensspezifische Anforderungen übertragbar. Die Haltung des letzten Abschnitts hingegen sehen wir als wenig kompatibel zu den Erwartungen der künftigen Generationen, wie wir sie dargestellt haben.

Für Ihre Praxis   DIGITALE EXTRAS

- Für welche Zielgruppe wäre das MCC-Modell bei uns interessant?

_____

_____

_____

_____

_____

_____

_____

_____

- Wie könnte man das MCC-Modell praktisch bei uns verankern?

_____

_____

_____

_____

_____

_____

_____

- Welche Modelle gibt es schon bei uns im Haus, die nur noch geschickt miteinander verbunden werden müssen?

_____

_____

_____

_____

_____

_____

_____

_____

_____

5.4   Die Beiträge der neueren Perspektiven auf Karriere und Entwicklung für eine New Career

Die Idee der Kompetenzkarriere hat Wachstum statt Aufstieg zur Priorität. Der Zuwachs an für das Unternehmen relevanten Kompetenzen, wie Fuchs es proklamiert, oder die zunehmende Einsatzflexibilität durch das Beherrschen mehrerer Arbeitsplätze und die Abrufbarkeit mehrerer Skills, wie es die Polyvalenz- und -kompetenzmatrix avisiert, sind ein hilfreiches Set für die Karriere der Zukunft. Die zugrunde liegenden grafischen Modelle bestechen dadurch, dass sie sehr selbsterklärend sind und großen praktischen Nutzen haben. Koppelt man diesen Zuwachs an Insignien für erfolgte Entwicklung und Karriere, so bietet sich hier ein vielversprechendes Potenzial. Kritisch hingegen wird sich die Limitierung der vorgegebenen Parameter entwickeln – der Trend zeigt in Richtung zunehmender Individualisierung (vgl. Kapitel 6).

Die Bedeutung von Entwicklungspfaden kann gar nicht hoch genug eingeschätzt werden. Immer deutlicher wird, dass Menschen, die Karriere machen wollen, oftmals eine spürbare Entwicklung erleben möchten und dieses Wachstum zudem gern materiell honoriert sehen wollen. Die Gestaltung von Entwicklungspfaden befriedigt den Wunsch nach individueller und persönlicher Perspektive in bester Weise. Zudem ist dies zumeist mit »Bordmitteln« umzusetzen. Wenn es gut gemacht wird, wird sich damit eine Vielzahl der Entwicklungswünsche und -bedürfnisse befriedigen lassen. Die Verkoppelung (oder Entkoppelung) mit Anreizen und Insignien der Macht ist dabei allerdings ein Punkt, der geklärt werden muss.

Der Beitrag der Mass Career Customization (MCC) von Deloitte liefert einen etwas anderen Beitrag zur Gestaltung von neuen Karrierekonzepten. Ausgehend von der Beobachtung, dass Menschen in unterschiedlichen Phasen ihres Lebens verschiedene Bedürfnisse haben (z. B. was ihr zeitliches Engagement angeht), wurden Positionen unter diesen Aspekten bewertet und somit von den Anforderungen her transparent gemacht. Das System ist in sich belastbar, unserer Einschätzung zufolge allerdings kaum pragmatisch übertragbar und nur begrenzt mit dem dynamischen Wandel von Zielen, Anforderungen und Verantwortungen zu synchronisieren. Dennoch ist der Kerngedanke ein ausgesprochen wertvoller und verdient es weitergedacht oder integriert zu werden.

6 Neue Ansätze für Karriere und Entwicklung

In diesem Kapitel stellen wir Ihnen – in kompakter Form – die wichtigsten Ansätze für Karriere und Entwicklung im Überblick dar.

Im Einzelnen beleuchten wir

- die **proteische Karriere** als konsequente Fortführung eines immer stärker spürbaren Individualisierungstrends (u. a. auch als Folge des sich verändernden psychologischen Vertrags),
- die **Kletterwandkarriere** als Sammelbegriff einer iterativen Karriereplanung entlang der Entwicklungsopportunitäten,
- die **Netzwerkkarriere**, die den veränderten Organisationsprinzipien Rechnung trägt (weg von klassischen Organisationsstrukturen, hin zu Kreisen und Netzwerkstrukturen),
- die **Boundaryless Career**, die für Karriere und Entwicklung die Grenzen des Organisationssystems verlässt und
- die **Patchworkkarriere**, ein Format, das die gesamten Karriere- und Entwicklungserfahrungen in einem individualisierten Karrierenarrativ bündelt.

Diese sind – neben den traditionellen Karriereansätzen – handlungsleitend für die im nächsten Kapitel abgebildeten Aspekte der New Career.

6.1 Die proteische Karriere

Im letzten Kapitel seines Buches »Careers in Organizations« (1976) hat Douglas Hall den Begriff der proteischen Karriere eingeführt. Diese Art von Karriere, die er beschreibt, ist weniger von der Organisation abhängig als der traditionelle Karriereweg. Vielmehr ist u. a. der Begriff »Wachstum« und die subjektive Entscheidung, was als Erfolg zu werten ist, bedeutsamer als objektive Kriterien wie zum Beispiel die hierarchische Position oder das Einkommen.

Exkurs

Der Hintergrund für den etwas seltsam anmutenden Begriff »proteische« Karriere fußt auf der Figur des Proteus.

Proteus wird in Homers »Odyssee« als wandlungsfähiger Meeresgott beschrieben. Er verfügte über die Fähigkeit der Prophetie, also zukünftiges Geschehen weissagen zu können. Proteus selbst wollte sein Wissen jedoch nicht teilen und entzog sich Fragen, indem er immer wieder verschiedene Gestalten annahm, z. B. die Gestalt von Wasser, Feuer oder die eines wilden Tieres (vgl. https://de.wikipedia.org/wiki/Proteus_(Mythologie)).

Eben diese Wandlungsfähigkeit, die Anpassung seiner Gestalt (an gegebene Rahmenbedingungen), macht Proteus zum Namensgeber dieses Karriereansatzes. Der Aspekt, dass diese Wandlungsfähigkeit dem Zweck dient, seine Gabe (die der Prophetie) zu teilen, verweist auf das individuelle Motiv, wurde aber in der strengen Analogie mit Blick auf eine Karriere in einer Organisation – gleich welcher Art – bislang nur oberflächlich diskutiert.

Der Gedanke des Wachstums ohne objektive Kriterien war 1976 noch sehr visionär, denn der theoretisch prägende Gedanke für Karriere in Organisationen war an das Konzept des »organization man« orientiert, d. h. Personen waren in diesem Verständnis Teile eines Systems, die zusammenwirken und nach Aufstieg streben.

Parallel zu dieser Entwicklung war es vor allem die Generation der Baby Boomer, die ins Berufsleben einstiegen und von denen viele – auch in der Arbeitswelt – versuchten, persönliche Werte ebenso wie Freiheit, Wahlmöglichkeiten etc. zu leben. Die folgenden Jahrzehnte verpassten – nicht nur aus der Perspektive der Generationen und der handlungsleitenden Werte (vgl. Kapitel 3) – diesem Ansinnen ein neues Framing, auch die wirtschaftliche Entwicklung in vielen reifen Industrienationen trug das Ihre dazu bei. So waren die 1980er-Jahre u. a. durch die Verlagerung von Arbeit in Länder mit wirtschaftlichen Standortvorteilen und eine konsequente Strukturierung in Richtung Lean Management geprägt – und diese beiden Faktoren brachten gravierende Einschnitte für Karrierewünsche und bereits erreichte Karriereziele mit sich.

Gegen Ende der 1980er-, Anfang der 1990er-Jahre war es das Werk von Charles Handy, »The Age of unreason« (1989), das die Vision einer erneuten Weichenstellung als Vision hatte. Handy prognostizierte dort eine Arbeitsmarktentwicklung, die durch drei Gruppen von Arbeitnehmern geprägt sein würde:

- **Schlüsselfunktionen** (Experten und Manager), die das Überleben der Organisation sicherstellen
- **Auftragnehmer,** die autonom Serviceleistungen für die Organisation erbringen
- **Teilzeitkräfte** und zeitlich befristet Beschäftigte, die der Organisation helfen, schnell mit Veränderungen umzugehen

Es ist evident, dass es für die oben genannten Schlüsselfunktionen adäquate Karriere- und Entwicklungsanreize braucht, um diese begehrten Kandidaten für ein Unternehmen zu gewinnen und an es zu binden. Dabei ist insbesondere der Aspekt einer professionellen, der Führungslaufbahn gleichwertigen Fachlaufbahn ein zentraler Gedanke dieser Zeit, ist doch eine Vielzahl an Publikationen zum Thema Fachlaufbahn in dieser Zeit entstanden.

Die beiden anderen Gruppen hingegen sind von der Entwicklungspriorität in der Theorie – und oftmals auch in der Praxis – in den Hintergrund gerückt. Unbestritten ist jedoch, dass dieser – mengenmäßig größere – Teil einer »Belegschaft« markanten Einfluss auf Unternehmensergebnisse hat, aber zunehmend die Erosion des psychologischen Vertrags erlebt (vgl. Kapitel 2.6) und gleichzeitig mit einer veränderten Werthaltung und hervorragenden Ausbildung ebenfalls Karriere- und Entwicklungsambitionen an den Tag legt.

In den letzten Jahren hat der Begriff der proteischen Karriere zunehmend an Aufmerksamkeit gewonnen, es scheint, als wären die damals skizzierten Aspekte des von Hall definierten »psychologischen Erfolgs« (siehe Hall 1976, 1996, 2002) auf organisatorische Rahmenbedingungen gestoßen und treffen inzwischen sehr genau den Nerv der neu in das Arbeitsleben startenden Generation. Seine Beschreibung der proteischen Karriere kann hier als Blaupause gelten:

The protean career is a process which the person, not the organization, is managing. It consists all of the person's varied experiences in education, training, work in several organizations, changes in occupational field, etc. The protean career is not what happens to the person in any one organization. The protean person's own personal career choices and search for self-fulfillment are the unifying or integrative elements in his or her life. The criterion of success is internal (psychological success). Not external. In short, the protean career is shaped more by the individual than by the organization and may be redirected from time to time to meet the needs of the person. (Hall 1976, S. 201)

Was bedeutet dies nun konkret? Das reine Bildungsangebot und die klassische Aufwärtsbeförderung ist **ein** Aspekt, dem allerdings abnehmende Bedeutung zugeschrieben wird. Hall (1996, S. 9) formuliert die Transition der bislang noch primär durch die Organisation gesteuerten Karriere hin zu einer künftig eher konstruktivistischen, selbstgesteuerten – eben proteischen – Karriere. Diese Entwicklung wird gekennzeichnet sein durch einen Paradigmenwechsel, den er mit drei Aspekten kennzeichnet:

- von der Arbeitsplatzsicherheit zur Beschäftigungssicherheit
- vom »Work Self« zum »Whole Self«
- vom Know-how zum Learn-how

Werfen wir im Folgenden einen Blick auf diese drei Aspekte.

Von der Arbeitsplatzsicherheit zur Beschäftigungssicherheit

Gerade unter der Prämisse der sich verändernden Beschäftigungsstrukturen und der Abnahme der Bedeutung des klassischen psychologischen Vertrags (Arbeitsplatzsicherheit gegen Arbeitnehmerloyalität) wird künftig der Arbeitgeber attraktiv sein und Mitarbeitende binden, der für eine kontinuierliche Beschäftigungsfähigkeit auf dem in- und externen Arbeitsmarkt Sorge trägt, zum Beispiel durch die Übertragung von Aufgaben mit individuell relevantem Entwicklungspotenzial und der Gelegenheit, arbeitsmarktrelevante Expertise zu generieren.

Vom »Work Self« zum »Whole Self«

Mit der Transition vom »Work Self« zum »Whole Self« bezeichnet Hall im Kern den Paradigmenwechsel von der Entwicklung des Menschen in seiner professionellen Rolle hin zu einer ganzheitlichen Entwicklung des Individuums. Die Berücksichtigung individueller Motive, Interessen und Bedürfnisse wird zunehmend zum erfolgskritischen Aspekt der subjektiven Attraktivität von Karriere und Entwicklungsangeboten, die eine Organisation vorhält.

Vom Know-how zum Learn-how

Die hohe Volatilität der (Arbeits-)Märkte und die Halbwertszeit des Wissens kann täglich erlebt werden. Statt nur Qualifikation und Wissensvermittlung anzubieten wird die Unterstützung dabei, sich rasch neue Herausforderungen, neue Arbeits- und Wissensinhalte sowie die Umsetzung in Erfolg und (Lern-)Verhalten zu erschließen, künftig zunehmend von Bedeutung sein und auch Einfluss auf die Wahl eines Arbeitgebers oder einer Aufgabe bzw. Rolle haben.

Zusammenfassend lässt sich sagen: Kern der proteischen Karriere ist der »psychologische Erfolg«. Dieser lässt sich im Wesentlichen im Setzen von persönlich bedeutsamen Zielen, in der persönlichen Anstrengung, eben diese zu erreichen, und schließlich in der individuellen Wahrnehmung und Bewertung der Zielerreichung zusammenfassen – mit dem Ergebnis der Zufriedenheit mit der persönlichen und beruflichen Entwicklung.

Hieraus ergeben sich konkrete Handlungsfelder für HR/D-Professionals, die in Kapitel 9 ausgeleuchtet werden. Eine erste Orientierung, mit welchen Fragen Sie sich beschäftigen sollten, finden Sie hier:

Für Ihre Praxis

- Wie können wir natürliche Lernräume (z. B. aus dem Tagesgeschäft, Sonderaufgaben, Projekte) für eine Entwicklung erschließen?

_____

_____

_____

_____

_____

_____

_____

- In welchen Organisationseinheiten, Teams etc. kann die individuelle Entwicklung des Einzelnen gefördert werden?

_____

_____

_____

_____

_____

_____

_____

- Bei welchen »cultural heroes« unserer Organisation können welche Lern- und Entwicklungsfelder erschlossen werden?

_____

_____

_____

_____

_____

_____

_____

Zusammenfassung

Während sich eine klassische Karriere an den extrinsischen Anreizen, also den von der Organisation vorgegebenen Aspekten einer Karriere (Position in der Hierarchie, Entgelt, Verantwortung …), orientiert, ist die proteische Karriere in erster Linie durch intrinsische Motive geprägt. Das Ziel der proteischen Karriere ist ein subjektiver – »psychologischer« – Erfolg. Somit ist evident, dass diese Art der Karriere in erster Linie von der Person selbst und nicht mehr von der Organisation bestimmt und definiert ist.

Für die Bestimmung des individuellen Berufserfolgs kommen allerding nicht ausschließlich subjektive, intrinsisch motivierte Kriterien zum Tragen. Auch objektive, äußere Rahmenbedingungen und Anreize fließen in die individuelle Bewertung ein.

Hinzu kommt, dass die proteische Karriere im Rahmen der sich (subjektiv) verändernden Berufs- und Lebenswirklichkeiten ein kontinuierliches Lernen und Entwickeln zur Folge hat. Die (berufliche) Weiterentwicklung unterliegt einer individuellen Wertorientierung. Diese schlägt sich grundsätzlich in der persönlichen Karriere- und Entwicklungserwartung nieder und reicht tief in das berufliche Wirken hinein – auch zum Beispiel bei der Wahl des Arbeitgebers oder der Übernahme von Aufgaben.

6.2 Die Kletterwandkarriere

Die Kletterwandkarriere ist wohl der jüngste Begriff aus dem bunten Reigen moderner Karriereansätze. Hier kann eine Analogie zum Bouldern gesehen werden. Sehen wir uns an, was Wikipedia im Artikel »Bouldern« dazu sagt:

> Bouldern (englisch boulder »Felsblock«) ist das Klettern ohne Kletterseil und Klettergurt an Felsblöcken, Felswänden oder an künstlichen Kletterwänden bis zur Absprunghöhe. Absprunghöhe ist die Höhe, aus der noch ohne wesentliches Verletzungsrisiko von der Wand zum Boden abgesprungen werden kann. (…) In Boulderhallen oder künstlichen Kletteranlagen im Freien erfolgt die Bewertung einer Route zumeist durch Griff-Farben oder an den Griffen angebrachten Kärtchen, auf denen die Schwierigkeitsgrade vermerkt sind. (…) Zur Bewertung der Schwierigkeit eines Boulders existieren unter-

schiedliche Bewertungssysteme. (...) Die weiteste Verbreitung hat beim Bouldern die Fontainebleau-Skala gefunden. Diese differenziert zudem ein Boulderproblem danach, ob es sich um ein reines Boulderproblem oder um ein Traversenproblem handelt. (...) Davon unberührt bleibt der individuell empfundene Schwierigkeitsgrad. (https://de.wikipedia.org/wiki/Bouldern)

Solange Sie sich nicht in einem Wettbewerb befinden, stehen Ihnen grundsätzlich viele Wege mit unterschiedlichen Schwierigkeitsgraden offen. Sie können versuchen, auf dem kürzesten Weg nach oben zu kommen, den schwierigsten oder leichtesten Weg wählen oder die sich bietenden Gelegenheiten ergreifen, was so manches Mal sehr waghalsig aussehen mag oder einen besonderen Kraftakt verlangt.

Was hat nun diese Kletterwand mit der beruflichen Karriere zu tun? Auch hier starten Sie irgendwo und sofern Sie nicht in einem Wettbewerb mit sich oder anderen stehen, werden Sie entsprechend Ihrer Motive und Fähigkeiten eine große Anzahl von Möglichkeiten haben, beruflich weiterzukommen. Sie können Ihre Strategie auf dem Weg nach oben kontinuierlich verfolgen, zum Beispiel solide entsprechend Ihren Fähigkeiten Stück für Stück Ihr Ziel sicher erreichen, ganz ohne Zeitdruck – beispielsweise im Rahmen Ihrer fachlichen Komfortzone.

Wenn Sie eine Weile dabei sind (im übertragenen Sinn also mitten in der Wand hängen) und Sie jetzt einen Energieschub verspüren und schneller ans Ziel kommen wollen, mag es sein, dass ein Griff mit einem anderen Schwierigkeitsgrad und ein Umstieg in den Fokus rückt, mit anderen Worten: Sie ergreifen die Gelegenheit und übernehmen eine andere Aufgabe oder Rolle. Und so haben Sie eine veränderte Position. Wenn Sie sich nicht vollkommen überschätzt haben und abgestürzt sind, haben Sie nun eine neue Perspektive auf die sich auftuenden Griffe und Klettermöglichkeiten. Die Kletterwandkarriere ist somit immer eine Abwägung, welche Gelegenheiten Sie beim Schopf packen und wie sie Sie mit Blick auf Ihre Karriere weiterbringen.

Was bedeutet das praktisch? Eine Kletterwandkarriere ist im Kern nichts anderes als eine Zusammenschau aller Entwicklungsmöglichkeiten, die das Unternehmen bietet, und die sich auftuenden Gelegenheiten auf der Grundlage Ihrer aktuellen Position. Die Gelegenheiten sind bis zu einem gewissen Grad vorgegeben und in Ihrer Schwierigkeit gekennzeichnet (z. B. die bestehende Führungshierarchie) – und je nach aktueller Position können Sie aus den verschiedenen sich auftuenden Möglichkeiten wählen. Dies kann eine Sicherungsstrategie sein (z. B. mehr Expertise in einem Fachgebiet gewinnen) oder auch eine Traverse bedeuten, also einen Umstieg (z. B. in Form von Jobrotation) etc.

In der Praxis besteht oftmals auf der Organisationsseite das Problem, dass die verschiedenen Entwicklungspfade (Kletterwege) nicht hinreichend beschrieben sind – weder im Schwierigkeitsgrad noch in den Wegen, die es sinnvollerweise zu gehen gilt. Jemand der ganz ohne Vorkenntnisse, ohne Talent und ohne Training an eine Kletterwand geht, wird vielleicht ein paar frustrierende Momente erleben. Rein explorativ und selbstbestimmt vorzugehen reicht leider nicht – auch wenn das mit dem Bild der Kletterwand gern assoziiert wird.

Für HR/D-Professionals, die gern die Möglichkeit einer Kletterwandkarriere in ihrem Unternehmen schaffen wollen, gilt es, ein paar Überlegungen anzustellen und ggf. auch ein paar Hausaufgaben zu machen. Ausgewählte Aspekte hierzu erhalten Sie hier:

Für Ihre Praxis

• Haben wir reale, gangbare Entwicklungspfade beschrieben und exemplarisch potenzielle Entwicklungspfade skizziert?

_____

_____

_____

_____

_____

• Stehen bei uns entsprechende Beratungskompetenzen (fachlich, methodisch …) und
-instrumente (Entwicklungsplan etc.) zur Verfügung, um Menschen bei der individuellen Karriere in der Kletterwand beraten zu können?

_____

_____

_____

_____

_____

• Haben wir ein System, bei dem der Erfolg an der Kletterwand für den Kandidaten auch
ein spürbarer Fortschritt ist?

_____

_____

_____

_____

_____

• Beim Bouldern klettert man bis zu einer Höhe, bei der der Absturz »ohne wesentliches
Verletzungsrisiko« möglich ist – was heißt das im übertragenen Sinn für unsere Kletterwandkarriere?

_____

_____

_____

_____

_____

Zusammenfassung

Die Kletterwandkarriere ist ein moderner Begriff für eine teilstrukturierte Karriere (i. S. v. Entwicklungspfad). Es gibt festgelegte Karrierewege – wie zum Beispiel die klassische Führungshierarchie – in verschiedenen Schwierigkeitsgraden.

Die Entscheidung, welchen Weg man geht, liegt in erster Linie bei der Person selbst und mit jedem Schritt tut sich eine große – aber im Grundsatz begrenzte – Anzahl neuer Optionen auf. Die Entscheidung, welche Gelegenheit, welcher nächste Schritt (oder Griff) gewählt wird, liegt beim Einzelnen. Beim Klettern an der Boulderwand wie beim Aufstieg in der Kletterwandkarriere ist es nicht von Schaden, wenn man ein bisschen trainiert hat.

6.3 Die Netzwerkkarriere

Vertreter der modernen Organisationstheorie wie Niels Pfläging bezeichnen die klassische Organisationsstruktur oftmals als nicht mehr zeit- und sachgemäß. Neben Ansätzen von Soziokratie oder Holacracy werden Netzwerkstrukturen wie z. B. das Pfirsichkernmodell, die Einrichtung von sogenannten Kreisen oder auch etwas »hipper« Guilds und Squads (z. B. Spotify) gefordert.

Exkurs

Netzwerkorganisation

Die Netzwerkorganisation ist eine Form der Aufbauorganisation. Sie kann als »Organisation mit relativ autonomen Mitgliedern, die langfristig durch gemeinsame Ziele miteinander verbunden sind und koordiniert zusammenarbeiten« (Schulte-Zurhausen 2010) beschrieben werden. Statt starrer Organisationseinheiten gibt es zumeist als »Kreis« bezeichnete Zusammenschlüsse der handelnden und/oder betroffenen Organisationsmitglieder. Die Mitglieder der Netzwerkorganisation können Einzelpersonen, Gruppen oder Institutionen sein.

Soziokratie

Soziokratie ist ein Modell der Steuerung und Entscheidungsfindung in Organisationen, das von der Gleichwertigkeit aller Beteiligten ausgeht. Wichtigste Prinzipien sind, dass nur dann eine Entscheidung getroffen wird, wenn keiner der Anwesenden einen schwerwiegend begründeten Einwand hat (= Konsentprinzip oder Kein-Einwand-Prinzip) und dass alle in einem Kreis zur Entscheidung beitragen (vgl. www.partizipation.at).

Holacracy

»Beim Ansatz Holokratie wird Arbeit aufgabenorientiert organisiert. Aufgaben werden in Rollen zusammengefasst, die in Kreisen zusammenarbeiten. Jeder Kreis hat einen Zweck und kennt seine Ziele. Die Koordination erfolgt autonom und begleitet durch intensive Meetings. Die Arbeit wird in und durch regelmäßige Treffen synchronisiert« (https://www.haufe.de/personal/hr-management/new-work-moderne-formen-der-arbeitsgestaltung/holacracy-die-holokratische-organisation_80_406704.html).

All diesen Organisationsansätzen ist gemein, dass eine klassische hierarchische Organisationsstruktur zunehmend obsolet wird und Mitarbeitende Rollen übernehmen, die sie – ohne zwingend disziplinarische Befugnisse zu haben – verantwortungsvoll leben und wertschöpfend ausgestalten. Dies hat natürlich eine nachhaltige Wirkung auf Karriere- und Entwicklungsmöglichkeiten einer Organisation und der darin tätigen Menschen. Aus diesem Grund skizzieren wir hier kurz die Annahmen der und Erfordernisse für eine Netzwerkkarriere.

Zunächst: Wie begründet sich dieser Wechsel zu neuen Organisationsstrukturen? Die Rahmenbedingungen des Wirtschaftens haben sich grundlegend geändert: Die Märkte sind volatiler, Handeln unterliegt einer hohen Unsicherheit, ein zunehmendes Verständnis der Komplexität und anwachsende Widersprüchlichkeit der an uns gestellten Erwartungen (vgl. Kapitel 2.2) – als Person und Organisation gleichermaßen – bedürfen einer Organisationsstruktur, die diesen Anforderungen besser Rechnung trägt.

In diesem Kontext wird von Niels Pfläging und Silke Herman der perspektivische Blick auf Karriere und Entwicklung ausgeleuchtet. Gründe für die Abnahme der Attraktivität konventioneller Karrieremodelle sehen Pfläging und Herman in den aktuellen Rahmenbedingungen (Pfläging/Herman 2020, S. 113 f.):

- Karrieren verflüssigen sich: Arbeitnehmer wechseln Arbeitsplatz und Arbeitgeber häufiger und in kürzer werdenden Intervallen.
- Im Lauf des Lebens üben wir künftig mehr als nur einen Beruf aus.

- Märkte, Berufe, Professionen differenzieren sich stärker aus.
- In Komplexität ist das, was einst »soft« erschien, »hart«.

Werfen wir einen genaueren Blick auf die einzelnen Aspekte:

Karrieren verflüssigen sich: Arbeitnehmer wechseln Arbeitsplatz und Arbeitgeber häufiger und in kürzer werdenden Intervallen
Früher waren Wechsel als »Jobhopping« verpönt, heute gehören sie dazu: Arbeitsverhältnisse passen sich den Bedürfnissen von persönlichen, in Veränderung befindlichen Biografien an – statt umgekehrt.

Im Lauf des Lebens üben wir künftig mehr als nur einen Beruf aus
Vertiefung und Neuaufbau praktisch relevanter Expertise während des gesamten Berufslebens (statt nur in den Lehrjahren) werden zur Pflicht.

Märkte, Berufe, Professionen differenzieren sich stärker aus
Die Zahl der Jobtitel erhöht sich geradezu inflationär. Dadurch wird die Positions- und Titelkarriere tendenziell entwertet. Nur wer relevantes Können besitzt, verfügt in heutigen Arbeitsmärkten über Marktmacht.

In Komplexität ist das, was einst »soft« erschien, »hart«
Fähigkeiten, die für eine gute Zusammenarbeit eine Rolle spielen, wurden in den 1980ern zunächst als »Soft Skills« verulkt. Später hielten sie in Entwicklungsprogrammen Einzug – auch in denjenigen für Führungskräfte. Denn: Schlechte Zusammenarbeit und asoziales Verhalten können sich Unternehmen kaum mehr leisten. Die zunehmend schnellere Entwertung von Berufsqualifikationen (den »Hard Skills«) hat diesen Wandel verschärft: Was zunächst als »soft« galt, ist längst zum neuen »Hart« geworden!

Konkret bedeutet dies, dass Karriere neu gedacht werden muss: Als »Zellstrukturkarriere« bezeichnen Pfläging und Herman (2020, S. 114) ein Karrieremodell, das sich nicht an konkreten Positionen orientiert, sondern an Rollen in einer Netzwerkorganisation, in denen der Rolleninhaber seine Könnerschaft (= durch Übung erworbene Fachlichkeit plus Sozialkompetenz) für die Wertschöpfung der Organisation bestmöglich einbringen kann.

Zusätzlich sieht er die Notwendigkeit, dass der Rolleninhaber eine Haltung mitbringt, in der er »Meisterin oder Meister für andere« (Pfläging/Herman, 2020, S. 114) ist. Dabei formuliert er einen hohen Anspruch an die Mitglieder in einer Netzwerkstruktur, konkret im Zellstrukturdesign: Wenn es keinen hierarchisch Vorgesetzten alter Couleur mehr gibt, muss das einzelne Mitglied in dieser Organisationsform an einer ernsthaften Verantwortungsübernahme für die eigene, aber auch für die Arbeit der anderen interessiert und sich der Wertschöpfungszusammenhänge in der Organisation bewusst sein. Gut ausgeprägte Sozialkompetenzen sind deswegen unerlässlich.

Hieraus ergeben sich konkrete Handlungsfelder für HR/D-Professionals. Ausgerichtet auf das Bild der Netzwerkkarriere müssen konsequenterweise Vergütungssysteme und Lernformate diese Form der Mitarbeiterentwicklung stützen. Eine erste Orientierung finden Sie hier:

Für Ihre Praxis

- Die Vergütung eines Mitarbeitenden in der Netzwerkorganisation besteht aus einem festen Grundgehalt und möglicherweise aus einer Erfolgsbeteiligung, die am Unternehmensergebnis orientiert ist. Individuelle Boni würden dem Prinzip der Netzwerkorganisation vollkommen widersprechen. Was müsste passieren, damit diese Entgeltstruktur in unserer Organisation möglich ist?

_____

_____

_____

_____

_____

_____

- Lernformate müssen die Grundhaltung einer solchen Organisationsform (die auf Wissen und Können ausgerichtet ist) unterstützen. Das sind sie dann, wenn sie die Arbeit dezentraler, selbststeuernder, kollegialer, auf Wertschöpfung und Innovation ausgerichteter Teams fördern. Konkret bedeutet das: Reflexionsfähigkeit fördern, Kommunikationsmuster hinterfragen, Freiwilligkeit der Maßnahme sicherstellen, diskursiv gestaltete Lerninhalte berücksichtigen etc. In welchen Aspekten sind wir mit unserer Organisation hier bereits gut aufgestellt?

_____

_____

_____

_____

_____

- In welchen Punkten haben wir Handlungsbedarf?

_____

_____

_____

_____

_____

_____

149

Zusammenfassung

Veränderte Rahmenbedingungen erfordern eine neuartige Organisationsstruktur. Die Netzwerkorganisation verzeichnet nicht nur eine Ausgangslage, die neue Organisationsstrukturen erfordert, sondern damit einhergehend einen Abbau traditioneller Karrierestrukturen in Positionen. Dem gegenüber steht eine zunehmende Stärkung verantwortlicher und wertschöpfender Rollen. Eine flexible und den Bedürfnissen aller beteiligten Parteien entsprechende Karriere und Entwicklung fokussiert dabei neben dem Gewinn von Expertise vor allem die Zunahme von Sozialkompetenz. Eigenverantwortung und Reflexionsfähigkeit werden hier großgeschrieben. Dieser Ansatz betont einerseits die Notwendigkeit der Anpassung von Entgeltstrukturen, wobei hier auch im Sinne eines Verantwortungsgefühls den kollektiven variable Bestandteile zugeordnet sind und die Honorierung individueller Leistungsbeiträge kritisch beleuchtet wird.

6.4 Die Boundaryless Career

Systemische Ansätze haben seit den 1990er-Jahren erheblichen Einfluss auf die Wissenschaft genommen – darunter Erkenntnisse der Biologie (z. B. Humberto Maturana/Francisco Varela), der Physik (z. B. Hermann Haken), der Wissenschaftstheorie (Heinz von Foerster), der Ingenieurswissenschaften (Norbert Wiener), der Psychologie (Paul Watzlawick als Vertreter der Palo Alto School in Kalifornien) oder der Soziologie (Niklas Luhman), um nur einige Vertreter zu nennen. Auch in den Wirtschaftswissenschaften ist mit Peter Senges »fünfter Disziplin« oder dem systemischen Modell der Betriebswirtschaftslehre aus St. Gallen die Erkenntnis stetig gewachsen. Im Bereich Changemanagement und (systemischer) Organisationsentwicklung oder Coaching tummeln sich immer mehr Berater, die einen mehr oder weniger systemischen Hintergrund aufweisen.

Viele dieser Erkenntnisse sind auch den oben beschrieben Karriereverständnissen implizit, wenngleich der Punkt einer systemischen Karriere- und Entwicklungsbetrachtung selten aus organisatorischer Sicht explizit betrachtet wird. So ist es auch mit der Idee der »Boundaryless Career«, die oftmals im Zusammenhang mit der proteischen Karriere ins Feld geführt wird und im Kern das individuelle psychologische Motiv des Einzelnen in den Vordergrund stellt. Bis dato war trotz aller Individualisierungsaspekte eine Tatsache noch nicht in Augenschein genommen worden: Die Tatsache, dass sich die durchschnittliche Betriebszugehörigkeit von Belegschaften im Laufe der Jahrzehnte insgesamt immer volatiler gestaltet und Karrieren nicht mehr in nur einer Organisation stattfinden bzw. an sie gebunden sind. Sehr grob formuliert geht es bei der Boundaryless Career darum, dass sich individuell motivierte oder klassische Karrieren auch im Kontext des Wechsels in andere Organisationen oder Organisationseinheiten vollziehen.

Ordnet man die Boundaryless Career in den historischen Wissenschaftskontext ein, liegt es auf der Hand, dass gerade die systemischen Ansätze der Betrachtung von Organisation (und Verwaltung) einen Zusammenhang für das Grundverständnis dieses Ansatzes leisten.

Exkurs

Aus systemischer Perspektive ist die Grenze einer Organisation nicht (nur) durch das Organigramm und die Rechtsbeziehung durch den Arbeitsvertrag gekennzeichnet, sondern durch zusätzliche Interaktionsbeziehungen. Die aus systemischer Perspektive beleuchteten Interaktionsbeziehungen eines Mitarbeitenden erstrecken sich zum Beispiel auch auf Kunden, Lieferanten, relevante Behörden, Wettbewerber etc.

Mit hoher Augenscheinvalidität sind viele Wechsel und Karriereschritte von Mitarbeitenden außerhalb der Organisation innerhalb dieses Interaktionsspektrums zu verzeichnen. Als Klassiker mag hier der angestellte Unternehmensberater zählen, der zu einem Kunden wechselt. Das Unternehmen wurde verlassen, ein Karriereschritt in einem anderen Unternehmen vollzogen – die Unternehmensgrenze wurde, mindestens aus Perspektive der arbeitsvertraglichen Rechtsbeziehung, überschritten.

Aus systemischer Perspektive gab es eine mehr oder weniger intensive Interaktionsbeziehung innerhalb des Systems.

Warum ist dieser theoretische Exkurs so bedeutsam für ein erweitertes und praktisch orientiertes Verständnis der Boundaryless Career? Zunächst geht es um den

Aspekt der Mobilität. Während Mobilität innerhalb der Organisation noch dem tradierten Bild einer klassischen Karriere entspricht, können bei der Boundaryless Career bereits proteische Aspekte in der Mobilität gesehen werden. Mobilität für eine Karriere außerhalb der aktuellen Organisation kann eine Vielzahl von Gründen haben: Manchmal ist es schlicht die Tatsache, dass die aktuelle Organisation keine entsprechende Entwicklungsmöglichkeit anbietet, die dem derzeitigen Karriere- oder Entwicklungswunsch entspricht. Geht man davon aus, dass immer mehr Menschen die Verantwortung für ihre Entwicklung und Karriere bei sich selbst sehen, ist dieser Gedanke durchaus von praktischem Nutzen. Konkret: Kann eine HR/D die Interaktionsbeziehungen zu Kunden, Wettbewerbern etc. auf einer strategischen Ebene dergestalt konstruieren, dass diese eine Gemeinschaft von Entwicklungsfeldern und praktischen Herausforderungen darstellt, so wäre es denkbar, dass die Bindung von Mitarbeitenden durch Secondments (Entsendungen), Info-Aufenthalten, Hospitanzen etc. ausgelegt wird, so könnten nicht nur die Zusammenarbeit und Bindung verbessert werden, sondern die spezifische Chance für herausfordernde Aufgaben in einer erweiterten Entwicklungslandschaft stattfinden. Dies bringt natürlich eine ganze Reihe von arbeitsrechtlichen, entgeltpolitischen etc. Aspekten mit sich, die es zu klären gilt, würde aber die Potenziale einer vernetzten Welt in bester Weise nutzen.

Und by the way: So wirklich brandneu und unvorstellbar ist dies gar nicht. Viele kleine und mittelständische Betriebe nutzen diese Möglichkeiten bereits im Rahmen der beruflichen Erstausbildung.

Ob der Ansatz der Boundaryless Career für Ihr Unternehmen einen praktischen Nutzen hat oder nicht, können Sie nur unternehmensspezifisch entscheiden. Einen Anstoß zum Weiterdenken erhalten Sie hier:

Für Ihre Praxis

- Von welchen Kunden, Lieferanten, relevanten Behörden, Wettbewerbern etc. bewerben sich immer wieder Mitarbeitende bei uns?

_____

_____

_____

_____

_____

_____

_____

_____

_____

_____

- Was bringen diese Kandidaten mit, das für uns wertvoll ist?

_____

_____

_____

_____

_____

_____

_____

_____

- Zu welchen Kunden, Lieferanten, relevanten Behörden, Wettbewerbern etc. wechseln unsere Mitarbeitenden regelmäßig?

_____

_____

_____

_____

_____

_____

_____

_____

_____

_____

Zusammenfassung

Die Boundaryless Career ist ein Ansatz, der dem Gedanken Rechnung trägt, dass neben individuellen Motiven wie bei der proteischen Karriere Entwicklungsschritte auch außerhalb der Organisation erfolgen. Aus systemischer Sicht ist eine Vielzahl der tatsächlichen Wechsel kein Wechsel von einem System in eine anderes, sondern nur von einer Organisation oder einem rechtlichen Arbeitsverhältnis in ein anderes – die Interaktionsbeziehungen zu den neuen Arbeitgebern hatten häufig bereits Bestand.

Mit Blick auf die Gestaltung von Karriereoptionen über die Grenze der (formalen) Organisation hinaus kann die Boundaryless Career ein Denkanstoß sein, um herausfordernde Aufgaben, Rollen etc. mit einer anderen Organisation zu teilen und so das Portfolio an Entwicklungsmöglichkeiten zu erweitern.

6.5   Die Patchworkkarriere

Die Patchworkkarriere ist ein weiterer Ansatz, der sich einer Analogie bedient. Deswegen: Lassen Sie uns zunächst sehen, was dahintersteht. Der Duden definiert Patchwork wie folgt:

»Technik zur Herstellung von Wandbehängen, Decken, Taschen o. Ä., bei der Stoff- oder Lederteile von verschiedener Farbe, Form und Muster harmonisch zusammengefügt werden.«

Eine Patchworkkarriere ist – um in der Analogie zu bleiben – ein Zusammensetzen unterschiedlicher Karrierestücke unterschiedlicher Herkunft und Beschaffenheit zu einem Karrieregesamtwerk. Wenngleich man über eine mehr oder weniger zielgerichtete Absicht diskutieren kann und über die verwendeten Materialien oder die Ausführung der handwerklichen Arbeit zu unterschiedlichen Beurteilungen kommen mag – im Ergebnis kann man über Kunst und Geschmack im Allgemeinen und über eine Patchwork-Kunstobjekt im Besonderen nicht streiten. Einer mag Verwendung für und Gefallen am Patchwork-Ergebnis finden, bei einem anderen hingegen weder das eine noch das andere. So ist es auch mit einer Patchworkkarriere.

Man kann bei der Gestaltung einer Patchworkkarriere sehr planorientiert vorgehen und die einzelnen Karriere-Patches wie Projekte, Verantwortungen oder Aufgaben minuziös planen und sorgfältig konstruierte, verbindende Schritte aneinanderreihen oder eben nehmen, was kommt, und erst nach Vorliegen aller Bestandteile die Konstruktion eines Gesamtergebnisses in Angriff nehmen.

Geht man davon aus, dass Karriere ein (lebens-)langer Entwicklungsprozess ist, der auch regelmäßigen Änderungen und Disruptionen unterworfen ist, stellt sich die Frage, inwiefern Planungen überhaupt langfristig im gewünschten Zielkorridor enden oder ob es nicht viel besser ist, in kleineren Etappen (wenn überhaupt) zu planen. Dies zu entscheiden mag jedem selbst überlassen sein.

Für die Gestaltung von Patchworkkarrieren sind zwei Aspekte allerdings unabdingbar:
- die Zusammenstellung der einzelnen Karriere-Patches unterschiedlicher Herkunft und Beschaffenheit und
- die »Story« des Karriere-Patchworks

Widmen wir uns nun überblicksartig diesen beiden Aspekten.

Die einzelnen Karriere-Patches

Frei nach dem Motto »Man kann nicht nicht kommunizieren« kann man auch nicht nicht lernen. Ob dies immer bewusst oder gar gewollt ist, mag dahingestellt sein – allerdings ist es auch kein Geheimnis mehr, dass Menschen die relevantesten Lernerfahrungen im täglichen Tun, on und off the Job, machen. Das Lernen in und aus Beziehungen zu anderen ist mit Blick auf die persönliche Entwicklung immer noch höher angesiedelt als das klassische Lernen durch Wissensvermittlung in Schule, Ausbildung oder Studium bzw. Weiterbildung.

Doch in einem Punkt unterschieden sich diese Lerngelegenheiten markant: Wenn Sie eine Qualifizierungsmaßnahme besuchen, bekommen Sie das erworbene Wissen mit Teilnahmebestätigungen, Zertifikaten, Zeugnissen usw. bescheinigt. Aber was ist mit den anderen wichtigen Kompetenzen, die Sie erworben haben? Fallen die unter den Tisch? Sollten sie nicht! Aber es liegt an Ihnen, aus den Abschnitten Ihres Lebens eine relevante Kompetenzentwicklung zu extrahieren und diese zu dokumentieren. Leider sind viele Menschen nicht sehr gut darin und so erleben sie manche Lebensphase sogar oftmals als Nachteil. Die Familienphase wird so schnell zum »Karriereknick Kind«, aber das muss nicht sein. Als Elternteil sind Sie nicht nur Chauffeur und hauptberuflicher Apfelsaftausschenker, sondern entwickeln und verfeinern wichtige Kompetenzen, die auch (oder gerade) im beruflichen Wirken von hoher Bedeutung sind, z. B. Organisationstalent, Empathie, Konfliktmanagementkompetenz, Verhandlungsstrategien, Durchsetzungsvermögen, Belastbarkeit …

Vielleicht sind Sie ehrenamtlich oder in einem Verein tätig? Auch hier gibt es eine Vielzahl möglicher Kompetenzen – Karriere-Patches –, die sie erworben haben oder noch erwerben können. Seien Sie couragiert und gehen Sie dem mal ein bisschen nach. All diese Möglichkeiten gilt es entsprechend zu analysieren und aufzubereiten, denn Kompetenzen und Entwicklungs- oder Karriereschritte sind nicht an eine abhängige Beschäftigung gebunden.

Die Story des Karriere-Patchworks
Was ist gemeint, wenn wir die »Story des Karriere-Patchworks« sagen? Lassen Sie es uns mit einer Analogie versuchen. Vielleicht kennen Sie das: Manche Dinge sind für Sie auf den ersten Blick »objektiv« nicht schön. Dann erfahren Sie allerdings etwas über die Herkunft oder Entstehungsgeschichte des Gegenstands und betrachten nun denselben Gegenstand mit einem anderen Blick. Sie können darin etwas erkennen, das ihm seine spezifische Schönheit verleiht. Dies kann zum Beispiel ein Geschenk oder ein Erbstück sein, das Ihnen auf den ersten Blick nicht gefällt. Aber wenn Sie erfahren, mit wie viel Mühe es hergestellt oder über Generationen bewahrt wurde, wird es für Sie zu einem kostbaren Schatz.

Oder: Sie erhalten einen Gegenstand, von dem Sie nicht wissen, was Sie damit anfangen sollen, bis Ihnen jemand den Nutzen erklärt. Wenn es etwas ist, das Sie wirklich brauchen, werden Sie mit dem bislang unbekannten Gegenstand ein neues und ggf. nützliches Utensil erhalten. Falls Sie das Küchenutensil »Fruchtspritzer« nicht kennen, recherchieren Sie doch mal danach. Wir sind Fans geworden!

Übertragen auf die Patchworkkarriere formuliert es Stepstone so: »Hat man nun einen Lebenslauf, der sich aus unterschiedlichen Elementen zusammensetzt, seien es verschiedene Funktionen, Berufe, Firmen, Arbeitsformen etc., gilt es, diese geschickt zusammenzusetzen. Denn es kommt darauf an, die Entscheidungsträger von seinem persönlichen Berufsmosaik zu überzeugen. Dafür ist es entscheidend, den roten Faden herauszuarbeiten, der sich durch die persönliche Entwicklung hindurch zieht. Welche Erfahrungen wurden systematisch auf- und ausgebaut, wo liegen die Stärken und Fähigkeiten, die in den unterschiedlichen Einsatzfeldern zum Tragen kamen.« (https://www.stepstone.de/content/de/de/career/karriere/0609_patchworkkarriere.html)

Mit anderen Worten geht es darum, durch einen – immer noch selten zu findenden – Lebenslauf mit Phasen von Aus- und Weiterbildungen, von Arbeitsphasen und Auszeiten oder Familienphasen, Zeiten der Interimstätigkeit oder Selbstständigkeit sowie Funktions-, Branchen-, Firmen- und Berufswechseln einen roten Faden der Entwicklung zu ziehen, der den Bedarf des potenziellen Arbeit- oder Auftraggebers deckt und der vielleicht sogar positiv überrascht.

Auch wenn Sie vielleicht einen geradlinigen Lebenslauf haben, könnte es interessant sein, aus den wenigen Phasen, in denen Sie Brüche in Ihrem Lebenslauf haben (oder zusätzliche Kompetenzen außerhalb der Arbeit erworben haben) ein persönliches Patchwork-Kompetenzprofil zu erstellen. Sie werden vielleicht überrascht sein, welche weiteren Kompetenzen Ihnen noch zueigen sind – und: Sie bekommen eine Erfahrung, wie Sie bisher unerkannte Patches als Aktivposten der Kompetenzentwicklung erkennen. Probieren Sie es aus. Das macht Spaß und bringt Ihnen einen echten Zusatznutzen. Wenn Sie daran interessiert sind, Ihrem Patchwork-Kompetenzprofil auf die Spur zu kommen, empfehlen wir Ihnen folgende Literatur:

Ausgewählte Literatur

Sieber Bethke/Klein: Kompetenzen wirksam entwickeln – Nachhaltige Entwicklung und erfolgreicher Lerntransfer. 2020
Deutsches Institut für Erwachsenenbildung et al.: ProfilPASS: Stärken kennen – Stärken nutzen. 2016
Westphal/Jacoby: Das Job-Patchwork-Buch – Kreativität. Freiheit. Selbstverwirklichung. 2014

Für Ihre Praxis

- Wie viel Akzeptanz finden »flickenteppichartige« Lebensläufe heute in unserer Organisation?

- Welches Potenzial verschenken wir ggf. heute, wenn wir solche bunten Karrierewege nicht fördern?

Zusammenfassung

Die Patchworkkarriere ist die Summe eines mehr oder minder geplanten beruflichen Entwicklungsweges mit all seinen daraus entstehenden Kompetenzzuwächsen. Dabei können alle Phasen des Lebens Berücksichtigung finden. Die Zusammenschau dieser Entwicklungs- und Karriereschritte wird mit einem individuellen roten Faden durchzogen und kommuniziert – idealerweise mit Blick auf den geforderten Bedarf eines potenziellen Arbeit- oder Auftraggebers.

6.6   Eine kurze Zusammenschau der neuen Karriereansätze

Allen oben beschriebenen Karriereansätzen ist gemein, dass sie auf Eigenverantwortung für die eigene Karriere setzen.

Die **Kletterwandkarriere** stimuliert die persönlichen Entscheidungen für mögliche nächste Karriereschritte durch organisationale Entwicklungs- und Karriereopportunitäten. Verbindliche Aussagen zu Entwicklung, Karriere und Anreizgestaltung sind unternehmensspezifische zu treffen.

Die Eigenverantwortung für Karriere, Entwicklung und Erfolgsbewertung wird im Ansatz der **proteischen Karriere** am konsequentesten definiert. Das Individuum ist der alleinige Maßstab für die Bewertung einer individuellen Karriere und seiner Begleiterscheinungen. Es ist der subjektive bzw. der psychologische Erfolg, der zählt.

Die **Boundaryless Career** betont die Bedeutung von Karriere außerhalb der Organisation. Aus systemischer Sicht gilt es, Entwicklungs- und Karriereschritte, die außerhalb der Grenzen der Organisation gemacht werden können, in die individuelle Karriere zu integrieren.

Die **Patchworkkarriere** ist die Summe der lebenslangen Kompetenzzuwächse on und off the Job, die mit einem individuellen roten Faden durchzogen zum persönlichen Karrierenarrativ werden.

Die **Netzwerkkarrieren** orientieren sich bei aller Eigenverantwortung an der neuartigen Organisationsstruktur in Netzwerken und an der persönlichen Einsicht bzw. Eigenverantwortung für die Entwicklung von Expertise und Sozialkompetenz. Das Thema der monetären Anreize wird adressiert.

7 New Career: Die »neue Karriere« ist ein hybrides Konzept

In den vorangegangenen Kapiteln haben wir alle wesentlichen Aspekte beleuchtet, die kennzeichnend für die Rahmenbedingungen sind, in denen sich New Career vollzieht, und die – aus unserer Sicht – die wichtigsten Kernaussagen zu den neuen Karrieremodellen enthalten. In diesem Kapitel greifen wir die wesentlichen Aussagen auf, die gleichsam Arbeitshypothesen für die New Career sind. Dieses Kapitel gibt Antworten auf die Fragen:

- Wo geht die (Karriere-)Reise hin?
- Wie sehen Karriere und Entwicklung der nahen Zukunft aus?
- Und: Was bedeutet dies für die Organisationen?

Des Weiteren greifen wir in diesem Kapitel einige Aspekte der vorangegangenen Kapitel auf, die das Thema der Karriere- und Entwicklungsanreize zum Gegenstand haben, und entwickeln auch in diesem Zusammenhang keine fertige »Wunderpille New Career«, sondern handlungsleitende Thesen zur Gestaltung eines unternehmensspezifischen Karriere- und Anreizsystems.

7.1 Arbeitshypothesen für New Career

Für das Grundverständnis von New Career ist es bedeutsam, den grundlegenden Wunsch nach Entwicklung nicht zwingend mit einem Wunsch nach Karriere gleichzusetzen. Wenngleich der englische Sprachgebrauch und moderne professionalisierungssoziologische Ansätze diesen Zusammenhang selbstverständlich sehen, muss konstatiert werden, dass dies im aktuellen deutschen Sprachverständnis **noch nicht** anschlussfähig ist – und im Ergebnis eher zu enttäuschten Erwartungen führt. Wir plädieren hier für Sprachklarheit.

Die Erwartungen von Menschen an eine Karriere zeigen eine große Bandbreite, die mit Sicherheit eine hohe Ambiguitätstoleranz fordert. Im Ergebnis handelt es sich allerdings oft nicht um unvereinbare Positionen.

Für **Organisationen** lassen sich aus unserer Sicht folgende Arbeitshypothesen für New Career formulieren:

- Es hat sich bewährt, die klassische Führungslaufbahn (vgl. Kapitel 4.1) als Ausgangspunkt für die Strukturierung eines Karrierepfades und entsprechende Karriere- bzw. Entwicklungsanreize als Grundlage heranzuziehen, d. h. diese mit Blick auf Verantwortung, Entscheidungsbefugnisse etc. zu beleuchten. Eine klassische Führungskarriere ist für viele nach wie vor attraktiv und – wo sinnvoll – kann diese beibehalten werden.
- Sofern es einen organisatorischen Bedarf für eine vergleichbare Laufbahn als Experte (vgl. Kapitel 4.3) oder in der Projektleitung (vgl. Kapitel 4.4) gibt, kann auch dieser Neoklassiker entsprechend ergänzt werden. Eine strikte Kontingentierung und gleichwertige Ausgestaltung dieses Karrieretyps ist für einige Menschen eine sinnvolle und attraktive Alternative zur Führungskarriere. Der Aufwand für die relativ geringe Zahl an potenziellen Stellen sowie das Erosionsrisiko des Konzepts ist dennoch als sehr hoch einzuschätzen.
- Der Ansatz des Kompetenzrades von Fuchs/Fuchs (vgl. Kapitel 5.2) bietet gerade mit Blick auf die gleiche Wertigkeit der verschiedenen Karrieren eine für die Organisation nachvollziehbare Logik. Der bestechende Aspekt besteht vor allem in einer visualisierten Dekonstruktion des Bildes der Pyramide, aus der eine Kreisfläche entsteht. Entscheidend ist auch hier die vergleichbare Ausgestaltung von Anreizen.
- Gerade dann, wenn eine Organisation
  - bereits durch neuere Organisationsformen strukturiert ist (zum Beispiel durch Kreisstrukturen) oder
  - überwiegend holokratische oder soziokratische Ansätze als Organisationsmodell verfolgt bzw.
  - überwiegend oder ausschließlich in agilen Strukturen arbeitet und
  - hoch volatil in der Zusammensetzung von Teams und der Übernahme von Rollen ist,

  würde sich das Kompetenzrad ebenso anbieten. Die bislang formalen Stellen oder Positionen können unproblematisch durch die verschiedenen Rollen (z. B. Scrum Master und Product Owner) ersetzt werden
- Wenn es sich um reine Entwicklungswünsche der Mitarbeitenden handelt (ohne vorrangigen Anspruch auf Anreize), sollte eine konsequente Begriffsdifferenzierung stattfinden. Entwicklungsmaßnahmen sollten systematisiert und strukturiert in Form von Entwicklungspfaden gestaltet werden (vgl. Kapitel 5.3). Sollte aus der Entwicklung die Übernahme einer Stelle, Rolle etc. mit einer höheren Verantwortung resultieren, ist der Bedingungsrahmen für diese Tätigkeit abzustecken.

Egal, ob Position, Stelle oder Rolle – deren vergleichbare Bewertung mit Blick auf Verantwortung, Einfluss etc. ist eine erste Handlungsprämisse für New Career. Eine grafische Illustration, die wie das Kompetenzrad von Fuchs/Fuchs die Vorstellung von pyramidalen Strukturen löst und den Blick auf den zwingenden Zusammenhang von Personalführung und erforderlichen Kompetenzen richtet, wird den Ansatz von New Career beflügeln.

Für die **einzelnen Personen** lassen sich aus unserer Sicht folgende Arbeitshypothesen für New Career formulieren:

- Mit Blick auf die zu erwartende hoch volatile Arbeitsmarktsituation und die veränderte Erwartung künftiger Generationen sowie den Wertewandel in den bestehenden Belegschaftsstrukturen ist das Paradigma der proteischen Karriere handlungsleitend – in welchem Ausmaß auch immer. Der »Besitzer« der Karriere ist das Individuum. Die Person formuliert subjektive Ziele und Maßnahmen, um diese Ziele zu erreichen. Ihr allein obliegt die Deutungshoheit einer erfolgreichen Karriere.
- Die Konstruktion einer Patchworkkarriere wird zu einer Kompetenz der Zukunft. Den roten Faden in der eigenen (Berufs-)Vita zu finden und zu kommunizieren gehört zu den zentralen Aspekten einer künftigen Karriere und führt zu Zufriedenheit in einer proteischen Karriere.
- Karriere ist ein ganzheitliches Konzept. Relevante Entwicklungen finden auch außerhalb der formalen Grenzen der aktuellen Organisation statt (vgl. Kapitel 6.4).
- Auch Kompetenzen, die außerhalb des originären Arbeitskontextes erworben wurden, sind zentrale Bestandteile des persönlichen Wachstums und der beruflichen Professionalisierung – dafür werden (noch) Möglichkeiten der »offiziellen« Anerkennung benötigt, damit sie strukturierter in die Patchworkkarriere eingebunden werden können.

Das breite Angebot der Organisation erlaubt es dem Individuum, aus einer Vielzahl von Entwicklungsopportunitäten zu wählen. Der Mensch ist der »Besitzer« seiner Karriere und er allein entscheidet über die Zielsetzung, die Wahrnehmung der Wahlmöglichkeiten und die Deutung im Hinblick auf den Erfolg seiner Karriere – auch wenn das manchmal bedeutet, dass er sie dann als erfolgreich ansieht, wenn andere das auch sagen.

Entwicklungsschritte finden on und off the Job statt – die Grenze der eigenen Organisation spielt eine nachgeordnete Rolle.

Für **HR/D** lassen sich aus unserer Sicht folgende Arbeitshypothesen für New Career formulieren:

* HR/D ist der Impuls- und Taktgeber für eine eigenverantwortliche Entwicklung und Karriere. Neben der eigenen Haltung muss die Entwicklungsphilosophie, der o. g. Bedingungsrahmen und die eigene Kompetenz konsequent in diese Richtung entwickelt werden

* Alle entwicklungsverantwortlichen Personen (Führungskräfte, Scrum Master …) müssen – zum Beispiel mithilfe von Trainings – mit der Handhabung der Instrumente und mit den Prozessen, die für eine eigenverantwortlichen Karriere notwendig sind, vertraut gemacht werden.

* HR/D muss insbesondere die Kompetenz für Karriere- und Entwicklungsberatung professionalisieren: Es gilt, die natürlichen Lernräume einer systematischen Entwicklung zugänglich zu machen.

Als Impuls- und Taktgeber muss HR/D den Bedingungsrahmen für eine konsequent eigenverantwortliche Karriere ausrichten. Dazu gehört es, Allianzen zu schmieden und die Beteiligten und Betroffenen für diesen Gedanken zu gewinnen und sie zu befähigen, ihre Karriere selbst in die Hand zu nehmen. Die Expertise von HR/D wird zunehmend darin bestehen, entsprechende Entwicklungsangebote vorzuhalten. Die subjektiven Karriere- und Entwicklungswünsche vorbehaltlos zu unterstützen, ohne die Bedürfnisse und Bedarfe der Organisation in den Vordergrund zu rücken, wird zu einer der größten Herausforderungen.

Insbesondere die im Feld der Karriere- und Entwicklungsberatung verantwortlichen Personen werden zunehmend die Kompetenz aufbauen müssen, Menschen bei der Formulierung ihrer Karriere- und Entwicklungsziele zu unterstützen, Learning Journeys auszuarbeiten und alle Gelegenheiten on und off the Job für eine individuelle Entwicklung nutzbar zu machen und bei der Standortbestimmung und Evaluation im Prozess ihrer eigene Karriere zu professionalisieren.

Einen weiteren wichtigen Aspekt haben wir bislang bewusst ausgeblendet: die Karriere- und Entwicklungsanreize. Diesen wollen wir uns in einem gesonderten Abschnitt widmen.

7.2 Arbeitshypothesen für Karriere- und Entwicklungsanreize

Manchmal geht es nicht um Karriere und Entwicklung als Selbstzweck oder als Weg zur individuellen Erfüllung, sondern manchmal sind Karriere und Entwicklung Mittel zum Zweck. Dieser Zweck ist individuell unterschiedlich und umfasst zwei große Felder: Die Rahmenbedingungen des Arbeitens und die Anreize der Verantwortungsübernahme.

Die Rahmenbedingungen des Arbeitens

Bei den Rahmenbedingungen des Arbeitens kommt das MCC-Modell von Deloitte zum Tragen. Während bislang zunehmende Verantwortung (und adäquate Stellenausstattung) die Kennzeichen von Aufstieg oder Karriere und Entwicklung waren, hat die Beleuchtung des Personalbestands klar aufgezeigt, dass sich die Motivlage und die Lebenssituation sowie die Bewertung von Arbeit für viele Menschen geändert haben: Aspekte wie zeitliche und räumliche Mobilität sowie Work-Life-Integration etc. sind heute für viele Menschen viel bedeutsamere Entscheidungsparameter für die Wahl einer Arbeitsstelle als der formale Status.

Wir plädieren dafür, geeignete Parameter zu finden für die Menschen, die in Ihrer Organisation von Relevanz sind, und ihre Stellen mit einem Score zu versehen, in welcher Ausprägung diese Parameter in den jeweiligen Positionen, Rollen und Tätigkeiten gefordert sind. Diese am Menschen orientierten Aspekte bilden einen neuen Entscheidungsrahmen für die Wahl eines Entwicklungspfades, der nicht nur auf offensichtlich großes Interesse stößt, sondern auch neue Potenziale zu heben vermag. Zudem mag Ihnen dieser Ansatz – gleichsam eine vom Kunden gedachte Stellenbewertung (oder wenn Sie dieses Bild lieber mögen: eine Nutri-Anzeige auf einem Schokoriegel) – dazu verhelfen, die Bewertung der Positionen und Rollen besser vergleichen zu können, die sich dann wiederum in einem Kreismodell oder in einem ergänzenden Format abbilden lässt.

Die Anreize der Verantwortungsübernahme

Wir hatten es oben bereits erwähnt: Karriere- und Entwicklungswünsche sind manchmal Mittel zum Zweck: mehr Geld zu verdienen, Privilegien zu erhalten oder in den Genuss von arbeitsbezogenen Vorteilen zu kommen. Was letzteren Aspekt angeht, werden Sie sich intern die Frage stellen müssen, woran Sie Entscheidungs- oder Vertretungsbefugnisse festmachen und wann Sie die Einbindung in Kommunikations- und Informationsrunden ermöglichen oder verwehren. Wir sind genug Praktiker, um zu sagen: Das muss man organisieren. Und wir stellen auch immer wieder fest, dass die Einbindung oftmals in hierarchischen Strukturen stattfindet, die unterm Strich wenig Nutzen bringen und oftmals sogar als Last erlebt werden. Seien Sie mutig, Dinge anders zu probieren.

Was das Thema Entgelt angeht, verweisen wir ganz banal auf die Anforderungsgerechtigkeit als wichtiges Prinzip der Entgeltgestaltung. In Verbindung mit den o. g. Aspekten ist damit genug gesagt.

Ein kleines bisschen mehr soll noch einmal das Thema des Anreizes, insbesondere der Statussymbole beleuchtet werden. Ganz grundsätzlich betrachte ist der »objektive« Erfolg gar nicht so objektiv, wie der Begriff vermuten lässt, denn der objektive Erfolg ist immer an einen Referenzrahmen gebunden. Neben dem subjektiven Bewertungsrahmen, ob ein erzieltes Jahresgehalt »gut« oder »schlecht« ist, können als Fremdreferenz auch Dritte herangezogen werden (z. B. das Jahresgehalt im Vergleich zu anderen Organisationsmitgliedern oder das Jahresgehalt von Menschen in anderen Organisationen mit der gleichen Berufsbezeichnung). Es ist für den erfahrenen Praktiker evident, dass wir alle Aspekte in einem Unternehmen mittlerer Größe vorfinden – mit allen Herausforderungen. Daher befinden wir uns in der subjektiven Bewertung des Erfolgs einer Karriere sehr schnell wieder in einem Vergleichsrahmen, der aber runterschiedlichen Bewertungsprämissen unterliegt. Und dennoch: Von jeher wird der soziale Rang oder die Zugehörigkeit zu einer bestimmten Gruppe für andere sichtbar zum Ausdruck gebracht. Statussymbole sind Kennzeichen, die eben diesen Rang oder die Zugehörigkeit für andere erkennbar machen. Dabei ist ein Statussymbol nur dann ein Statussymbol, wenn es von den Insidern als solches erkannt und akzeptiert wird. Und: Es gibt einen Wettbewerb um Anerkennung, deshalb wird es Statussymbole weiterhin geben. Die klassischen Statussymbole: großes Einkommen, großes Haus, großes Auto, teure Uhr usw. funktionieren noch, sind aber kein Garant mehr für soziale Anerkennung und Status.

Doch durch die Veränderung bisheriger Statussymbole entsteht keine statussymbolfreie Welt. Statussymbole verlagern sich nur. Denn auch den Retro-Kinderwagen, das aus recycelten Flaschen hergestellte Laufshirt oder die Besteigung des Nanga Parbat muss man sich leisten können. Nachdem ein verstärktes ökologisches Bewusstsein den Minimalismustrend verstärkt, ist es auch für die Reichen wichtiger, politisch korrektes Geldausgeben zu demonstrieren. Die neuen Statussymbole sind postmateriell: Sie signalisieren Eingeweihten den eigenen Status und bleiben gleichzeitig unter dem Radar der Mehrheit (Fries, 2016). Auf den ersten Blick scheinen diese Dinge wie Anti-Statussymbole und doch drücken sie eines aus: Ich kann es mir leisten. Am besten illustriert das der Werbeslogan »Das Statussymbol für alle, die kein Statussymbol brauchen« (Dacia Duster).

Wie individuell wird eine proteische, eigenverantwortliche Karriere sein, wie abgenabelt von der Bewertung Dritter und den sozialen Einflüssen um uns herum? Wie viele Menschen haben diesen Grad der Autonomie erreicht, dass ihnen diese eigenverantwortliche Karriere Glück verschafft?

Fragen, die Sie sich selbst beantworten müssen.

8 Wie man neuere Karrieren in die Spur setzt – vom Warum (und Was) zum Wie

In den vorangegangenen Kapiteln haben Sie sich mit den veränderten Rahmenbedingungen beschäftigt, die auch die Notwendigkeit für einen neuen Blick auf Karriere begründen. Sie haben Ansätze kennengelernt, die eine solche Karriere konstituieren, und einen möglichen hybriden Karriereansatz. In diesem Kapitel geht es darum auszuleuchten, wie man einen praxisorientierten Einstieg in dieses Thema findet.

Hierzu erfahren Sie zunächst, welche sinnvollen Vorarbeiten Sie im Kontext der New Career leisten sollten (konkret: die Recherche vorab, die Beschäftigung mit den Zielgruppen für eine New Career, kulturelle Rahmenbedingungen und der Entwurf eines New-Career-Masterplans). Danach skizzieren wir einen klassischen und einen agilen Ansatz zur Implementierung von New Career.

Abschließend erfahren Sie in diesem Kapitel, wie Sie vorgehen sollten, wenn Sie New Career in Ihrem Unternehmen vermarkten wollen. Dabei gehen wir zunächst auf die erforderliche Vorabanalyse ein, geben Hinweise zu »Handwerklichem« und beleuchten den Aspekt der verschiedenen Medien.

8.1 Sinnvolle Vorarbeiten im Kontext von New Career

Die Implementierung eines New-Career-Ansatzes ist für die meisten Organisationen ein sehr tiefer Eingriff in bestehende Strukturen und unternehmenskulturelle Habitualisierungen. Für eine professionelle Konzeption, Implementierung und in der Folge für eine gelebte Umsetzung von New Career in Ihrem Unternehmen sollten Sie unbedingt zwei Dinge vorab sicherstellen: ausreichende Recherche und den Entwurf eines groben Masterplans.

8.1.1 Recherche

Nach den ersten Impulsen, die Sie aus diesem Buch zu New Career ziehen, empfiehlt es sich, weiterführende Recherchen aufzunehmen. Hierzu bietet es sich an,

- die einschlägige Fachliteratur, wissenschaftliche Journals und Beiträge in Fachzeitschriften zu studieren,
- Fachtagungen, Vorträge oder Seminare zu besuchen, die sich näher mit dem Thema oder einem Aspekt daraus beschäftigen,
- sich nach Marktvergleichen, Benchmarks und Good Practices umzusehen und/oder
- sich persönlich mit anderen über deren Erfahrungen auszutauschen – egal, ob im eigenen Netzwerk oder in einem gezielt angesprochenen Unternehmen.

Es empfiehlt sich, in allen Quellen nicht nur die jeweiligen Ziele und Umsetzungen von New Career zu betrachten, sondern auch Kontextangaben zum Beispiel zur

- Branche, Unternehmensgröße, Entwicklungsphase des Unternehmens oder
- zur Anzahl und Qualifikation der Mitarbeitenden

in Augenschein zu nehmen, denn was bei dem einem funktioniert, muss nicht zwingend ein generelles Erfolgsrezept für alle sein.

What the stakeholders really want

Ein zentraler Aspekt für die Gestaltung eines spezifischen New-Career-Ansatzes in Ihrem Unternehmen ist das Interesse, die Bereitschaft und die Motivlage der Stakeholder hinsichtlich des Themas Lernen und Entwicklung. Dieses Interesse variiert allerdings von Person zu Person und sollte mit Blick auf die einzelnen Mitarbeitenden, die Sie für eine New Career im Auge haben, ebenso wie auf Ihre aktuelle und zu erwartende künftige Belegschaft in Augenschein genommen werden. Einen möglichen Orientierungsrahmen bietet unser Modell zu den Typen der Karriere- und Entwicklungsorientierung.

Hintergrund dieses Modells ist der im Jahr 2003 erschienene Beitrag »Managing the new career: Career-orientation e-guide« von J. P. Briscoe. Dort zeichnet der Autor eine Matrix, die die Typen der proteischen Laufbahnorientierung skizziert.

Angelehnt an dieses Modell haben wir – in Abgleich mit unseren Praxiserfahrungen der Entwicklungsberatung und -begleitung – eine Typologie modelliert, die u. E. die gegenwärtige Lage bzw. die Interessen der Stakeholder gut abbildet.

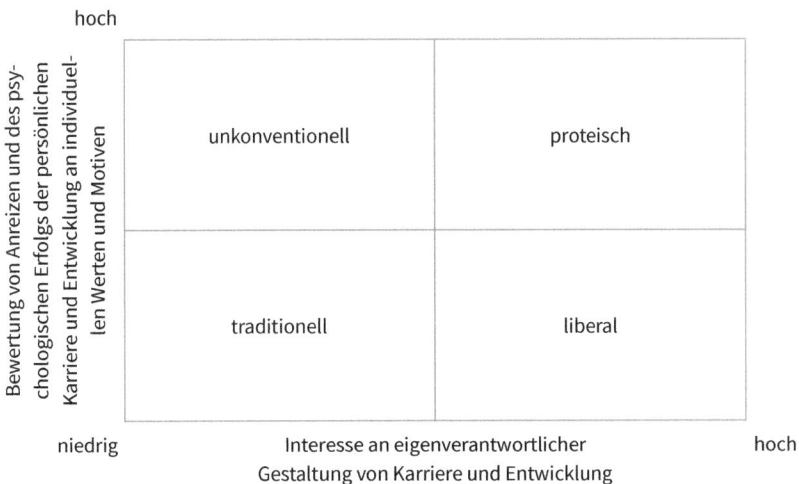

hoch

Bewertung von Anreizen und des psychologischen Erfolgs der persönlichen
Karriere und Entwicklung an individuellen Werten und Motiven

| unkonventionell | proteisch |
| traditionell | liberal |

niedrig   Interesse an eigenverantwortlicher   hoch
                 Gestaltung von Karriere und Entwicklung

Typen der Karriere- und Entwicklungsorientierung

Was sagt diese Typologie? Personen können einerseits mehr oder weniger stark von individuellen Werten motiviert sein und entsprechend eine niedrigere oder höhere Selbstverantwortung mit Blick auf ihre Laufbahn- bzw. Karriereentwicklung an den Tag legen. Dies führt zu vier Typen:

- traditionell
- unkonventionell
- liberal
- proteisch

Der »traditionelle Typ« ist weniger an eigenen Werten orientiert und auch nicht stark an einer eigenverantwortlichen Karriereentwicklung ausgerichtet. Natürlich bedeutet dies nicht, dass eine Person mit dieser Typenbezeichnung nicht über große Motivation verfügt, Karriere zu machen, oder nicht auch eine Präferenz für einzelne Benefits haben mag. Es bedeutet, dass diese Person eine Karriere (und die Insignien der Macht) nach Maßgabe der Organisation schätzt. Für diesen Typus gilt es, ein entsprechendes organisational strukturiertes – ggf. klassisch-traditionelles – Karriereangebot vorzuhalten. Neben der traditionellen Führungslaufbahn sind zum Beispiel auch alternative Optionen wie eine Karriere in einer Experten- oder Projektleiterlaufbahn denkbar.

Der »**unkonventionelle Typ**« schätzt zwar ein vorstrukturiertes Angebot, wie man in einer Organisation Karriere machen kann, ebenso wie der Traditionelle. Vom traditionellen Typ unterscheidet sich dieser Typ vor allem durch seine Orientierung und Motivation, die durch seine Werte geprägt sind. Dabei sind nicht nur die Bedingungen des jeweiligen Lebensabschnitts relevant (z. B.: Was brauche ich in Zeiten der Familiengründung? Was möchte ich vor dem Ruhestand noch machen?), sondern auch die individuelle Bewertung von Benefits. Für diesen Typus sind Ansätze wie das MCC von Deloitte mit Sicherheit attraktiv, ebenso die Möglichkeit, seine Benefits aus einem Cafeteria-System auszuwählen oder frei zu gestalten.

Dem »**liberalen Typ**« sind möglichst breit gefächerte Entwicklungs- und Karriereangebote des Unternehmens wichtig. Die Flexibilität, als Experte, Projektleiter, Führungskraft oder in einer sonstigen Struktur (oder Chance, die das Unternehmen bietet) zu arbeiten und den Ort zu wählen, an dem er dies tut, schätzt er und wird darüber aus seiner spontanen Lebenssituation heraus entscheiden oder Opportunitäten nutzen. Dabei geht es dieser Person wahrscheinlich weniger um sehr individuelle Anreize, die sich an persönlichen Aspekten orientieren, als um die Besitzstandswahrung und gemeinhin übliche Anerkennung (auch materiell) bei der Gestaltung eines Entwicklungsfortschritts.

Der »**proteische Typ**« ist hinsichtlich der Definition, was Karriere für ihn bedeutet, nicht mehr an eine Organisation gebunden. Karriere ist für ihn am ehesten mit dem subjektiven, »psychologischen Erfolg« zu erklären. Dieser Zustand des psychologischen Erfolgs kann situativ erlebt oder durch einen Erforschungsprozess für die Zukunft perspektivisch geformt werden. Er orientiert sich sowohl an Positionen, Funktionen, Rollen oder Aufgaben, aber auch an Projekten, mit denen er den gewünschten Zustand der Integration von Leben und Arbeiten in Einklang bringen kann (auch unter dem Aspekt von zeitlichen oder örtlichen Rahmenbedingungen). Die Möglichkeit, Ziele und Maßnahmen auf dem Weg zu wählen sowie Gelegenheiten frei zu nutzen, hat einen hohen Wert für ihn. Attraktive Anreize für den proteischen Typ sind subjektiver Natur und können die ganze Bandbreite von materiellen und immateriellen Anreizen einnehmen und nahezu jedes Feld umfassen. Angebote des Unternehmens jeglicher Art werden mit den eigenen Interessen und Werten abgeglichen. Von hoher Bedeutung ist die Beratung und Unterstützung dieses Typs bei der konstruktivistischen Bestimmung der Karriere (Etappen) und der Identifikation von Möglichkeiten zur Realisierung, z. B. in individuellen Entwicklungsplänen.

Für eine möglichst passgenaue New Career in Ihrem Unternehmen lohnt es sich sehr, den nachfolgenden Praktiker-Check unter Berücksichtigung der vorherigen Typologie zu bearbeiten.

In den seltensten Fällen wird es in einem Unternehmen nur einen Typ geben. In der Praxis sind in den meisten Unternehmen alters- und generationengemischte Belegschaften der Normalfall. So wie jedes Individuum seine individuelle Ausprägung an Karriere- und Entwicklungsinteressen hat, so wird sich dies auch in der Gesamtheit der Belegschaft abbilden. Kurzum: Karriere und Entwicklung sind schon lange nicht mehr nur ein Modell, sondern ein Metakonzept von ineinander passenden Karriere- und Entwicklungskonzepten. Als Unternehmen ist man wahrscheinlich gut beraten, sich entsprechend der Analyse ein Metakonzept zu verfassen, das die Ziele, Instrumente, Prozesse und Beratungsangebote für die verschiedenen Karrierekonzepte darlegt und die Einzelkonzepte miteinander verzahnt.

Für Ihre Praxis

- Auf welche Mitarbeitertypen sind Karriere und Entwicklung in Ihrem Unternehmen derzeit tendenziell am stärksten ausgerichtet?

- Welche Typen sind/wären von Ihrem tatsächlichem Karriere- und Entwicklungsangebot begeistert?

- Wie hoch ist in Ihrem Unternehmen die tatsächliche Zufriedenheit mit den Karriere- und Entwicklungsmöglichkeiten?

- Welcher Typus prägt Ihr Unternehmen heute?

- Welche Typen erwarten Sie als Bewerber in naher Zukunft?

Kulturelle Fähigkeit und Bereitschaft für eine New Career

Ein weiterer – nicht minder bedeutsamer – Aspekt ist die kulturelle Bereitschaft und Fähigkeit einer Organisation und der darin tätigen Menschen, sich auf einen Paradigmenwechsel in Sachen Karriere einzulassen.

Vom Verstand her ist das Konzept der New Career für die meisten Menschen recht einfach nachvollziehbar und verständlich. Und doch sind einige zentrale Fragen zu beantworten (vgl. auch Kapitel 9):

- Wie werden Menschen an das neue Modell herangeführt?
- Wie und worüber wird in welcher Tiefe informiert?
- Wie wird kommuniziert?
- Welche Beratung wird dazu angeboten?
- etc.

Natürlich wird es immer Befürworter und Gegner geben. Alle mitzunehmen ist ein nahezu unerreichbares Ziel, wobei der hybride Ansatz der New Career für viele Mitarbeitende gute Antworten parat hat und mittels geeigneter Unterstützung durch Instrumente, Beratung und Schulungen kann ein großer Teil der Akzeptanz geschaffen werden.

Betrachtet man die Bereitschaft (und Fähigkeit), sich auf einen Paradigmenwechsel mit Blick auf etablierte und gesellschaftlich verankerte Vorstellungen von Karriere einzulassen, helfen Ansätze der Systemtheorie sehr gut, um potenzielle Widerstände zu erkennen.

Exkurs

Eine Hypothese der systemischen Lehre ist, dass kontinuierliche Veränderung der natürliche Zustand eines Organismus ist – zum Beispiel Atmen, Wachsen etc.

Die systemische Organisationslehre geht davon aus, dass Systeme (wie zum Beispiel Organisationen) Energie aufwenden müssen, um stabil zu bleiben, da dies nicht ihr natürlicher Zustand ist, der – ähnlich wie ein Organismus – die kontinuierliche Änderung und Anpassung zur Prämisse hat.

Diese Energie zum Stabilitätserhalt wird deswegen aufgewandt, weil irgendein »Profit« im Erhalt des Status quo begründet liegt. Dieser muss sich nicht zwingend erschließen oder für uns nachvollziehbar sein.

Jede (potenzielle) Änderung gefährdet somit (potenziell) den – nicht immer bewussten – »Profit« und löst somit Widerstandsreaktionen aus. Dies ist ein primär emotionaler – und kein sachlicher – Prozess.

Erst wenn der bisherige (subjektive) »Profit« auch in der Veränderung (subjektiv erlebt) sichergestellt ist oder sogar eine (subjektiv erlebte) Verbesserung mit sich bringt, geht der Widerstand über in die Bereitschaft, sich inhaltlich mit der Veränderung auseinanderzusetzen.

Mit einem systemischen Blick auf Widerstand, der in erster Linie als emotionaler Prozess verstanden wird, ist evident, dass es nicht um die Kraft der Überzeugung geht, sondern um das Wahrnehmen der Bedürfnisse und das gemeinsame Finden von Lösungen. Und: Mit Blick auf ein neues Karriereverständnis betrifft dies vor allem diejenigen, die nach den bisherigen Regeln Karriere gemacht haben. Kurz gesagt: Kultur ist eine Habitualisierung von (subjektiven) Annahmen, welches Verhalten angemessen ist oder zum Erfolg führt.

Ein zweiter Aspekt ist das Zusammenspiel von Person und Umwelt. Umweltanreize wie zum Beispiel Anerkennung durch andere, Prämienzahlungen oder auch nur soziale Gewohnheiten steuern unser Verhalten – die berühmten Konformitätsstudien von Solomon Asch (sollten Sie diese nicht kennen, recherchieren Sie die entsprechenden Berichte oder Videos im Internet) sind nur ein kleines Beispiel. Vergleichen Sie auch die Ausführungen im Kapitel 8.2 zum Thema »Nudges«.

Was lässt sich zusammenfassend sagen? Natürlich brauchen wir gute Argumente und Konzepte ebenso wie Überzeugungskraft, aber damit allein werden Sie keinen nachhaltigen Wandel generieren. Die Einbindung der Menschen, das Wahrnehmen eben dieser ist mehr als nur eine »Psychotechnik« oder moderne Üblichkeit, sondern einer der Schlüssel für die Bereitschaft, sich auf Neues einzulassen.

Weiterhin geht es darum, dass die organisationalen Rahmenbedingungen (wie z.B. monetäre Anreizsysteme, Führungsverhalten etc.) einen Einfluss darauf haben, ob ein derart tiefgreifender Wandel gelebt wird – oder eben wegen erlebter Widersprüchlichkeit zu Widerstand führt.

Einige Handlungsfelder, die durch HR/D in den Fokus genommen werden sollten, beleuchten wir in diesem und in Kapitel 9.

8.1.2   Entwurf eines Masterplans

Nach erfolgter Recherchearbeit ist es hilfreich, einen Masterplan zu entwerfen, bevor man in die Detailarbeit geht. Eine mögliche Orientierung bietet hierbei das Modell der sieben Ebenen einer Organisation – exemplarisch ist dieses Modell mit Blick auf die Gestaltung der Leitfragen für einen New-Career-Masterplan im Folgenden skizziert.

Philosophie	• Welche grundlegende Intention verfolgt das Unternehmen mit der Einführung einer New Career? Daraus ergibt sich eine Art »Mission Statement«, das Ziele, Motive und Absichten kurz, prägnant und mit überschaubarem Aufwand formuliert. Idealerweise ist es aus der Unternehmens-/HR-Strategie abgeleitet oder mit ihr mindestens widerspruchsfrei vereinbar.

Strategie	• Welche Prinzipien sollen für die New Career gelten, z. B. bezüglich Zielgruppen, Zeithorizonten etc.?
	• Welche konkrete Zielsetzung hat unser Konzept abhängig z. B. von
	  – der Entwicklungsphase des Unternehmens,
	  – der Konkurrenzsituation am Arbeitsmarkt,
	  – dem Anteil von Experten an der Gesamtmitarbeiterzahl,
	  – der Demografie/Altersstruktur in Schlüsselpositionen,
	  – der Unternehmensstrategie und
	  – absehbaren strategischen Vorhaben des Unternehmens?

Struktur	Gesamtstruktur des New-Career-Modells: • Welche Positionen, Stellen und Rollen sollen entwickelt werden?
Menschen	• Wie werden Menschen an das neue Modell herangeführt? • Wie wird informiert/kommuniziert? • Welche Beratung wird dazu angeboten? • Wie werden die Betroffenen in die Konzeption einbezogen?

Funktionen	• Welche Funktionen sollen in der New Career eingerichtet werden? • Welche Job- bzw. Anforderungsprofile sollen formuliert werden? • Was ändert sich ggf. bei den bestehenden (Führungs-)Funktionen? • Welche flankierenden Funktionen benötigen wir zur Unterstützung, des neuen Systems: Auswahl, Beratung, Förderung? • Welche Qualifizierungsmaßnahmen sind notwendig? • Wie verhalten sich Projektleitungsfunktionen zu Fach- und Führungsfunktionen?
Prozesse	• Wie werden die zur New Career gehörenden Abläufe geregelt?
Mittel	• Welche materiellen Mittel werden zur Verfügung gestellt/benötigt? • Mit welchen Mehrkosten für Personal bzw. Personalentwicklung ist zu rechnen? • Welche IT-Kosten für die Anpassung von Systemen bzw. Informationsmedien entstehen, um Transparenz sicherzustellen?

Ausgewählte Leitfragen für einen New-Career-Masterplan anhand des Modells der sieben Ebenen einer Organisation (in Anlehnung an Stengele, 2013, S. 40 ff.)

Die Erstellung von Personas unter Berücksichtigung dieser Leitfragen, Interviews und Workshops oder Diskussionen in Gremien und speziell eingerichtete Sounding Boards können dazu beitragen, die Interessen, Motive und Bedürfnisse besser zu erkennen, aber auch potenzielle Vorbehalte und Widerstand zu identifizieren. Wie sie Personas erstellen, erfahren Sie in Kapitel 8.2.1.

Der klassische Weg zu New Career

Die Einführung eines New-Career-Konzepts ist ein klassisches Changeprojekt. Wir gehen davon aus, dass Ihnen die Strukturierung und Umsetzung von Projekten gut vertraut ist. Was das Thema Veränderungsprozesse hingegen angeht, erleben wir in der Praxis immer wieder ein Scheitern. John Kotter, Professor an der Harvard University, hat in seiner Forschung acht Gründe für das Scheitern von Changeprozessen identifiziert und acht Stufen für einen erfolgreichen organisatorischen Wandel abgeleitet:

1. Ein Gefühl für Dringlichkeit erzeugen
2. Eine Führungskoalition aufbauen
3. Eine Vision und Strategie entwickeln
4. Die Vision des Wandels kommunizieren
5. Mitarbeitende auf breiter Basis befähigen
6. Schnelle Erfolge erzielen
7. Erfolge konsolidieren und weitere Veränderungen einleiten
8. Neue Ansätze in der Kultur verankern

Was bedeutet dies nun für eine klassische Implementierung einer New Career? Gehen wir die Punkte im Einzelnen durch:

1. Ein Gefühl für Dringlichkeit erzeugen

Hier geht es laut Kotter darum, die Wichtigkeit und Bedeutung, vielleicht sogar die Notwendigkeit aufzuzeigen, die den Wandel erforderlich macht. Folgende Fragen gilt es zu beantworten:

- Was ist der Auslöser für das neue Konzept?
- Welches Problem, welche Herausforderung soll mit der Einführung eines New-Career-Konzepts gelöst werden?

Diese Fragen sollten allerdings nicht vor dem Hintergrund einer gefühlten Drohkulisse beantwortet werden, sondern erlebbar machen, dass die Maßnahmen sinnvoll sind, man leidenschaftlich für deren Umsetzung kämpft und gewillt ist, sie kontinuierlich voranzutreiben.

2. Eine Führungskoalition aufbauen

Kotter empfiehlt, eine Gruppe Entscheider zu gewinnen, die von der Sinnhaftigkeit eines New-Career-Ansatzes überzeugt sind und die Macht haben, den Wandel durchzuführen und vorzuleben.

3. Vision und Strategie entwickeln

Es gilt, nach allen Regeln der Profession eine attraktive und erstrebenswerte Vision für New Career zu entwickeln und Ziele und Strategien für den Weg dahin zu entwerfen.

4. Die Vision des Wandels kommunizieren

Die Vision muss allen Beteiligten vermittelt werden. Dies geschieht nicht nur in Informationsveranstaltungen, sondern vor allem durch einen Dialog, in dem eine aktive Auseinandersetzung mit dem Konzept einer New Career ermöglicht wird.

5. Mitarbeitende auf breiter Basis befähigen

In diesem Schritt geht es darum, die »PS auf die Straße zu bringen«. Es gilt zum Beispiel, ein Angebot individueller Karriere- oder Entwicklungsberatung vorzuhalten, Workshops anzubieten, um Führungskräfte und andere Schlüsselpersonen im Umgang mit dem neuen Konzept zu befähigen und Menschen zu ermutigen, die Möglichkeiten der New Career aktiv zu nutzen.

6. Schnelle Erfolge erzielen

In diesem Punkt geht es darum, schnell sichtbar zu machen, dass mit dem Konzept New Career tolle Erfolge zu erzielen sind. Dies kann sich zum Beispiel im Erreichen bestimmter (Entwicklungs-)Ziele manifestieren, die kommuniziert und gefeiert werden, oder in besonders sichtbaren »Erfolgsstorys« von Menschen aus der Organisation, die aus ihrer Erfahrung mit dem Ansatz berichten und mit diesem Erfolg in der Organisation erkannt und anerkannt werden.

7. Erfolge konsolidieren und weitere Veränderungen einleiten

Nun gilt es, die oben bezeichneten Erfolge auf eine breitere Basis zu stellen und die immer zahlreicher werdenden Erfolge entsprechend weiter zu kultivieren.

8. Neue Ansätze in der Kultur verankern

Die Gleichwertigkeit von Entwicklungswegen in allen Fragen, die Status und Ansehen betreffen (Vergütung, Fortbildung, Firmenwagen etc.), sowie die Anerkennung unterschiedlichster Rollen mit ihrem Beitrag zum Unternehmenserfolg sind zwei Beispiele zur Verankerung des neuen Ansatzes.

Eine agile Landkarte auf dem Weg zur Implementierung einer New Career

In diesem Buch geht es um »New Career« im Kontext von VUCA und Agilität. Es ist nur folgerichtig, auch bei der Vorgehensweise zur Implementierung von New Career eben diese Aspekte zu berücksichtigen. Die Vielzahl relevanter Ansätze und Methoden kann in ihrer Gesamtheit hier gar nicht dargestellt werden, dies würde den Rahmen dieses Buches komplett sprengen und dem Thema des Buches einen anderen Schwerpunkt verleihen. Wenn wir an dieser Stelle nicht mit bekannten und beliebten Methoden wie zum Beispiel Design Thinking arbeiten, dann nicht weil wir diese für »schlecht« halten, sondern weil wir zutiefst davon überzeugt sind, dass es nicht die eine Methode gibt.

Wir haben uns in diesem Fall für das Scrum Framework entschieden. Albert Einstein wird die Aussage zugeschrieben, »alles sollte so einfach wie möglich gemacht werden, aber nicht einfacher«. In diesem Sinne skizzieren wir nachfolgend wesentliche Aspekte des agilen Vorgehens anhand der Abbildung zum Scrum Framework und illustrieren den Transfer auf die agile Erarbeitung und Implementierung von New Career. Dabei gehen wir davon aus, dass die meisten von Ihnen mit agilen Arbeitsmethoden im Allgemeinen und mit Scrum im Besonderen vertraut sind.

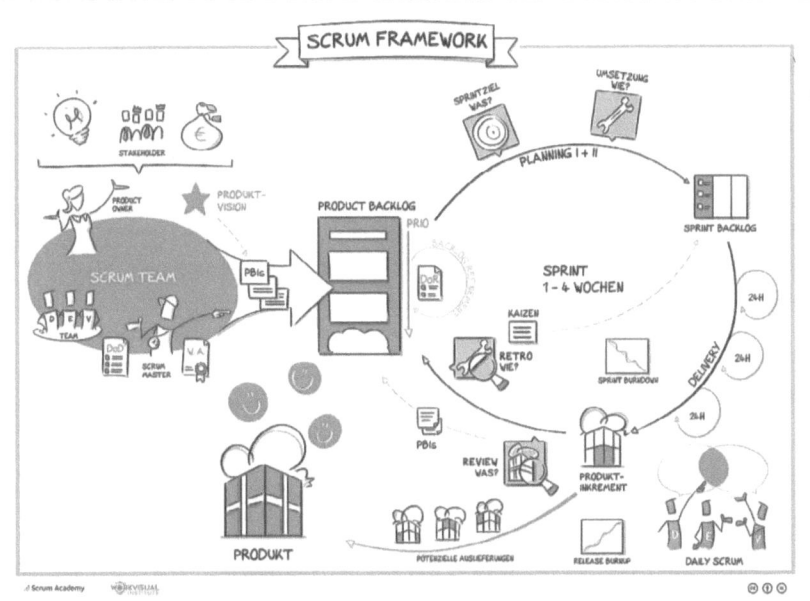

Scrum Framework (Quelle: https://muenchen.digital/blog/agilitaet-im-projekt-am-beispiel-von-muenchen-de/)

Ausgangspunkt für die Arbeit nach dem Ansatz von Scrum sind die Stakeholder, also die Auftraggeber für ein Produkt oder eine Dienstleistung. Diese Stakeholder stellen die Kernidee einem Product Owner vor, skizzieren den gewünschten Zweck oder Nutzen und stellen die erforderlichen Ressourcen, insb. das Budget, zur Verfügung.

Für die New Career bedeutet dies, dass das Topmanagement bzw. die Geschäftsführung oder der Vorstand ein entsprechendes Karrierekonzept mit definierten Ergebniserwartungen z. B. bei einem HR/D Director beauftragt. Diese Ergebniserwartungen könnten zum Beispiel im Vorfeld bei den Mitarbeitenden erhoben oder anhand von Personas (vgl. Kapitel 8.2) skizziert worden sein.

Der Product Owner vermittelt nun dem Scrum Team und dem Scrum Master die Vision der New Career: Was soll diese im Ergebnis leisten? Beispiele dafür wären:

- Verbesserung der Mitarbeitergewinnung
- Erhöhung der Mitarbeiterbindung
- Verringerung der Fluktuation aufgrund mangelnder Entwicklungsmöglichkeiten

Der Scrum Master gliedert diese Vision in sogenannte Produktinkremente, d. h. in in einer bestimmten Zeit durch das Scrum Team zu bearbeitende Produktteile, die für sich alleinstehend bereits ausgeliefert werden können und den Stakeholdern (sowohl dem Auftraggeber als auch den Nutznießern des Konzepts) einen direkten Nutzen liefern.

Für die New Career bedeutet dies, dass Bestandteile der neuen Karriere erarbeitet und implementiert werden – auch wenn das Gesamtkonzept noch nicht abgeschlossen ist. Mögliche Aspekte könnten zum Beispiel sein:

- die Bewertung der Stellen oder Rollen sowie die Zuordnung von adäquaten Vergütungen für eben diese
- die Beschreibung möglicher Entwicklungswege und das Vorhalten entsprechender Qualifizierungsmaßnahmen
- die »Kartierung« des Unternehmens mit Blick auf die Nutzbarmachung von Entwicklungspotenzialen

Die Arbeit des Scrum Teams, zugrunde liegende Prinzipien und wie sich beispielsweise Kommunikation (z. B. Daily Scrum) oder die Steuerung der Arbeit gestaltet (u. a. anhand von Burn-up Charts) bzw. wie die Zusammenarbeit reflektiert wird (v. a. in der Retrospektive) soll an dieser Stelle nicht weiter ausgeführt werden. Bei Interesse sei hiermit auf die einschlägigen Möglichkeiten Literatur, Internetquellen und Fortbildungsangebote verwiesen.

Ein zentraler Kernaspekt soll an dieser Stelle noch einmal verdeutlicht werden: Das Konzept der New Career wird im Gegensatz zum klassischen Wurf nicht mit einem Schwung eingeführt, sondern in Etappen erarbeitet und gleich umgesetzt. Dieses Vorgehen ermöglicht es, im Prozess fein zu justieren und eng am Bedarf der Stakeholder orientiert schneller relevante Ergebnisse zu liefern.

8.2 New-Career-Marketing

HR-Produkte werden immer noch zu oft ausschließlich von Personalern erarbeitet und sind für die HR-Kundschaft nicht immer so greifbar, wie manch anderes Produkt aus Ihrem Unternehmen. Beim Thema »Vermarktung von HR-Maßnahmen« hat sich in den letzten Jahren viel getan. Außerdem tragen die Tendenzen, im HR-Bereich stärker anwenderorientiert zu arbeiten und mittels moderner Methoden HR-Leistungen zu entwerfen, zu einer besseren Verankerung von HR-Themen in der Organisation bei. Werden Fachbereiche bei der Weiterentwicklung oder Entstehung von HR-Leistungen direkt miteinbezogen, ist dies die beste Form des Marketings, die sie haben können – Ihre Zielgruppe kennt sich dann ohnehin schon aus.

Trotzdem möchten wir Ihnen in den folgenden Unterkapiteln weitere Hinweise geben, wie Sie Ihre Produkte noch stärker am internen Markt platzieren können – egal, ob es sich um das überarbeitete Mitarbeitergespräch oder um die Vermarktung neuer Karrieremöglichkeiten handelt.

8.2.1   Schritt 1: Analyse

Möchten Sie ihre neue HR-Leistung anbieten und vermarkten, ist es wichtig, bei der Vermarktung genauso professionell zu agieren wie bei der Erarbeitung Ihres neuen HR-Produkts. Eine Analyse des internen Marktes kann helfen, einen klareren Überblick über Ihre Zielgruppe und deren Bedürfnisse zu erhalten. So können Sie in Ihren Maßnahmen differenzieren, welche Mitarbeitenden an welchen Arbeitsplätzen mittels verschiedener Kommunikationskanäle adressiert werden und welchen Umfang die Kommunikation haben soll, sodass die Relevanz der HR-Leistung für den Mitarbeitenden erkannt werden kann.

Wie identifiziert man die richtigen Zielgruppen?
Damit Sie die richtigen Personen mit Ihren geplanten Vermarktungsmaßnahmen erreichen, ist es sinnvoll, sich vorab genauer Gedanken zu machen, wen Sie erreichen wollen. Ein praktischer Ansatzpunkt dafür ist ein Brainstorming, das Sie zusammen mit Kollegen und ggf. Vertretern aus dem Business durchführen.

Ein Brainstorming ist eine Kreativitätstechnik zur Ideenfindung, bei der völlig frei zu einem Kernbegriff assoziiert wird, um sich mittels einer Gedankensammlung einem Thema zu nähern. Wichtig, um die Kreativität nicht zu begrenzen, ist, dass zunächst alle Gedanken ohne Bewertung zugelassen werden, auch wenn sie ggf. nicht sofort zu passen scheinen. Im Anschluss an ein Brainstorming kann man Gedanken, die ähnlich sind oder zusammengehören, gruppieren.

- Mitarbeitende im Büro
- Mitarbeitende in der Produktion
- Mitarbeitende in Laboren

- Mitarbeitende, die viel unterwegs sind
- Betriebsrat
- Mitarbeitende in Asien
- Mitarbeitende global
- Aufsichtsrat
- …

Wenn Sie also mit Ihren Ergebnissen substanziell weiterarbeiten wollen, bietet es sich an, diese weiter zu systematisieren und mit weiteren Daten anzureichern. Zum Beispiel:

- Anzahl der Mitarbeitenden im Büro
- Anzahl der Führungskräfte
- Anzahl der Mitarbeitenden in Laboren
- globale Verteilung der Mitarbeiteranzahl
- Standorte mit Betriebsräten
- Altersspanne der Zielgruppe
- Geschlechterverteilung

Die Daten helfen Ihnen, ein noch besseres Bild von Ihren Zielgruppen zu erhalten.

Wie kann ich besser verstehen, was die Zielgruppen wollen?
Zunehmend häufiger findet man die Arbeit mit Personas. Eine Persona steht repräsentativ für einen Teil der Zielgruppe. Sie bildet die in der Zielgruppe vorhandenen Merkmale und Eigenschaften ab und ist dennoch eine fiktive Person. Die Persona wird versehen mit Namen, Alter, Geschlecht etc. und ist für uns eine Veranschaulichung des »Kunden«. Wenn wir die Personas kennen, können wir uns eher vorstellen, was sie interessiert und inwiefern unsere HR-Leistung relevant sein könnte.

Idealerweise führen Sie dann noch einige Interviews mit Vertretern der Zielgruppen und erarbeiten dann die entsprechenden Personas. In unserem Kontext könnten Sie der Zielgruppe befragen folgende Fragen stellen:

- Wie ist die Einstellung zu HR-Themen allgemein?
- Welche Informationskanäle werden wie (häufig) genutzt?
- Welche HR-Themen sind im Alltag am häufigsten relevant?

Im Anschluss können Gemeinsamkeiten in Form von Hypothesen aufgestellt werden. Zum Beispiel:

- Mitarbeitende suchen nicht aktiv nach Informationen, sie nehmen sie nur wahr, wenn sie als Push-Mitteilung an sie herangetragen werden.
- Mitarbeitende kennen nur die Führungskarriere als Laufbahn in unserem Unternehmen.
- Anwender sind hinsichtlich alternativer Karrierepfade sehr interessiert und offen.
- Mitarbeitende haben keine Kenntnis, wo sie Informationen über HR-Produkte finden können.
- Mitarbeitende finden HR-Leistungen langweilig und bürokratisch.

Im nächsten Schritt können Sie zusammen im Team festlegen, welche Personas Sie erstellen wollen, zum Beispiel:
- Hochschulabsolventen im technischen Bereich
- Mitarbeitende mit langer Betriebszugehörigkeit
- Führungskräfte im technischen Bereich
- erfahrene Spezialisten mit starker intrinsischer Motivation

Die Personas sind dann mit weiteren Merkmalen und Eigenschaften zu versehen und am besten in einer Gruppe zu diskutieren. Exemplarisch könnten die Beschreibungen von Personas so aussehen:
- Steve Salesman, 57, Mitarbeiter im Vertriebsaußendienst im Hauptmarkt USA, verheiratet, zwei erwachsene Kinder, vier von fünf Tagen vor Ort beim Kunden und meistens mit dem Auto unterwegs, interessiert sich nicht für HR-Leistungen und empfindet alles, was mit HR zu tun hat, als bürokratisch.
- Franziska Führungskraft, 42, Abteilungsleiterin im Finanzbereich der Unternehmenszentrale, verheiratet, drei Kinder, technisch interessiert, möchte ihre Mitarbeitenden intensiv bei ihrer Weiterentwicklung unterstützen. Informationen nimmt sie am ehesten über die Closed User Group für Führungskräfte im Internet auf.
- Uli Uniabsolvent, 24, Junior-Softwareentwickler, ledig, freut sich über seine 35-Stunden-Woche, die ihm ausreichend Zeit lässt, seinen Hobbys nachzugehen. An eine konkrete berufliche Entwicklung denkt er noch nicht. Ihm ist wichtig, Anerkennung für seine Arbeit zu bekommen. HR-Leistungen kennt er nur aus dem Recruitingprozess. Unternehmensinformationen nimmt er nur über die Push-Mitteilungen der Employee App auf.

Das Grundprinzip der Persona-Entwicklung als Bestandteil Ihrer Analyse haben Sie nun kennengelernt. Im nächsten Schritt geht es darum, wie Sie den Inhalt Ihres HR-Produkts vermitteln.

8.2.2   Schritt 2: Handwerkliches

Wenn Sie sich, wie im vorangegangenen Kapitel beschrieben, nun ein Bild gemacht haben, wissen Sie,
* wer Ihre Zielgruppe ist,
* wie deren Arbeitsumgebung aussieht und
* wann/wo genau die Möglichkeit besteht, die Zielgruppe zu informieren.

Nun können Sie sich im nächsten Schritt damit beschäftigen was notwendig ist, um die Zielgruppe **inhaltlich** zu erreichen. Bei aller Begeisterung für neue Medienformate und auch für Ihr neues HR-Produkt bleibt ein Grundsatz der Marketers erhalten: Content is King.

Wie kann ich eine gute Geschichte erzählen?
In unserem Erleben hat sich die Zunft der Personaler in den letzten Jahren immer weiter gestreckt, um mit ihrer Arbeitsweise näher an das »Business« heranzukommen. Konzepte wurden professioneller, Prozesse wurden beschrieben und verschlankt, Business Cases gerechnet, um für Maßnahmen einen ROI zu bestimmen, und Kennzahlen genutzt, um stärker überzeugen zu können und sich »gleicher« in Bezug auf das Business zu machen.

Wenn das bei Ihnen so ist, dann nutzen Sie wahrscheinlich schon sehr effektiv sachlogische Argumente, überzeugende Daten und nachvollziehbare Fakten, um Ihre HR-Produkte an den Mann oder die Frau zu bringen. Trotzdem gelingt es uns manchmal noch nicht so gut, eine Verkaufsstory zu erarbeiten, die Menschen berührt und den emotionalen Kern mancher Themen trifft. Es lohnt sich deshalb unserer Meinung nach, das Augenmerk auf das Erzählen von Geschichten zu legen. Dabei geht es nicht um die eine initiale Präsentation, die Sie ggf. halten – es geht um jeden Moment und jedes Gespräch, in dem Sie über Ihre HR-Leistung kommunizieren.

Der guten Ordnung halber sei noch vorangestellt, dass die Formulierung »Wie kann ich eine gute Geschichte erzählen?« in der Überschrift dieses Kapitels nichts mit »Märchen erzählen« zu tun hat und schon gar nicht mit Esoterik oder Kuschelpädagogik – wenn man es richtig macht (Etzold 2016). Storys sollen sich nicht im Wahrheitsgehalt von Berichten unterscheiden – der Unterschied liegt in der Erzählperspektive (vgl. Sammer 2019 nach Schach, Gansel und Jürgens).

Sie können sich eine gut aufbereitete Story zum Thema Führung bei der Firma Upstalsboom ansehen (der Upstalsboom-Weg ist unter https://www.der-upstalsboom-weg.de/ zu finden). Dort erzählt der Geschäftsführer, was es gebraucht hat, um im gesamten Unternehmen Führung als stabile Säule für Mitarbeitermotivation zu etablieren.

Wenn Sie eine Story in Ihrer Mitarbeiterzeitung platzieren möchten, suchen Sie jemanden, der z. B. davon berichtet, wie unglücklich er sich in einer Führungskarriere gefühlt hat und wie gut das Unternehmen mit seinem neuen Karrieremodell auf seine persönlichen Bedürfnisse reagiert. Welches Erlebnis hat denjenigen berührt? Welche Werte möchte er leben?

Was unterscheidet einen sachlichen Bericht von der Story?

Bericht	Story
ergebnisorientiertes Vertextungsmuster	ereignisorientiertes Vertextungsmuster
sachlich-registrierende objektive Darstellung	Erlebnisperspektive des Produzenten
keine explizit subjektiven Bewertungselemente	subjektiv-wertende Elemente
Textsorten: Verlaufsprotokoll, Sitzungsprotokoll, Praktikumsbericht, Wetterbericht etc.	Textsorten: prototypisch für ästhetisch wirkende Texte, mündliche Alltagskommunikation

Bericht vs. Story (Sammer 2019, S. 14)

Kurzum: Geschichten vermitteln uns spielerisch und subjektiv aus der Perspektive des Erzählenden, was passiert. Sie lassen uns teilhaben an einem bestimmten Ort und einem speziellen Zeitraum und sind emotional aufgeladen. Berichte dagegen sind eine sachliche Zusammenfassung, die neutral vermittelt wird sowie unabhängig von Ort und Zeit ist (Sammer 2019, S. 15).

Wann ist Storytelling sinnvoll?
Wenn Sie sich zum Beispiel (den guten Neujahrsvorsätzen folgend) mit Ausdauertraining beschäftigen, prasselt in Rekordgeschwindigkeit eine Fülle von Informationen aus dem Internet auf Sie ein. Herzfrequenz, Herzratenvariabilität, Ruhepuls, Maximalpuls, VO2max, GA1, GA2, HIT, HIIT, Kadenz, Belastungsintensität, Dauermethode, Intervallmethode u. v. m. Selbst wenn Sie die einzelnen Begriffe verstanden haben, kennen Sie die Zusammenhänge noch nicht. Und wenn Sie glauben, die Zusammenhänge verstanden zu haben, bleibt dennoch der Rest eines unangenehmen Gefühls,

weil Sie vielleicht doch nicht so ganz richtig trainieren. Aber vielleicht sollten Sie auch einfach mehr regenerieren? Eventuell geht es Ihnen als Leser genauso wie uns: Wir leiden heutzutage eher an Überinformation als an einem Mangel an Information.

»Alle 60 Sekunden werden 510.000 Kommentare auf Facebook veröffentlicht, 293.000 Status-Updates und 136.000 Fotos werden pro Minute publiziert. Auf You-Tube werden in der gleichen Zeit 300 Stunden Videos hochgeladen. (…) Schon heute sendet und empfängt jeder, der 1,5 Milliarden WhatsApp-User pro Tag durchschnittlich 43 Nachrichten, die alle gelesen und verarbeitet werden müssen« (Sammer 2019, S. 7). Viele wollen sich lieber mitteilen, als selbst auf Empfang zu gehen.

Was hat das nun konkret mit Storytelling zu tun? Ganz einfach:

a) Je komplexer und abstrakter ein Thema, desto eher können Geschichten helfen, einen Sachverhalt verständlicher zu machen (Etzold 2016, S. 21).
b) Je kürzer und einprägsamer Ihre Geschichte, desto höher die »Klickraten«.
c) Bauen Sie Daten und Fakten sowie einen roten Faden in Ihre Geschichte ein.

Benötigen Sie ab jetzt eine Geschichte für jedes Publikum, mit dem Sie sprechen? Nein, nicht unbedingt. Folgende Übersicht fasst zusammen, wann welches Vorgehen zum Ziel führen kann:

Bericht	Story
Sender und Empfänger teilen die gleichen Interessen für das Thema.	Die Interessen von Sender und Empfänger gehen in unterschiedliche Richtungen, ggf. hat der Empfänger inhaltlich eine andere Absprungbasis.
Sender und Empfänger nehmen sich beide gleich viel Zeit, um sich auf den Austausch zu konzentrieren.	Der Empfänger möchte sich eher wenig Zeit nehmen, um dem Sender zu folgen.
Der Empfänger ist ohnehin schon auf Ihrer Seite und überzeugt.	Der Empfänger ist eher skeptisch.
Symmetrische Kommunikation = das Publikum ist genauso interessiert wie der Präsentator.	Asymmetrische Kommunikation = Sie finden Ihr Thema spannend, Ihr Publikum interessiert sich eher für nette Ablenkungen aus dem Smartphone.

Anwendung Bericht vs. Story (angelehnt an Sammer, 2019)

Wie ist eine Story zu erarbeiten?

Wenn Sie Ihre HR-Leistung mittels einer Story verkaufen möchten, bleibt noch offen, wie Sie zu dieser eigentlich kommen.

Unserer Meinung nach ist es zwingend erforderlich, dass eine Story gut in einen gesamtunternehmerischen Kontext und den aktuellen Zeitgeist in Ihrem Unternehmen eingebettet ist, damit sie in der Realität verankert werden kann. Wenn Sie dies sicherstellen, können Sie sich auf die folgenden Schwerpunkte bei der Erarbeitung der Story konzentrieren (Angelehnt an Etzold, 2016).

Inhalt

- Reduzieren Sie den Kern Ihrer Story auf das Wesentliche, am besten auf einen Satz, eine Wortgruppe oder nur ein Wort.
- Der Kern muss klar und nachvollziehbar sein.
- Bringen Sie auf den Punkt, was durch das HR-Produkt (speziell für die Zielgruppe, die Sie adressieren) besser wird.
- Personalisieren Sie Ihre Story, z. B. aus der Sicht eines Anwenders:
  – Welche Probleme hatte der Anwender?
  – Wie können diese mit dem neuen HR-Produkt gelöst werden?

Aufbau

- Beginnen Sie Ihre Geschichte mit einer starken Einleitung, die sofort die Aufmerksamkeit gewinnt.
- Definieren Sie Ort, Zeit und Szene, die für die Zuhörer nachvollziehbar sind.
- Führen Sie die Hindernisse und Bösewichter ein.
- Zeigen Sie, wie Hindernisse umschifft werden.
- Beenden Sie die Story mit einem Happy End.
- Zeigen Sie »die Moral von der Geschicht'«: Was wäre passiert, wenn wir nicht dies und das gemacht hätten?
- Stellen Sie Fragen, was die Geschichte für die Zuhörer bedeutet.
- Wiederholen Sie die Kernaussage noch einmal.

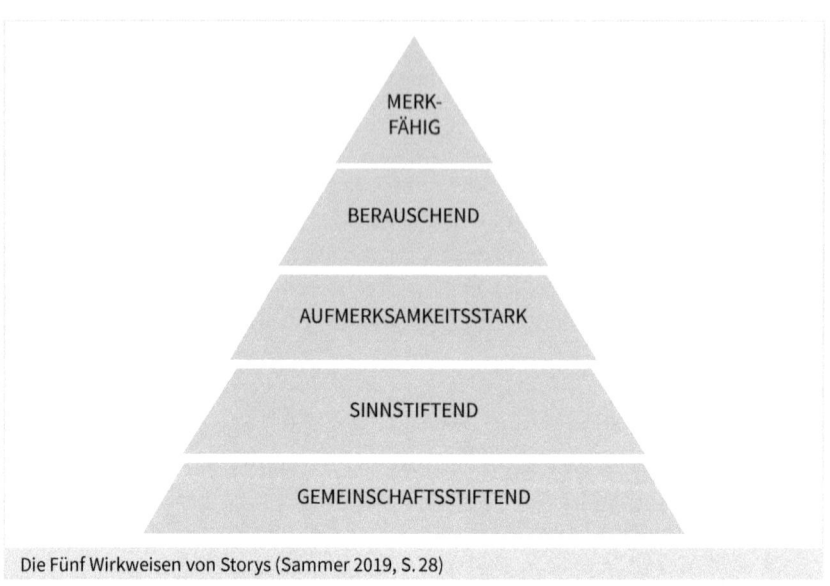

Die Fünf Wirkweisen von Storys (Sammer 2019, S. 28)

Wie kann man eine Sogwirkung erzielen?

Der Begriff »Nudging« kommt aus dem Englischen – »to nudge« bedeutet so viel wie »anstupsen«. 2008 verwendeten die beiden US-Amerikaner Richard Thaler und Cass Sunstein diesen Begriff in ihrem Buch »Nudge: Wie man kluge Entscheidungen anstößt« als Erste. Nach den Überlegungen von Thaler und Sunstein treffen Menschen häufig die »richtige« Entscheidung aus mehreren Handlungsoptionen, wenn diese die leichteste ist. »Nudging« ist also ein Anstupsen mit dem Ziel einer Verhaltensänderung durch Selbstüberzeugung. Dabei sind die Verhaltensweisen für uns leicht umsetzbar. Eingang haben Nudges auch in der Verbraucher- und Umweltpolitik gefunden. Dabei versucht man, Bürger zu politisch erwünschten Verhaltensweisen zu ermutigen – anstelle einer Sanktionierung von Fehlverhalten.

Im Bericht des Umweltbundesamtes (2017, S. 5) findet man für Nudges folgende Definition: »Nudges sind politische Instrumente und können als ›Anstupser‹ verstanden werden, die auf psychologischen und verhaltensökonomischen Erkenntnissen beruhen und Verhaltensänderungen bei den Steuerungsadressaten hervorrufen sollen.«

Thaler und Sunstein betonen in ihrer Arbeit, dass Nudges keine Manipulation sind. Vielmehr spricht man von »Nudges«, wenn sie transparent sind und der Anwender in seiner Entscheidungsfreiheit nicht eingeschränkt wird. Wenn Sie Nudges in Ihrem

Unternehmen verwenden, kann es hilfreich sein, den Zweck für alle transparent zu machen, um gar nicht erst in den Verdacht der Manipulation zu kommen.

Beispiele für Nudges:

- Wenn bei der Nutzung von Treppenstufen eine Melodie erklingt, nutzten 66 Prozent mehr Personen die Treppenstufen anstelle der Rolltreppe (vgl. Pianostairs Stockholm unter https://www.youtube.com/watch?v=ipMib6ejGuo).
- Wenn Sie im Abteilungsdrucker als Standardeinstellung »doppelseitigen Druck« einstellen, ist dies ebenfalls ein Nudge.
- Anstelle von Süßigkeiten befinden sich an der Kasse der Kantine Salate und Säfte. Es ist also einfacher, zu Salat und Saft zu greifen, als den weiteren Weg zum Kiosk zu gehen, um dort Süßigkeiten zu kaufen.
- Die Kennzeichnung von Lebensmitteln mit dem Nutriscore hilft dem Verbraucher, die richtige Entscheidung für gesundes Essen zu treffen.

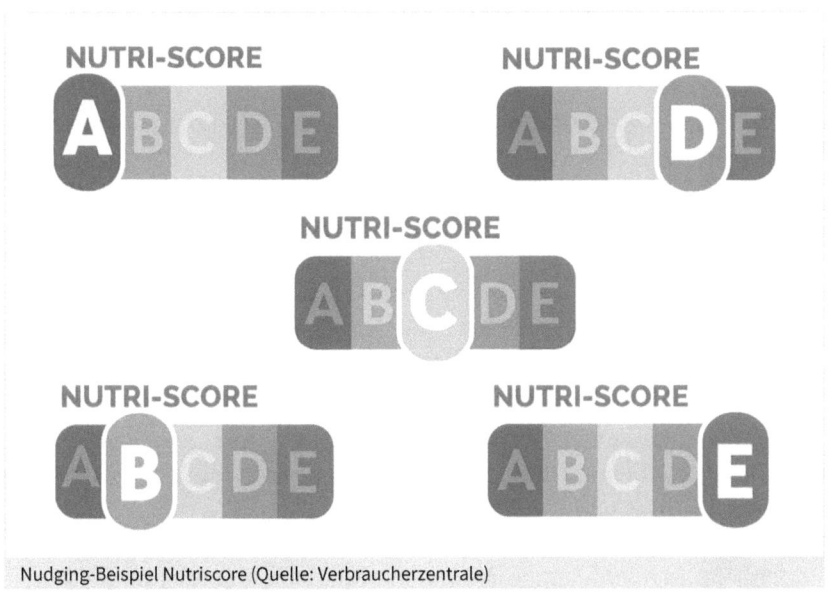

Nudging-Beispiel Nutriscore (Quelle: Verbraucherzentrale)

- Zur Vermeidung von Zigarettenstummeln auf Straßen hat die britische Umweltorganisation Hubbub transparente kleine »Zigaretten-Wahlurnen« (»voting ashtrays«) aufgestellt. Sie können zum Beispiel abstimmen über »Who is the best player in the world?«. Der eine Teil der Wahlurne war überschrieben mit »Ro-

naldo«, der andere Teil mit »Messi«. So wurden Raucher animiert, ihren Ziga-
rettenstummel ordentlich zu entsorgen, und konnten gleichzeitig ihren besten
Fußballspieler wählen (vgl. »ballot bin« auf www.hubbub.org.uk).

Zigaretten-Wahlurnen

Auch im Marketing von Produkten werden immer häufiger Nudges eingesetzt, um eine
Sogwirkung in die »richtige« Richtung zu erreichen. Die Wirksamkeit guter Nudges
kann nach Halpern (2015) anhand folgender Grundprinzipien beschrieben werden:

- **Make it easy!**
  Die Informationen sind einfach und nachvollziehbar beschrieben. Der Zugang zur
  Information ist einfach. Dazu zählen z. B. »Defaults«, also Standardeinstellungen.
- **Make it attractive!**
  Die Information soll Aufmerksamkeit erregen, die Entscheidung und die Hand-
  lung attraktiv machen. Dafür ist es notwendig, dass die Information durch Bilder,
  Farben oder Testimonials ansprechend gestaltet ist.

- **Make it social!**
  Das gewünschte Verhalten ist einfach hervorzurufen, wenn es Hinweise auf das Verhalten anderer gibt, z. B. in Netzwerken, Nachbarschaften, kollegialen Beziehungen.
- **Make it timely!**
  Ein guter Nudge ist so gebaut, dass eine unmittelbare Entscheidung bzw. Handlung möglich ist.

Nachdem Sie nun wissen, was ein Nudge ist, wofür dieser verwendet wird und was die Wirksamkeit erhöht, möchten wir Ihnen einen Überblick geben, wie Sie Nudges zur Vermarktung und Anwendung Ihrer HR-Leistungen erarbeiten können. Wir empfehlen, die nachfolgenden Schritte mit einer Arbeitsgruppe (besetzt aus HR und Non-HR) zu bearbeiten.

Phase 1	Ziel definieren	In dieser Phase arbeiten Sie heraus, welches Verhalten anders sein und welche Mitarbeitergruppe dies betreffen soll. Hierbei kann es sich um eine einzige Verhaltensweise handeln, aber auch um mehrere. Zum Beispiel möchten Sie, dass • die jährlichen Zielvereinbarungen zwischen Mitarbeitenden und Vorgesetzten in einem persönlichen Gespräch durchgesprochen werden, • die Unterlagen vollständig ausgefüllt werden und • die Unterlagen rechtzeitig zum Stichtag abgeschlossen werden.
Phase 2	Analyse durch-führen	In dieser Phase analysieren Sie, welche Personengruppe heute schon das gewünschte Verhalten zeigt und welche noch nicht. Sie können z. B. in Form von Interviews herausfinden, was die einen dazu bringt, der Verhaltensweise nachzukommen, und was andere davon abhält. Damit bekommen Sie ein konkreteres Bild über mögliche Hindernisse, aber auch Katalysatoren für das Verhalten und können auf dieser Basis Ableitungen treffen. Zum Beispiel stellen Sie fest, dass das Zielvereinbarungsformular (egal, ob in Papier oder in einem digitalen System) relativ viele Rückfragen zur Handhabung produziert oder die Haltung existiert, dass sowieso niemand rechtzeitig abgibt oder es grundsätzlich zu wenig Aufmerksamkeit für den Zielvereinbarungsprozess gibt.

| Phase 3 | Nudge entwickeln, testen, nacharbeiten | In dieser kreativen Phase arbeiten Sie mit dem Team an Lösungen für die identifizierten Hindernisse und entscheiden sich für die favorisierten Test-Nudges. Im Anschluss daran testen Sie in einer Pilotphase Ihre Nudges, holen sich Feedback ein und überarbeiten die Nudges. |
| Phase 4 | Nudge umsetzen und evaluieren | In dieser Phase gehen Sie in die Breite mit Ihren Nudges und messen anhand von Kennzahlen die Wirksamkeit (in diesem Fall der Prozentsatz rechtzeitig abgegebener Zielvereinbarungen). |

Nudges entwickeln

Nudges für ein Karriere- und Entwicklungskonzept müssen natürlich so spezifisch auf das Unternehmen zugeschnitten sein wie das Konzept selbst. Neben einschlägigen Broschüren und Veranstaltungen wird eine kontinuierliche sprachliche und symbolische Lenkung auf die verschiedenen Karriere- und Entwicklungsprämissen über Symbole, optische Erkennungsmerkmale etc. von großer Bedeutung sein – zum Beispiel um die Wertigkeit einer Entwicklungsaufgabe transparent zu machen oder das Lernpotenzial eines Projekts zu illustrieren.

Wie kann man die Durchgängigkeit sicherstellen?
Ein weiteres Handwerkszeug in der Vermarktung Ihrer HR-Leistungen ist die professionelle Nutzung von Touchpoints. Touchpoints (»Berührungspunkte«) beziehen sich auf die Momente, in denen es zum Kontakt zwischen Ihrem Kunden und Ihnen kommt.

Von diesen »Momenten der Wahrheit« haben Sie viele: Telefonate und E-Mails mit den Serviceeinheiten oder den HR-Business-Partnern, den Recruitern oder anderen HR-Funktionen. Aber auch die Momente, in denen Ihr Kunde Anträge bearbeitet, den Entgeltnachweis sieht oder sich in den HR-IT-Systemen (z. B. SAP Success Factors, Workday etc.) zurechtfinden soll.

Für die Vermarktung und Anwendung Ihrer HR-Leistungen ist es bedeutend, diese Touchpoints zu kennen und sie für den Kunden mit einem bestmöglichen Erlebnis zu gestalten. Touchpoints haben zwei Facetten, die eine ist die nüchterne Betrachtung des »Schnittstellenmoments« und die andere Facette besteht darin, diesen sachlichen Moment positiv emotional aufzuladen. Schüller (2014, S. 14) formuliert es so: »Wer nämlich Menschen erreichen will, der muss sie ›berühren‹ – und Emotionalität zum Schwingen bringen. Wenn dann noch ein Hauch von Magie und eine Brise ›Sternenstaub‹ hinzugefügt werden, dann weckt dies ein heftiges Habenwollen.«

Ob auf einer Bewerbermesse, im Auswahlinterview oder bei der operativen Unterstützung von Mitarbeitenden und Führungskräften: Jeder Kontaktpunkt ist eine Chance, Mitarbeitende für Ihre HR-Produkte zu begeistern und gut darüber zu reden.

Wenn Sie ein neues HR-Produkt gut platzieren möchten, kann es sich lohnen, die Touchpoints mit der vorab identifizierten Zielgruppe (vgl. Kapitel 8.2.1) zu validieren. Dann können Sie die HR-Organisation darauf ausrichten, Kontaktpunkte mit der entsprechenden Story zu beleben.

8.2.3   Schritt 3: Medien

In den vorangegangenen Abschnitten haben Sie einen Überblick erhalten, wie ein Kommunikationspaket für die Vermarktung Ihrer HR-Produkte aussehen könnte. Sie sollten jetzt folgende Punkte erledigt haben:
*   Definition relevanter Zielgruppen
*   Vorbereitung einer attraktiven Story
*   Unterstützung Ihres Marketings durch wirkungsvolle Nudges
*   Identifikation von Touchpoints und wie Sie diese bespielen wollen

Jetzt brauchen Sie noch einen wichtigen letzten Schritt und dann kann es (fast) losgehen. Um Ihre Botschaft in das Unternehmen zu tragen, können Sie eine mittlerweile breite Palette an digitalen und analogen Medien nutzen. Zu Ihrer Transparenz haben wir die gängigsten unternehmensinternen Medien mit ihren Vor- und Nachteilen zusammengestellt.

Medium	Vorteil	Nachteil
E-Mail	• Kosteneffizienz • ortsunabhängige Verteilung	• aufgrund der Menge eingehender E-Mails leicht zu übersehen
Intranet	• Kosteneffizienz • hohe Reichweite • ortsunabhängige Verteilung	• hoher Streuverlust, wenn Sie keine Möglichkeit haben, in Untergruppen in Ihrem Internet zu arbeiten

Medium	Vorteil	Nachteil
Push-Nach-richt	• direkte Information auf dem Smartphone, ohne in eine App oder ein Programm gehen zu müssen • Lösung für Mitarbeitende ohne PC-Arbeitsplatz (z. B. Produktions-mitarbeitende): Installation der Mitarbeiter-App auf dem privaten Smartphone (Bereitschaft dazu vorausgesetzt)	• wird unter Umständen als un-angenehm vom Empfänger empfunden, wenn Nachrichten außerhalb der üblichen Arbeits-zeit ankommen
HR-Podcasts	• höhere Aufmerksamkeit • für den Hörer u. U. sehr kurzweilig	• hoher Aufwand an technischer Ausstattung • funktioniert nur, wenn professio-nell gemacht
Info-Monitore in Fluren, Kan-tine etc.	• gute Möglichkeit, Mitarbeitende ohne persönlichen E-Mail-Account/Intranetzugang zu er-reichen	• nur für überblicksartige Informa-tion geeignet • Reaktion der Mitarbeitenden nicht prompt möglich
Tutorials/ Videos	• durch gesprochene Botschaft Übermittlung von mehr Inhalt als in Texten möglich • gute Vermittlung von Emotionen • Aufmerksamkeit bei Videos grö-ßer als bei anderen Medien • Erzeugen größerer Nähe	• unter Umständen längere Vorlauf-zeiten notwendig • professionelle Ausstattung des Videostudios wichtig

Digitale Medien – Vor- und Nachteile

Medium	Vorteil	Nachteil
Persönliche Gespräche (z. B. Stakehol-dergespräche, Kommunika-tion über Füh-rungskaskade in Teammee-tings etc.)	• besonders intensive Vermittlung von Wertschätzung und Empathie • besonders gute Vermittlung von Vertrauen in das neue HR-Pro-dukt, weil Verständnisfragen so-fort beantwortet werden können • geringer Streuverlust, weil Ziel-gruppe sehr gezielt und individua-lisiert adressiert werden kann	• Zeitaufwand u. U. sehr hoch • Qualität stark vom jeweiligen Kommunikator abhängig

Medium	Vorteil	Nachteil
Plakate, Flyer	• kann vor allem an den internen »Hauptwegen« gute Aufmerksamkeit generieren • Flyer vor allem für all jene gut, die die Information gern »mitnehmen« wollen	• hoher Streuverlust • Ressourceneinsatz von Papier kann auf Zielgruppe verschwenderisch und nicht dem Zeitgeist entsprechend empfunden werden
Tabletteinleger Kantine	• auffällig, wenn Sie es wirklich nur für ausgewählte Themen nutzen	• nur für überblicksartige Information geeignet • Reaktion des Empfängers nicht prompt möglich
Firmenzeitung	• in vielen Firmen immer noch ein Prestigeprodukt interner Kommunikation • ermöglicht es, auch Zielgruppen zu erreichen, die im Arbeitsalltag weniger Zugang zu digitalen Medien haben (Produktionsmitarbeitende)	• geringe Reaktionsfähigkeit – funktioniert nur bei Themen, die einen gewissen Vorlauf gut tolerieren • stark zeitverzögerte Interaktion
Briefe	• kann einem Thema eine besondere Wertigkeit verleihen	• langsam, unflexibel, zum Teil mit hohem administrativem Aufwand verbunden

Analoge Medien – Vor- und Nachteile

Wenn Sie nun alle oben genannten Schritte erledigt haben, dann braucht es noch eines: den richtigen Zeitpunkt, so könnte man meinen. Und häufig warten wir tatsächlich, »bis alles klar ist und wir jede Frage beantworten können«.

Wirksamer kann Ihre Kommunikation werden, wenn Sie begleitend zur Produktentwicklung bereits loslegen. Wenn Sie ohnehin Mitarbeitende aus der Organisation in die Entwicklung eingebunden haben, haben Sie eine gute Grundlage zur Verbreitung Ihrer Story gelegt. Dennoch gibt es irgendwann den Tag, an dem Ihr neues Produkt »am Markt« eingeführt und den Mitarbeitenden in Ihrem Unternehmen zur Verfügung steht.

Den idealen Zeitpunkt gibt es (fast) nie: Irgendwo sind immer Ferien und Feiertage, ist ein Monats-/Quartals- oder Jahresabschluss zu machen, gibt es gerade wichtigere Themen etc. Doch nachdem sich die Kommunikationsmaßnahmen ohnehin meist über Monate erstrecken, werden Sie irgendwann auch die meisten Mitarbeitenden erreichen. Deshalb unser Tipp: Verwenden Sie nicht zu viel Zeit darauf, den idealen Moment zu erwischen. Irgendwann gilt: Done is better than perfect.

9 HR/D-Rollen und Aufgaben im Kontext von New Career – die ersten Schritte

Auf HR und HR Development kommt bei der Konzeption, Gestaltung und Umsetzung von New-Career-Ansätzen eine große Fülle an Aufgaben und Verantwortungen zu. In diesem Kapitel skizzieren wir Aspekte der System- oder Prozessverantwortung und gehen auf ausgewählte – aber wichtige – Aspekte des Bereichs Personalentwicklung ein.

9.1 Die grundsätzliche Prozess- und Systemverantwortung bei New Career

Es ist üblich, dass HR/D die dauerhafte System- oder Prozessverantwortung für New Career innehat. Insbesondere die Information und Kommunikation über New Career liegt in der systematischen Verantwortung von HR/D. Hinzu kommt eine sukzessive Vernetzung mit anderen Führungs- und HR- bzw. HR-Management-Instrumenten und –Prozessen.

Information und Kommunikation über New Career
Man kann sagen, dass die Konzeption und Umsetzung von New Career sowie die Vermarktung, Information und Kommunikation zwei parallel verlaufende Prozesse darstellen.

Für die nachhaltige Verankerung von New Career ist die Art und Güte der initialen und kontinuierlichen Information und Kommunikation des Modells, der Gründe für diesen Ansatz, der Ziele und Möglichkeiten ein zentraler Erfolgsfaktor, um Verständnis und Akzeptanz zu erreichen und vom Nutzen des Modells zu überzeugen. Es gilt, sich im gesamten Prozess mit den Erwartungen an das Modell und den (un-) ausgesprochenen Bedenken auseinanderzusetzen, um den Informations- und Kommunikationsbedürfnissen adäquat Rechnung zu tragen. Es empfiehlt sich sehr, sich strukturiert Gedanken zu machen, zu welchen Aspekten, an welchen Adressatenkreis und mit welchen Kernbotschaften informiert werden soll. Von zentraler Bedeutung ist zudem der Zeitpunkt, wann informiert und kommuniziert wird. Auch die Wahl der

Medien bzw. der Kommunikationskanäle sollte an die inhaltliche Botschaft ange-passt werden. Nutzen Sie die gesamte Bandbreite wie Newsletter, Firmenzeitschrift, Intranet etc. und vergessen Sie nicht die Möglichkeiten, die Abteilungsbesprechun-gen, Betriebsversammlungen, Informationsveranstaltungen und Workshops zur Be-antwortung konkreter Fragen bieten.

Um es noch einmal zu betonen: Es geht nicht nur um die initiale Phase der Neuein-führung, sondern um die kontinuierliche Berichterstattung im Intranet, in Firmen-zeitschriften oder Broschüren, die auch auf Messen oder bei Bewerberinterviews usw. verwendet werden können.

Vernetzung mit anderen Führungs- und HR-Management-Instrumenten und -Pro-zessen
New Career darf kein »Stand-alone«-Personalentwicklungssystem sein. Vielmehr muss dieses Konzept mit einer Vielzahl von anderen Führungs- bzw. HR-Manage-ment-Instrumenten und -Prozessen verknüpft sein. Einige zentrale Aspekte dieser Verknüpfung finden sich vor allem im Bereich **Employer Branding**. Unternehmen messen dem Thema »Employer Branding« zunehmend – und zu Recht – eine hohe Priorität bei. Die veränderten Arbeitsmärkte und die demografische Entwicklung machen diesen Aspekt zu einem entscheidenden Faktor der personellen Zukunfts-sicherung. Die Möglichkeiten von Karriere und Entwicklung leisten insofern einen wichtigen Beitrag zur Arbeitgeberattraktivität – viele HR Professionals erleben dies nahezu täglich.

Aber Achtung: Entwicklung allein reicht nicht – auch Bares zählt. Die Attraktivität der Möglichkeiten von New Career wird auch durch die gehaltliche Einstufung und Zuordnung von statusbildenden Nebenleistungen beeinflusst. Zudem werden zu-nehmend die gleichwertigen Perspektiven der verschieden Führungs- und Fach-aufgaben und -rollen als kulturelle Werte erkannt. Somit kommt dem HR/D-Bereich auch die Verantwortung zu, den Zusammenhang von Entwicklung und Karriere mit **Compensation and Benefits** verstehbar zu machen.

Darüber hinaus gibt es weitere, direkt mit den spezifischen Aspekten von New Ca-reer assoziierte Aufgabenfelder – zum Beispiel das Thema **Secondment**. Auch hier müssen arbeits- und ggf. steuerrechtliche Themen bearbeitet werden.

9.2 Personalentwicklung

Nach unserer Überzeugung ist die Personalentwicklung grundsätzlich eine nicht delegierbare Führungsaufgabe. Die Aufgabe der Organisationseinheit Personalentwicklung ist es, Rahmenbedingungen zu schaffen, damit eben diese Führungskräfte ihrer Verantwortung gerecht werden können. Hierzu gehören u. a. ein System zur Identifikation von Talenten und ein standardisiertes Angebot adäquater Entwicklungsmaßnahmen für die Erfordernisse der New Career.

9.2.1 Systematisches Talentmanagement

Viele Unternehmen setzen verstärkt auf die systematische Förderung von Talenten aus den eigenen Reihen. Ein wesentlicher Bestandteil eines professionellen Talentmanagements sind Potenzial-, Tableau- oder Portfoliorunden, in denen meist obere und mittlere Führungskräfte unter Moderation von HR/D das Potenzial von Kandidaten systematisch diskutieren. Dieses Multi-Rater-Verfahren dient auch der Identifikation von Talenten, also denjenigen Personen, deren Potenzial mit überschaubarem Aufwand rasch in Leistungsverhalten verwandelt werden kann. Im Rahmen von New Career gewinnt dieser Prozess an zusätzlicher Schwierigkeit, da hier nicht nur Positionen oder Rollen zu besetzen sind, sondern darüber hinaus auch Potenziale für andere Aufgaben und geeignete Entwicklungsmaßnahmen diskutiert werden.

9.2.2 Standardisierte Personalentwicklungsmaßnahmen für die Erfordernisse von New Career

Wenn wir über standardisierte Angebote im Kontext von New Career sprechen, geht es nicht nur um Dinge wie Onboarding- und Einarbeitungspläne, Förderprogramme, Bildungsangebote oder Instrumente wie Assessment-Center und Mitarbeitergespräche. Diese Kenntnis setzen wir als gegeben voraus.

Um den Kontext noch einmal aufzuspannen: In Abgrenzung zur klassischen Karriere- und Entwicklungsberatung ist nicht mehr die Organisation mit ihren Karriere- und Laufbahnangeboten der Ausgangspunkt für die Beratung, welche Entwicklungsmaßnahmen sinnvollerweise zu absolvieren sind, sondern vor allem das

Mitarbeiterpotenzial und die Mitarbeiterinteressen. Diese sind mit Blick auf die organisationalen Bedarfe abzugleichen und in einen bestmöglichen Fit zu bringen. Die Rolle der Bildungsreferenten und Personalentwickler wandelt sich somit von einem produktorientierten Dienstleister (Welche Seminare und Entwicklungsprogramme empfehlen wir zur Vorbereitung auf eine bestimmte Funktion?) in Richtung eines diagnostischen Lernberaters mit intimer Kenntnis der Organisation und der Entwicklungsfelder über alle Fachbereiche hinweg.

Hier eine Auswahl relevanter Aspekte, die Sie als neue Standards – mit Blick auf New Career – vorbereiten sollten:

- Entwickeln Sie Formate der persönlichen Standortbestimmung mit Blick auf die Erwartungen an Karriere.
- Stellen Sie exemplarisch gangbare Wege der Entwicklung im Unternehmen dar und kommunizieren Sie diese breit.
- Befähigen Sie Führungskräfte (und andere Rolleninhaber, wie z. B. den Scrum Master) systematisch, die Entwicklung von Mitarbeitenden zu begleiten.
- Identifizieren Sie die Standard-Schulungsthemen und tragen Sie dafür Sorge, dass diese sukzessive als E-Learning-Formate zur Verfügung stehen.

Tipp

Sie müssen nicht immer der Content-Provider sein – es genügt, wenn Sie wissen, wie und wo man geeignete Anbieter findet. Gegebenenfalls stellen Sie eine technische Plattform zur Verfügung, auf der Mitarbeitende ihre Anfragen oder Lösungen einstellen können (User Generated Content).

- Identifizieren Sie die spezifischen Entwicklungsthemen und stellen Sie sicher, dass Sie über ein Netzwerk von Beratern, Trainern, Coaches etc. verfügen, die diese Bedarfe professionell abwickeln können.
- Entwickeln Sie Arbeitshilfen für die Mitarbeitenden wie zum Beispiel Entwicklungspläne und Checklisten zur Wahl geeigneter Bildungskonzepte.

9.2.3 Ausbau der HR/D-Beratungskompetenz

Neben den standardisierten Entwicklungsangeboten im Kontext von New Career bedarf die Beratung durch HR/D einer zunehmend vertieften Expertise. Neben der tradierten Rolle als Content Provider oder Administrator von Entwicklungsplänen werden zunehmend Learning und Development Consultants für die Erarbeitung von Learning Journeys und die konkrete Entwicklung von Skills und Kompetenzen gefordert – bis hinein in das Feld eines Performance Supporters, der den Business Impact von Lernen effektiv und effizient begleitet. Dies sind viele Schlagworte und so mancher HR/D-Berater ist hier bereits sehr gut aufgestellt. Eine individuelle Standortbestimmung und ggf. Feintuning der Beratungskompetenz des HR/D-Personals ist dennoch unbedingt anzuraten.

In der folgenden Übersicht finden Sie ausgewählte Aspekte, die Gegenstand von Entwicklungs- und Karriereberatungsgesprächen sein können. Gleichen Sie diese Aspekte mit Ihren eigenen Fähigkeiten ab. Nehmen Sie eine Selbsteinschätzung vor und kreuzen Sie jeweils das Feld an, das für Sie derzeit am besten zutrifft.

Beratungsgegenstand	Hier habe ich im Moment nur eine vage Vorstellung	Dazu könnte ich professionell beraten, muss mich aber noch vorbereiten	Bin sofort in der Lage, dazu professionell zu beraten
Kenntnisse über die Entwicklungsphilosophie meiner Organisation und den Zugang zu den verschiedenen Benefits			
Beratung hinsichtlich der Fähigkeit, einen individuellen Entwicklungsplan zu verfassen – oder Unterstützung dabei			
Klarheit in einer Beratung darüber herstellen, welche individuellen Kennzeichen und Merkmale eine erfolgreiche Karriere ausmachen			

Beratungsgegen-stand	Hier habe ich im Moment nur eine vage Vorstellung	Dazu könnte ich professionell beraten, muss mich aber noch vorbereiten	Bin sofort in der Lage, dazu professionell zu beraten
Beratung darüber, wie eine persönliche Standortbestimmung mit Blick auf individuelle Stärken, Schwächen und Potenziale vorzunehmen ist			
Kenntnisse über die grundlegenden Entwicklungsangebote nach Art und Ausprägung der Organisation			
Beratung dazu, wo und wie die verschiedenen Kompetenzen, Skills und Qualifikationen on und off the Job erworben werden können und wie der Entwicklungsfortschritt autonom feststellbar ist			
Beratung dazu, wie individuelle Entwicklung eine formale Wirkung/Anerkennung in der Organisation erlangen kann			

Aspekte der Karriere- und Entwicklungsberatung im Kontext von New Career

Tipp

In diesem Zusammenhang legen wir Ihnen unser Buch »Kompetenzen wirksam entwickeln« (Sieber Bethke/Klein 2020) ans Herz. Hier haben wir die häufigsten Kompetenzen gesammelt und mit Beispielen unterlegt, wie diese on und off the Job entwickelt werden können.

9.2.4 Förderung der eigenverantwortlichen Auseinandersetzung mit Karriere und Entwicklung

Am Ende des Tages trägt natürlich jeder selbst die Verantwortung für seine individuelle Entwicklung und Karriere. Insbesondere diesem Aspekt der persönlichen Standortbestimmung und Entwicklungsplanung sollte Rechnung getragen werden.

Ein sehr schönes – und schnell zu realisierendes – Signal an die Belegschaft könnte auch ein Personalentwicklungsseminar sein, das im Sinne einer Gruppenveranstaltung Mitarbeitenden ein erstes »Look and Feel« der New Career vermittelt. Hier eine mögliche Agenda eines solchen Workshops:

Workshop: Meine Karriere und Entwicklung bei ABC GmbH	
09.00 Uhr	Begrüßung, Agenda, Organisatorisches, Erwartungsabgleich
09.30 Uhr	Kennenlernen der Entwicklungsmöglichkeiten im Unternehmen
10.00 Uhr	Karriere-Einblicke: Impulsvorträge durch Führungskräfte (Experten …): »Was bedeutet eine Karriere als Führungskraft (Experte …) bei uns im Unternehmen?«
10.30 Uhr	Kaffeepause
10.45 Uhr	Selbsteinschätzung zu persönlichen Stärken und Potenzialen
11.30 Uhr	Differenzierte Auseinandersetzung mit Erwartungen an Entwicklungswünschen und Karriere – ggf. unter Zuhilfenahme von Instrumenten wie den Karriereankern nach Edgar Schein o. Ä.
12.30 Uhr	Mittagspause
13.30 Uhr	Development-Center-Übungen mit Einschätzungen durch Dritte zu Stärken, Potenzialen etc.
15.00 Uhr	Kaffeepause
15.15 Uhr	Einweisung in das Instrument »Entwicklungsplan« inkl. Gesprächsführung
15.45 Uhr	Entwicklung eines individuellen Karriere- bzw. Entwicklungsplans
16.15 Uhr	Kurzpräsentation der persönlichen Ergebnisse vor einem Gremium
16.45 Uhr	Abschlussfeedback

9.3 New Career – auch für HR/D

Die Einführung von New Career bringt eine Vielzahl von Herausforderungen mit sich – auch für den HR/D-Professional: Es gilt, das Konzept der New Career zu bearbeiten und neben der Projektverantwortung eine zusätzliche Prozessverantwortung zu übernehmen. Doch mit kontinuierlicher Information und Kommunikation ist es nicht getan – es gilt, alle HR-Managemt-Systeme, -Prozesse und -Instrumente mit der New Career zu synchronisieren. Dies kann zwar iterativ vorgenommen werden, ist dann aber eher ein Marathon als ein Sprint. Diese Synchronisation wird zeitnah bei den Talentmanagement-Prozessen, den (fehlenden) neuen Standards der Personalentwicklung und der auf- oder auszubauenden Beratungskompetenz für eine gute Auslastung der HR-Abteilung sorgen. Dazu kommt noch: Insbesondere die Förderung der Organisationskultur mit Blick auf die zunehmende Eigenverantwortung – gerade im Kontext von Karriere und Entwicklung – ist ein Thema, an dem sich so mancher HR/Dler je nach Organisation bereits seit Jahren abarbeitet.

Die gute Nachricht: Es ist nicht ganz so schlimm, wie es sich jetzt gerade anhört. Jede Reise beginnt mit einem ersten Schritt.

10 Wie lange wird die New Career als »neu« gesehen werden?

Wir haben für Sie in diesem Buch nach bestem Wissen und Gewissen unsere praktische Erfahrung bei der Etablierung alternativer Karrierepfade zusammengetragen und einen breiten Überblick über verschiedene Ansätze für ein neues Karrieredenken gegeben. Eingebettet haben wir dies alles, indem wir einen großen Bogen hinsichtlich der aktuellen Rahmenbedingungen gespannt haben. Hierbei war es uns auch wichtig, Arbeit, Beruf und Karriere immer vor dem Hintergrund des allgemeinen Zeitgeistes zu sehen. Außerdem möchten wir den unterschiedlichen Unternehmenszwecken und -kulturen Rechnung tragen und Sie ermutigen, das für Ihre Organisation Passende auszuwählen und weiterzudenken.

Wir hoffen, Sie konnten für sich reflektieren, wo Sie in Ihrer Organisation zum Thema Karriere stehen, oder vielleicht haben Sie für sich persönlich in den Beschreibungen der alternativen Karrierepfade ein Bedürfnis Ihrer Organisation erkannt, etwas zu verändern.

Beim ursprünglichen Start für das Buch New Career und während unserer Recherchen ist uns auch immer wieder die Frage in den Sinn gekommen, wie lang die New Career überhaupt »neu« bleiben wird. Letztlich ist das, was wir heute schon haben, vielleicht etwas, das aus der Perspektive unserer Großeltern und Eltern als New Career definiert worden wäre. Wenn das so stimmt, dann ist New Career immer gültig.

Für unsere heutige Zeit möchten wir festhalten, dass die New Career noch eine Hülle ist, die in verschiedenen Unternehmen unterschiedlich und zeitgemäß befüllt werden möchte.

Wenn Sie Lust haben, sich dazu auszutauschen, kontaktieren Sie uns gern und teilen Sie Ihre Erfahrungen mit uns.

Literatur

Argyris, C.: Understanding Organizational Behavior. Homewood, IU 1960.

Bailyn, L.: Technical careers at mid-stream – an analysis of mid-career issues and their organizational implications. Massachusetts Institute of Technology (MIT). Sloan School of Management, Working papers, 2003, S. 930–977.

Balling, R.: Diagnose von Organisationskulturen, Zeitschrift für Transaktionsanalyse, Heft 4/2005, 2005, S. 234–253.

Bannister, D.: Ein Laufbahnmodell für IT-Spezialisten – Die i-drive-Geschichte der Credit Suisse 2006–2010, in: Domsch, M./Ladwig, D. 2010, S. 185–209.

Beauchene, V./Cunningham, M.: The end of management as we know it. 20. Mai 2020, abgerufen am 21.2.2021 von: https://www.bcg.com/de-de/publications/2020/end-management-as-we-know-it

Becker, M./Herz, A./Beck, A.: Expertenmacht managen – Eine empirische Studie zur Entwicklung und Steuerung wachsender Expertenmacht in alternden und schrumpfenden Organisationen, Mainz 2012.

Benko, C./Weisberg, A.: Individualisierte Karriereplanung – Nur so können Unternehmen gewinnen! Frankfurt 2008.

Bergmann, F.: Ich ärgere mich sehr sehr tüchtig. Interview mit der Haufe Online-Redaktion vom 27.8.2018, abgerufen am 21.10.2020 von https://www.haufe.de/personal/hr-management/frithjof-bergmann-uebt-kritik-an-akteuller-new-work-debatte_80_467516.html

Bergmann, F.: Neue Arbeit, neue Kultur. 7. Aufl., Freiburg 2020.

Bertelsmann Stiftung: Bedeutung der Arbeit. Ergebnisse der Befragung 2015, abgerufen am 5.12.2020 von: https://www.bertelsmann-stiftung.de/fileadmin/files/user_upload/Bedeutung_der_Arbeit_final_151002_korr.pdf

Biehal, F./Scheinecker, M.: Fachkarriere, in: Geißler, K.-H./Laske, St./Orthey, A. (Hrsg.), Handbuch Personalentwicklung, Deutscher Wirtschaftsdienst, 2006.

Biehal, F./Scheinecker, M.: Modelle der Fachkarriere in Unternehmen – Empirische Untersuchung, Wien 2005.

BITKOM: New Work: Wie arbeitet Deutschland? Abgerufen am 8.6.2020 von: www.bitkom.org/sites/default/files/2019-09/bitkom-charts-new-work- i-11-09-2019_final_0.pdf

Bittelmeyer, A.: Der andere Weg nach oben. Alternative Karriere, ManagerSeminare Heft 146, Mai 2010, S. 70–75

Böcker, M.: Kraft Kompetenz, 2006. Abgerufen am 2.6.2008 von http://www.capital.de/unternehmen/management/100004529.html?p=2.

Bohinc, T.: Karriere machen, ohne Chef zu sein. Neue Chancen für Fachexperten und wie sie ihre Karriere steuern können, Vortrag auf der Buchmesse in Leipzig am 13.3.2008.

Bourdieu, P./Boltanski, L./de Saint Martin, M./Maldidier, P.: Titel und Stelle – Über die Reproduktion sozialer Macht. Frankfurt am Main 1981.

Bourdieu, P.: Die verborgenen Mechanismen der Macht – Schriften zu Politik und Kultur 1, Hamburg 2005.

Briscoe, J. P.: Managing the new career: Career-orientation e-guide. DeKalb: Northern Illionois University, Department of Management, 2003.

Brousseau, K./Driver, M.: Career pandemonium: Realigning organizations and individuals. In: Academy of Management Executive 1996, Vol. 10, No. 4, 1996, S. 52–66.

Bundesagentur für Arbeit (Hrsg.): Perspektive 2025 – Fachkräfte für Deutschland. o. O. 2011.

Burrage, M./Torstendahl, R.: Professions in theory and history – Rethinking the study of the professions. London/Newbury/New Delhi, 1990.

Business Punk: Meinung: Warum immer weniger Menschen eine Führungsposition anstreben, 13.11.2019, abgerufen am 21.2.2021 von: https://www.business-punk.com/2019/11/fuehrungsposition-unattraktiv/

Callanan, G. A./Grrenhaus, J. H.: The baby boom generation and career management – a call to action, in: Advances in developing human resources. Bd. 10-2008, S. 70–85.

Conrad, P./Manke, G.: Kritische Erfolgsfaktoren und Praxisbeispiele von Fachlaufbahnen. 2., überarb. Fassung, Hamburg 1997.

Deal, T. E./Kennedy, A. A.: Culture: A new look through old lenses, The Journal of Applied Behavioral Science, 19 (No. 4), 1983, S. 498–505.

Deloitte Consulting GmbH (Hrsg.): Talent Management Quick Check. Ein innovatives Diagnoseinstrument zur Einschätzung des Reifegrads und der Effektivität von Talent Management, unveröffentlichtes Manuskript, 2010.

Demmer, C.: Stars auf der Reservebank, Personalwirtschaft 11/2009, S. 18–21.

Dettmer, M.: Schöne neue Arbeitswelt, 28.6.1999, abgerufen am 13.12.2020 von: https://www.spiegel.de/spiegel/print/d-13880726.html

Deuter, A./Günzel, E./Kokoschka, S./Stockhausen, A.: Alternative Karriereformen für Fachkräfte. Die Experten- und Projektlaufbahn bei E-Plus, Personalführung, Heft 3/2009, S. 53–58.

Deuter, A./Stockhausen, A.: Expertenpfade zeigen Wirkung, Personalwirtschaft 11/2009, S. 23–25.

Deutsche Gesellschaft für Personalführung e. V. (Hrsg.): Zwischen Anspruch und Wirklichkeit: Generation Y finden, fördern und binden, PraxisPapier 9/2011.

Domsch, M. E./Siemers, S. H. A. (Hrsg.): Fachlaufbahnen. Heidelberg 1994.

Domsch, M./Ladwig, D. (Hrsg.): Fachlaufbahnen. Neuwied 2010.

Domsch, M.: Fachkarrieren müssen selbst Karriere machen, in: Personalwirtschaft, Heft 11, 2009, S. 26.

Drucker, Peter: Management: Tasks, Responsibilities, Practices, Oxford 1991.

Dubbert, M./Linde, R.: Führungs- oder Fachlaufbahn? Karriere als Frage der Kultur, in: Personalführung 10-2000, S. 34–41.

Esser, M./Schelenz, B.: Erfolgsfaktor HR Brand. Den Personalbereich und seine Leistungen als Marke managen. Erlangen 2011.

Etzold, V.: Der weiße Hai im Weltraum. Storytelling für Manager. Weinheim 2016.

FAZ-Net: Chef werden? Nein, danke! 18.9.2019, abgerufen am 21.2.2021 von: https:// www.faz.net/aktuell/karriere-hochschule/buero-co/deutsche-haben-keine-lust-auf-fuehrungsverantwortung-16390864.html

Forrier, A./Sels, L./Verbruggen, M.: Career counseling in the new career era – a study about the influence of career types, career satisfaction and career management on the need for career counseling. Katholieke Univ. Leuven, Dep. of Applied Economics 2005.

French, R.: Cross-Cultural Management in Work Organisation, London 2007.

Friebe, H./Noltenius, C.: Stealth Luxury: Subtiler Statuskonsum. Abgerufen am 10.10.2020 von: https://www.zukunftsinstitut.de/artikel/stealth-luxury-subtiler-statuskonsum/

Friedli, V.: Die betriebliche Karriereplanung. Konzeptionelle Grundlagen und empirische Studien aus der Unternehmensperspektive. Berner betriebswirtschaftliche Schriften: Bd. 27. Bern/Stuttgart/Wien 2002.

Fuchs, J./Fuchs; H.: Schluss mit Hierarchie – Wie Unternehmen menschlicher werden. Wiesbaden 2008.

Fuchs, J./Müller, J./Stöpfgeshoff, S./Füchtner, S.: Karriere ohne Hierarchie – wie man in der Know-how-Gesellschaft Karriere macht, 1998.

Gabler Kompaktlexikon Personal – Wichtige Begriffe zu Personalwirtschaft, Personal-management, Arbeits- und Sozialrecht. 3. komplett überarbeitete Auflage. Wiesbaden 2011.

Gabler Wirtschaftslexikon, 16. Auflage, Wiesbaden 2004.

Gasteiger, R. M.: Selbstverantwortliches Laufbahnmanagement – Das proteische Erfolgs-konzept. Göttingen 2007.

Gatterer, H.: Unsere neue Zukunft – Mit den Megatrends in die Post-Corona Zeit. Abgerufen am 19.9.2020 von: https://www.zukunftsinstitut.de/artikel/mit-den-megatrends-in-die-post-corona-zeit/

Glasl, F./Lievegoed, B.: Dynamische Unternehmensentwicklung. Wie Pionierbetriebe und Bürokratien zu Schlanken Unternehmen werden, Bern/Stuttgart 1993.

Gross, S.: Die Fachkarriere: Alternative Entwicklungschance oder Abstellgleis? – Eine qualitative Untersuchung der Implementierungsmodalitäten ausgewählter Unternehmen. Unveröffentlichte Magisterarbeit, Magdeburg 2008.

Grote, G./Staffelbach, B. (Hrsg.): Schweizer HR-Barometer 2010: Arbeitsflexibilität und Familie. Zürich 2010.

Hall, D. T./Briscoe, J. P.: Being and becoming protean: Individual and experimental factors in adapting to the new career: Working Paper. Boston University 2004.

Hall, D. T.: Career development in organizations. San Francisco 1986.

Hall, D. T.: Careers in and out of organizations. Thousand Oaks 2002.

Hall, D. T.: Careers in Organizations. Glenview 1976.

Hall, D. T.: Protean Careers of the 21 st Century. Academy of Management Executive 10 (4), 1996, S. 8–16.

Halpern, D.: Inside the Nudge Unit. How small changes can make a big difference. London 2015.

Handy, C.: The Age of Unreason. Boston 1989.

Haufe Online Redaktion: Führungsspannen im Ländervergleich. Erstellt am 28.4.2017, abgerufen am 5.4.2021 von: https://www.haufe.de/personal/hr-management/infografik-fuehrungsspannen-im-laendervergleich_80_410062.html

Hauff, S.: Flexibilisierung von Beschäftigung und die Erosion psychologischer Verträge aus Sicht der ArbeitnehmerInnen, in: Arbeit, Heft 1, Jg. 16 (2007), S. 36–53.

Häusling, A./Römer, E./Zeppenfeld, N.: Praxisbuch Agilität – Tools für Personal- und Organisationsentwicklung. Freiburg 2019.

Heimerl-Wagner, P.: Integrierte Laufbahnplanung für Fach- und Führungskräfte in mittelständischen Unternehmen, in: Zeitschrift für Personalforschung, Heft 2/1994, Mering, S. 143–157.

Heinisch, F./Schölderle, V.: Fachlaufbahnkonzept für technische Fachkräfte – Ein Pilotprojekt bei Knorr-Bremse, in: Domsch, M./Ladwig, D. (2010), S. 119–125.

DGB-Index Gute Arbeit: Report 2019 – Arbeiten am Limit. Berlin 2019.

Kauffeld, S./Paulsen, H.. Kompetenzmanagement in Unternehmen. Kompetenzen beschreiben, messen, entwickeln und nutzen. Stuttgart 2018.

Kienbaum Studie: MultiGen 2020, abgerufen am 6.12.2020 von: http://assets.kienbaum.com/downloads/MultiGen-2020_Kienbaum-Studie_2015.pdf?mtime=20160726161652

Kieser, A./Walgenbach, P.: Organisation. 5. überarbeitete Auflage. Stuttgart 2007.

Klatetzki, T./Tacke, V. (Hrsg.): Organisation und Profession. Wiesbaden 2005.

Klimecki, R. G./Litz, S. A.: Impliziter Arbeitsvertrag und »grenzenlose« Karriere; in: Personal, 10/2002, S. 22–25.

Kotter J.: Leading Change. Wie Sie Ihr Unternehmen in acht Schritten erfolgreich verändern, München 2011.

Kruse, W.: Industrialisierung und Gesellschaft. Erschienen am 27.9.2012 auf der Website der Bundeszentrale für politische Bildung, abgerufen am 13.12.2020 von: https://www.bpb.de/geschichte/deutsche-geschichte/kaiserreich/139649/industrialisierung-und-moderne-gesellschaft

Ladwig, D./Domsch, M.: Fachlaufbahnen – Zukunftsweisende Laufbahnbahnkonzepte für Wissensgesellschaften und Netzwerkorganisationen, in: Domsch, M./Ladwig, D. (2010), S. 15–29.

March, J. G./Simon, H. A.: Organisation und Individuum – Menschliches Verhalten in Organisationen. Wiesbaden 1976.

Mauboussin, M. J.: Wozu brauchen wir noch Experten? In: Harvard Business Manager, Februar 2008, S. 22–23.

Mayrhofer, W./Meyer, M./Steyerer, J.: Macht? Erfolg? Reich? Glücklich? Einflussfaktoren auf Karrieren. Wien 2005.

Meifert, M. T. (Hrsg.): Strategische Personalentwicklung. Ein Programm in acht Etappen, Heidelberg 2010.

Mittens, S.: Benefits der eigenen Lebens-Karriere lassen die Werte der Revolution vergessen – Wie Anreize Werte korrumpieren. Stuttgart 2020.

Neuberger, O./Kompa, A.: Wir, die Firma. Der Kult um die Unternehmenskultur, Weinheim/Basel 1987.

Neuhäuser, M./Köhler, C./Gießelmann, F.: Expertenlaufbahn Stahl – Erfahrungen mit einer neuen Idee des Aufstiegs bei der Salzgitter Flachstahl GmbH, in: Domsch, M./Ladwig, D. (2010), S. 163–176.

Neuroth, F.: Betriebliche Altersversorgung – Ein Trumpf im »War for Talents«. Anzeigen-Sonderveröffentlichung im Rahmen des DGFP-Kongresses. 5. Juni 2008. Wiesbaden 2008.

Olesch, G.: Eine Alternative zur Führungskarriere, in: Personal Magazin 07/2003, S. 72–73.

Palla, R.: Die Welt der verschwundenen Berufe. Frankfurt 2018.

Papasabblas, L.: »Friedhof der Statussymbole«, abgerufen am 10.10.2020 von https://www.zukunftsinstitut.de/artikel/friedhof-der-statussymbole/

Pfläging, N./Herman, S.: Zellstrukturdesign – Eine neue Sozialtechnologie, die unternehmerischer Wertschöpfung Flügel verleiht. München 2020.

Raeder, S./Grote, G.: Der psychologische Vertrag. Praxis der Personalpsychologie. Human Resources Management kompakt. Göttingen 2012.

Raeder, S./Grote, G.: Eigenverantwortung als Element eines neuen psychologischen Vertrages, in: Gruppendynamik und Organisationsberatung, 2/2005, S. 207–219.

Raeder, S./Grote, G.: Fairness als Voraussetzung für die Tragfähigkeit psychologischer Verträge, in: Georg Schreyögg (Hrsg.): Managementforschung Band 14. Gerechtigkeit und Management, Wiesbaden 2004, S. 139-174.

Risch, S./Sommer C.: Wo bitte geht's nach oben? In: managermagazin, November 1996, S. 301–316.

Rousseau, D. M.: Psychological and implied contracts in organizations. Employee Responsibilities and Rights Journal, 6/1989, S. 121–139.

Rundfunk Berlin Brandenburg: Website Preußenchronik, abgerufen am 13.12.2020 von: www.preussenchronik.de

Sammer, P.: What's your Story? Leadership Storytelling für Führungskräfte, Projektverantwortliche und alle, die etwas bewegen wollen. Heidelberg 2019.

Sattelberger, Th. (Hrsg.): Innovative Personalentwicklung. Grundlagen Konzepte Erfahrungen, 2. Aufl., Wiesbaden 1991.

Schein, E. H.: Career dynamics: matching individual and organizational needs. Reading 1978.

Schein, E. H.: Organizational Culture and Leadership. A Dynamic View. San Francisco u. a. 1985.

Schein, E.: Karriereanker. Die verborgenen Muster in Ihrer beruflichen Entwicklung, 5. Aufl., Darmstadt 1998.

Schein, E. H./van Maanen, J.: Career Anchors: The Changing Nature of Careers Self Assessment. 4. Aufl., New York 2013.

Scheinecker, M./Biehal, F.: Wie gut ist die Fachkarriere in Ihrem Unternehmen? Trigon Entwicklungsberatung, 2012.

Scheinecker, M.: Fachkarriere, in: Trigon Themen, Heft 4/2008.

Schermuly, C.: Abschied von der Hierarchie. Erschienen am 8.10.2020, Abgerufen am 13.3.2021 von: https://www.haufe.de/personal/hr-management/new-work-moderne-formen-der-arbeitsgestaltung/new-work-abschied-von-der-hierarchie_80_406698.html

Schermuly, C.: Wann funktioniert New Work? Eine praktische und psychologische Theorie zu New Work, in: PERSONALquarterly. 02/2020, S. 10–15.

Schlichting, C.: Alternative Karriereoptionen: Fach-, Führungs- und Projektlaufbahn bei der Robert Bosch GmbH: Teilnehmerunterlage zur DGFP-Fachtagung Fach-, Führungs- und Projektlaufbahnen in der Praxis, München 2009.

Schlichting, C.: Karrieremöglichkeiten für Experten – 30 Jahre Fachlaufbahn bei Bosch, in: Domsch, M./Ladwig, D. (2010), S. 73–89.

Schmauder, S. (Hrsg.): Das Dilemma der Ingenieurkarrieren in Deutschland. TÜV Rheinland Group, Berlin 2004.

Scholz, C./Djarrahzadeh, M. (Hrsg.): Strategisches Personalmanagement, Konzeptionen und Realisationen, Stuttgart 1995.

Scholz, C.: Speakers Corner: »Die Trennung in Fach- und Führungskarriere ist Unsinn«, in: managerSeminare, Heft 181, 2013, S. 18–19.

Scholz, C.: Strategisches Personalmanagement als Konzept zwischen Fata Morgana und aufkommender Morgenröte (Überblick), in: Scholz, C./Djarrahzadeh, M. (1995), S. 3–18.

Schorp-Leibkutsch, S./Saturno, V.: Die Implementierung einer Fachlaufbahn – Ein alternativer Karrierepfad bei den VPV Versicherungen, in: Domsch, M./Ladwig, D. (2010), S. 235–253.

Schorp-Leibkutsch, S./Saturno, V.: Ungewöhnliches wagen, Personalwirtschaft 11/2009, S. 27–29.

Schulte-Zurhausen, M.: Organisation. 5. überarbeitete und aktualisierte Auflage. München 2010.

Schütte, S./Zimmermann, M.: Wie Fachkräfte Karriere machen, Personalwirtschaft, Heft 3/2006, S. 22–25.

Sieber Bethke, F. (Hrsg.): Projekt-, Führungs- und Fachlaufbahnen. Konstanz 2007.

Sieber Bethke, F.: Impulsvortrag Fachlaufbahnen. Unveröffentlichte Präsentation. München 2012.

Sieber Bethke, F.: Fachlaufbahnen als alternative Karrierepfade in der Praxis. DGFP-Praxispapiere, Düsseldorf 2013.

Sieber Bethke, F. /Klein, A.: Kompetenzen wirksam entwickeln. Freiburg 2020.

Siedenbiedel, G.: Organisationale Gestaltung. Einführung in Grundelemente und charakteristische Ausgestaltung. 2. Aufl., Wiesbaden 2020.

Steffen, E.: 20 Jahre Fachlaufbahn – Erfahrungen bei der Bausparkasse Schwäbisch Hall AG, in: Domsch, M./Ladwig, D. (2010), S. 221–234.

Stengel, M.: Karriere aus der Sicht des Individuums und der Organisation, in: von Rosenstiel, L./Lang-von Wins, Th./Sigl, E.: Perspektiven der Karriere. Stuttgart 1997.

Stiefel, R.: Strategische Personalentwicklung für Klein- und Mittelunternehmen, Neuwied/Berlin 1991.

Stockhausen, A./Deuter, A.: Etablierung von Fachlaufbahnen – Eine empirische Studie deutscher Unternehmen, in: Domsch, M./Ladwig, D. (2010), S. 31–46.

Strauss, A./Corbin, J.: Grounded Theory – Grundlagen qualitativer Sozialforschung. Weinheim 1996.

Taimer, L./Weckmüller, H.: New Work – Diskursanalyse. Humanisierung der Arbeit oder effektives Managen?, in: DGFP Personalführung 10/2020, S. 15–21.

Tauber, J.: Neugestaltung von Karrieresystemen für Führungs- und hochqualifizierte Fachkräfte in Unternehmen. Hamburg 2006.

Thielfoldt, D./Scheef, D.: What Generations want from their Careers. The Learning Café. 2004.

Torstendahl, R./Burrage, M.: The formation of professions – knowledge, state and strategy. London/Newbury/New Delhi 1990.

Turbanski, J.: Gestaltung von Fachlaufbahnen – Ein Erlebnisbericht von Linde Gas, in: Domsch, M./Ladwig, D. (2010), S. 127–148.

Vahs, D.: Organisation – Einführung in die Organisationstheorie und -praxis. 6. überarbeitete und erweiterte Auflage. Stuttgart 2007.

Väth, M.: Arbeit. Die schönste Nebensache der Welt. Wie New Work unsere Arbeitswelt revolutioniert. Offenbach 2016.

Väth, M.: New Work – Spiegel einer abgehobenen Elite? Abgerufen am 5.12.2020 von: https://markusvaeth.com/blog/new-work-spiegel-einer-abgehobenen-elite/

Vieser, M./Schautz, I.: Von Kaffeeriechern, Abtrittanbietern und Fischhbeinreißern. Berufe aus vergangenen Zeiten. München 2020.

Wedemeyer, J. von: Welche Jobs verschwunden sind. Abgerufen am 18.12.2020 von: https://www.sueddeutsche.de/karriere/arbeit-berufe-archiv-vergangenheit-geschichte-1.4871048

Weidemann, A./Paschen, M.: Personalentwicklung. Potenziale ausbauen Erfolge steigern Ergebnisse messen. Freiburg 2002.

Wikipedia, Artikel »Offizier«, abgerufen am 13.12.2020 von: https://de.wikipedia.org/wiki/Offizier#cite_note-duden-1

Wikipedia, Artikel »Proteus«, abgerufen am 5.4.2021 von: https://de.wikipedia.org/wiki/Proteus_(Mythologie)

Wikipedia, Artikel »Unehrliche Berufe«, abgerufen am 6.12.2020 von: https://de.wikipedia.org/wiki/Unehrlicher_Beruf

Wohlfahrt, L.: Karriere- und Anreizsysteme in Forschungs- und Entwicklungsbereichen: Aktuelle Erkenntnisse und zukunftsweisende Konzepte aus Wissenschaft und betrieblicher Praxis, Stuttgart 2011.

Wolf, D.: Karriere machen ohne Personalverantwortung. Interview mit Franz Biehal, 2011 am 1.4.2021 abgerufen von: https://www.business-wissen.de/artikel/fachlaufbahn-karriere-machen-ohne-personalverantwortung/

Wuethrich, H./Stecher, W.: Eine Chance für Spitzenleute ohne Führungsambitionen: Die Expertenkarriere. Der Organisator, Heft 9, 1992, S. 54–57.

Stichwortverzeichnis

Über die Autoren

Frank Sieber Bethke ist geschäftsführender Gesellschafter von Toolbox & Services GmbH (Beratungsunternehmens für PE/OE). Er ist Fachbuchautor, Lehrbriefautor nahezu aller namhaften Fernstudienanbieter sowie Berater und Trainer für Personal- und Organisationsentwicklung (https://www.toolbox-services.de).

Anja Klein ist Führungskraft im HR-Management. Sie besitzt Berufserfahrung in der chemischen Industrie, der Automobilzulieferindustrie und in einem Elektronikkonzern mit Stationen in Belgien, der Schweiz und Deutschland. Sie besitzt HR-Erfahrung in verschiedenen Teilbereichen, wie z. B. Personalentwicklung, Compensation & Benefits, HR-Strategy, Labor Relations, davon zehn Jahre als Führungskraft.

Mit digitalen Extras:
Exklusiv für Buchkäufer!

Ihre Arbeitshilfen zum Download:

 ▶ http://mybook.haufe.de/

▶ **Buchcode:** EPS-0267